労働経済

Seike Atsushi　　*Kazekami Sachiko*
清家 篤／風神佐知子
著

東洋経済新報社

はしがき

多くの人びとは働くこと，すなわち労働によって生活の糧を得ています．またその労働は付加価値を生みだし，企業の利潤や一国の豊かさの源泉にもなっています．こうした大切な労働にかかわる事柄を経済学的に理解しようとするのが労働経済学です．

本書は大きく2部構成になっています．労働経済学の基本的考え方を示す基礎編の第Ⅰ部と，その労働経済学の基本的考え方に基づいて現実の問題を考える応用編の第Ⅱ部です．

まず基礎編である第Ⅰ部では，「労働経済学とは何か」（第1章）で，労働経済学の基本的性格と分析のための基礎資料について概説します．次いで「労働供給」（第2章）では，働くか働かないか，働くとしたらどのくらい働くか，といった個人・家計の最適就業決定のメカニズムを示します．一方，「労働需要」（第3章）では，与えられた条件のもとでどれだけ人を雇うかという，企業にとっての最適雇用の決定図式を説明します．ここまでが，いわば基礎中の基礎という部分になります．

これに続く各章は，そうした労働供給と労働需要によって決まる「失業」（第4章），「賃金」（第5章），「労働時間」（第6章）などについてその理論的枠組みとデータに基づいた実態を説明し，さらにその政策的含意などについても考えます．また労働の需要，供給の交わる市場である労働市場にかんして重要な「労働市場における情報の役割」（第7章）を，情報の不完全性のもたらす帰結などを中心に説明します．ここまでの第1章から第7章までが，本書で労働経済学にかんする基本的枠組みと考えている部分ですから，まずはここをしっかりと理解してください．

第Ⅱ部は，第Ⅰ部で学んだ労働経済学の基本的考え方に基づいて，現実の労働市場で起きていることを考察する部分です．

まず「経済の構造変化と雇用・労働市場」（第8章）では，人口構造，技術構

造，市場競争構造といった，経済社会の大きな構造変化が労働市場や雇用制度・慣行に与える影響について概観します．そのうえで，そうした構造変化のもとでの個別的な問題として，「高齢者雇用の経済分析」（第9章）と「女性雇用の経済分析」（第10章）では，少子高齢化という人口構造の変化の中で重要になる高齢者雇用，女性雇用について考えます．また「人的資本投資」（第11章），「第4次産業革命と労働」（第12章）では，技術構造や，市場競争構造の変化するなかで重要になる能力開発や技術革新への適応などについて考えます．

　さらに「労働力のフロー表」（第13章），「雇用調整」（第14章）では，人びとの就業状態の変化や，企業の雇用変動という動態的な問題について説明し，そこからの政策含意を考えます．最後の「労使関係」（第15章）では労働組合と企業という集団的な関係の理論的意味と実態について説明します．

　以上の内容はかなり絞り込んだものであり，またできるだけ平易な記述とするために数式的な説明などはかなり省いています．労働経済分析を仕事とするのでない一般読者にとっては，基本的なものの考え方をしっかりと自分のものとしてもらうことこそ大切と考えたからです．ただし，実際の労働市場で起きていることを理解するために必要な基本事項はほぼ網羅してありますので，労働経済学を学問としてもっと深く研究したいという読者は本書で労働経済学という学問の「土地勘」を得たうえで，より上級の教科書に挑戦してほしいと思います．

　筆者の1人である清家篤は，2002年に本書のもとになった『労働経済』（東洋経済新報社）を上梓しました．もう1人の著者である風神佐知子はちょうどその頃，慶應義塾大学商学部の学生で清家の講義を受講し，また研究会にも参加していました．清家の『労働経済』は当時学生だった風神たちへの講義ノートをもとに作成されたものです．しかしそこから20年近くたち，労働経済学の基本的な部分は不変としても，理論研究，実証分析は進歩し，また労働経済学の扱うべき問題も変化してきたため，清家は『労働経済』を改訂しなければならないと考えていたところです．

　清家は定年を迎え，たまたま慶應義塾大学商学部で清家の後の労働経済学の講義を担当する教員として風神も着任しましたので，この機会に2人で『労働

経済』を抜本的に改訂することにしました．労働経済学の基本を学ぶためのテキストという意味では，章立てなどはそれほど大きくは変わっていません．しかし内容的には最新の理論や実証分析を取り入れ，また労働経済学を応用して考察すべき課題についても，最近のものを多く取り上げています．

　お一人お一人お名前を挙げることは控えますけれども，学会の同僚の皆さん，そして2人の勤務先である慶應義塾大学の商学部，経済学部，産業研究所の同僚の皆さんには多くのことを教えていただきました．また，私たちの講義や研究会に積極的に参加してくださった学生さんたちとのやり取りは，本書を書く際の大きな助けとなりました．そして今回も本書執筆にあたっては東洋経済新報社の茅根恭子氏に一方ならぬお世話になりました．こうしたすべての方々に改めて深く御礼申し上げたいと思います．

　2020年7月

清家　篤

風神　佐知子

目次

第 **I** 部

基礎編

第1章

労働経済学とは
何か

学習の手引き

　この章では，まず労働経済学とは何か，を理解しましょう．労働経済学とは労働を経済学で分析する学問です．ここでいう経済学とは市場やそこに参加する企業，個人の行動を統一的に説明する理論枠組みです．

　労働の実態は統計資料によって観測されます．この章では基本的統計として労働力，失業などの定義を明らかにします．また労働の価格である賃金の定義なども解説します．これらの正確な理解は，労働市場の実態を把握し，労働経済学による実証分析を行ううえで不可欠です．これらの統計を観測するための主な官庁統計資料についても簡単に解説していますので参考にしてください．

　またこの章では，労働経済学で説明できることと説明できないことを明らかにします．これから勉強する労働経済学の限界も最初によく認識しておいてください．

🔑 KEY WORD

- ■労働経済学 (labor economics)
- ■労働力人口 (labor force)
- ■就業者 (employed)
- ■失業者 (unemployed)
- ■失業率 (unemployment rate)
- ■労働力率 (labor force participation rate)
- ■勤労収入 (earnings)
- ■俸給 (salary)
- ■賞与 (bonus)
- ■「労働力調査」(Labor Force Survey)
- ■「毎月勤労統計」(Monthly Labor Survey)

1 「仕事とくらし」の経済学

　労働経済学（labor economics）は，労働（labor）という言葉と経済学（economics）という言葉の合成語である．したがって，労働経済学とは何かと問われれば，経済学で労働の問題を説明する学問，と答えることができる．では「労働」や「経済学」とは具体的に何を指すのだろうか．

　まず比較的簡単に説明できる経済学のほうから説明していこう．ここでいう経済学とは，主としていわゆるミクロ経済学といわれるものである．ではこのミクロ経済学とは何か．それは市場均衡と主体均衡という2つの均衡概念からなる分析枠組みである．

　このうち市場均衡というのは，市場における需要と供給の関係で価格と取引量が決まるという，おなじみの図式である．図1-1は労働市場の図であり，縦軸には労働市場の価格である賃金，横軸には労働市場で取引される労働量をとっている．右下がりの需要曲線 DD と右上がりの供給曲線 SS の交わる点 E で，賃金 w^* と取引される労働量 L^* が定まる．これを市場の均衡賃金 w^* と市場の均衡取引量 L^* という．

　主体均衡のほうはもう少し説明を要する．ここでいう主体均衡の主体とは，市場に登場するプレイヤーである経済主体のことである．労働市場に登場するプレイヤーは，労働を需要する買い手である企業と，労働を供給する売り手である個人（あるいは家計）である．

　したがって主体均衡というのは，この企業や個人の均衡のことである．では企業や個人の均衡とは何か．それは，企業や個人にとって，与えられた条件の下での最適な状態をいう．換言すれば企業や個人が，それぞれの目的を最大限に実現している状態である．

　このうち企業の目的はよく知られているように利潤の極大である．企業は与えられた条件の下でその利潤を最大にするように行動する．利潤というのは，

労働経済学（labor economics）　経済学で労働問題を取り扱う学問である．ここでいう経済学は需要と供給の関係で価格と取引量が決まるという市場均衡と，企業の利潤極大と個人の効用極大からなる主体均衡を基本とするミクロ経済学である．

図1-1 労働市場の均衡

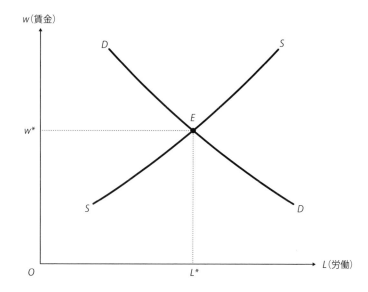

売上げから生産・販売等のための費用を差し引いたものであるから，利潤の極大というのは，一定の売上げの下では費用をできるだけ小さくすること，すなわち費用の極小にほかならない．したがって，企業という経済主体の均衡点は，利潤極大の状態，あるいは費用極小の状態をいう．

　他方，個人（家計）の目的はその満足度の最大化である．経済学では通常この満足度のことを効用といい，個人や家計の所得と余暇の量に依存すると考える．つまり個人や家計にとっては，与えられた条件の下で所得が多いほど，そして余暇が多いほど効用は高くなる．したがって，個人（家計）という経済主体の均衡点は，効用極大の状態をいう．

　それぞれの主体均衡の成立条件等は後の章（第2章，第3章）で詳しく説明するとして，とりあえずここでは企業は利潤極大（費用極小），個人は効用極大で主体均衡に達するということだけをおさえておこう．企業の利潤極大（費用極小）という主体均衡から，右下がりの労働需要曲線が導出され，効用極大という個人（家計）の主体均衡から，右上がりの労働供給曲線が導出される．こうしてそれぞれの主体均衡から導出される需給の交点で市場均衡が達成され

るわけである.

　次に労働とは何を指すかを整理しておこう. 実は「労働」という言葉は人によってさまざまな意味にとられている. ちなみに労働に関連する言葉を英語で並べてみると，labor, work, occupation, vocation などさまざまな表現があり，それぞれの言葉には，かなりの程度主観的な意味が込められているのである.

　labor という言葉はこれまで使ってきたように，通常は「労働」と訳される. この英語のもとの意味にはきついことをするというニュアンスがある. たとえば labor という言葉には「〜のために骨をおる」という意味や，「お産をする」という意味がある. laboring pains といえば陣痛，easy labor といえば「安産」のことを指す.(注1) 男である筆者はお産をしたことはないけれども，女性に聞くところによるとかなり痛く大変なもののようである. labor という言葉にはお産と同じような大変なことをするという意味が込められている.

　work という言葉はもう少し中立的な意味で，通常は「仕事」と訳される. そして worker というのは「仕事人」ではなく，「労働者」を指す. また occupation という言葉も同じように中立的な言葉で「職業」と訳される. また，occupational safety というのは労働安全という意味である. いうまでもなく occupation の動詞形は occupy，つまりある場所や時間を占めるという意味で，この単語の別の意味は「占領」である. 自分の時間を占領する，ある仕事ポジションを占領するという意味で職業は occupation なのだろう.

　他方，labor とは逆の面で主観を伴うのが vocation である. これはもともと神のお召しという意味であり，労働にかんして意訳すれば「天職」ということになろう. つまり，ここには労働とは単にパンのためにするのではなく，神に命じられた意義のある使命を遂行するというニュアンスが込められている. 具体的には vocational training を「職業訓練」と訳したりする場合に使う.

　このようにひと口で「労働」といっても人によってさまざまな意味を持っているため，なかなか一義的にはとらえにくいものである. しかし労働経済学における労働とは，あくまでもミクロ経済学の分析対象となりうる労働に限るという意味で，次のように考える.

(注1)　これらについては研究社『新英和中辞典』第6版を参照した.

　まず個人にとって，労働とは「収入を得るために自分の自由になる時間（余暇時間）の一部を犠牲にして提供すること」ということになる．また企業の立場からいえば，労働とは「モノやサービスを生産するために対価を払って個人の時間を購入すること」ということになる．

　したがって労働経済学とは，このように定義された労働の供給，需要，市場取引といった現象を，前述した2つの均衡概念からなる経済学で説明しようとするものといえるのである．簡単にいえば個人にとっては働くことの経済学，企業にとっては雇うことの経済学ということになる．ただしここで注意しなくてはならないのは，働くということは，働かないということもありうることを，また雇うということは雇わないということもありうることを含んでいることである．

　したがって労働経済学はより厳密にいえば，「働くことと働かないこと」および「雇うことと雇わないこと」の経済学，ということになる．個人にとって働かないという選択肢には，就学，家事，育児，引退といったことを含むから，その意味で労働経済学は「仕事とくらしの経済学」でもある．また企業が労働者を雇わないということは，失業といった問題に発展するから「雇用と失業の経済学」ともいえる．

　このように労働経済学は，かなり広範な面での個人と企業の行動，およびそれぞれの相互関係を分析対象としている．とくに労働は生身の人間と切り離せないため，労働経済学は経済学の応用分野の中でもとりわけ人間くさい部分を持っている．人間というものに興味のある人には最も面白い経済学ではないだろうか．

2　労働力の観測

　次に，労働経済学では労働の量やその価格である賃金などが具体的にどのように観測されるのかを考えよう．まず労働量の観測からみてみよう．労働の量を日本全体のマクロで観測するのが，労働力の概念枠組みである．

　図1-2は日本における労働力の構造を表すものである．まず左端にある総人口が労働力の大枠を規定するもので，2019年には，日本の総人口は1億2616万

図1-2　日本における労働力構造（2019年）

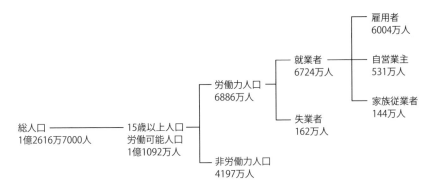

（注）労働状態等について不詳と答えているケースもあるので，各項目の人数を足しあわせたものと計は必ずしも一致しない．
（出所）総人口は総務省統計局「人口推計」2019年10月1日現在．総務省統計局「労働力調査」2019年平均．

7000人であった．

　ただしこの総人口がすべて労働力ではなく，ここからまず15歳以上人口が抽出される．2019年に1億1092万人で，これが労働可能人口となる．日本で15歳以上人口を労働可能人口とするのは，中学卒業までは義務教育で本格的な労働はできない建て前となっているからである．義務教育が16歳までの国，あるいは14歳までの国ではそれぞれ16歳以上人口，14歳以上人口を労働可能人口とすることになる．

　労働可能人口は，**労働力人口**（labor force）と非労働力人口に分けられる．このうち労働力人口は就業者と失業者の合計である．

　就業者（employed）というのは仕事をしている人のことである．これはさらに企業などに雇われている雇用者（サラリーマン），自分でビジネスをしている自営業主，そして自営業主の下で仕事を手伝っているその家族従業者に分けられる．2019年の就業者数は6724万人であり，そのうち雇用者は6004万人，

労働力人口（labor force）　労働可能人口（日本では15歳以上人口）のうち，働く意思のある人口のことで，就業者と失業者からなる．なお労働可能人口のうちこの労働力人口でない人たちは，非労働力人口といわれる．

就業者（employed）　実際に仕事をしている人たちのことで，その内訳は企業などに雇われている雇用者，自分でビジネスをしている自営業主，そして自営業主の下で仕事を手伝っているその家族従業者に分けられる．

自営業主は531万人，家族従業者は144万人であった．就業者の9割弱を雇用者が占める日本はサラリーマン社会であるといえる．

　失業者（unemployed）というのは，仕事はしていないけれども，働く意思を持って真剣に仕事を探している人のことであり，ILO（国際労働機関）の定めた3つの条件を満たした者をいう．すなわち①仕事がない，②仕事を探している，③すぐに仕事に就ける，の3つの条件を満たした者である．よく日本の失業者と外国の失業者の定義が異なるために日本の失業率が低く出るというようなことをいわれるが，そういうことはない．失業は日本でも他の先進国でも，基本的にはこのILOの基準に従って測定されており，日本だけとりたてて低く観測されているというようなことはない．^(注2) なお失業者を日本では統計上「完全失業者」と呼んでいるが，ではどこかに「不完全失業者」が表示されているのかというとそういうわけではなく，失業者は単純に「失業者」といえば十分である．失業者は2019年には162万人いた．

　労働力人口は就業者と失業者の合計として定義されている．したがって，労働力人口は就業者と失業者に共通の性格を持っているといえる．それは働く意思，すなわち就業意思を持っているということである．就業者は当然，働く意思を持っている．現在の日本に奴隷制度はないわけであるから，働いている人はすべて自ら働く意思を持っているから働いているのだ，とみなしてよい．

　他方，失業者も現在働いてはいないが，働く意思を持っているから仕事を探していると考えられる．すなわち就業者，失業者とも働く意思を持っているということになる．したがって，労働力人口とは，「働く意思（就業意思）を持っている人たちの人口」と定義でき，2019年には6886万人となっている．

　そしてこの労働力人口を労働可能人口から引いたものを，労働力人口に非ず（あら）ということで，単純に非労働力人口と呼んでいる．したがって非労働力人口と

失業者（unemployed）　実際に仕事はしていないけれども，働く意思を持って真剣に仕事を探している人のことである．具体的にはILO（国際労働機関）の定めた条件，すなわち①仕事がない，②仕事を探している，③すぐに仕事に就ける，の条件を満たした者である．

（注2）　ただしアメリカの統計と比較してみると，労働力に軍人を含めるかどうかといったことや，「仕事を探している」とみなされるための求職期間など，細かい違いはある．なお失業統計をめぐる議論については第4章のコラムを参照されたい．

いうのは「働く意思（就業意思）のない人たちの人口」と定義でき，2019年には4197万人であった．

　以上が労働力を観測する際の基本枠組みである．ここから政策的に有用な指標が計算される．その中で最もなじみの深いものは**失業率**（unemployment rate）であろう．失業率は労働力人口に占める失業者の割合，すなわち，

$$失業率 = \frac{失業者数}{労働力人口}$$

と定義されている．分母の労働力人口はすでに定義したように働く意思のある人たちの人口であり，分子の失業者は働く意思はあっても仕事のない人たちの人口であるから，失業率は働く意思のある人たちの中で仕事のない人の比率ということになる．2019年の平均では，

$$\frac{失業者数（162万人）}{労働力人口（6886万人）} = 2.4\%$$

ということになる．

　失業率ほど有名ではないが，もう1つ非常に重要な指標として計算されるのは，**労働力率**（labor force participation rate）である．労働力率は，労働可能人口に占める労働力人口の割合，すなわち，

$$労働力率 = \frac{労働力人口}{労働可能人口}$$

と定義されている．何度も繰り返し説明してきたように，労働力人口は働く意思のある人たちの人口であるから，労働力率は，労働可能な人口のうち働く意思を持っている人たちの比率ということになる．2019年の労働力率は，

$$\frac{労働力人口（6886万人）}{労働可能人口（1億1092万人）} = 62.1\%$$

ということになる．なお15歳以上の人口グループについてみれば，たとえば20

失業率（unemployment rate）　労働力人口に占める失業者の割合，すなわち，失業率＝失業者数/労働力人口と定義される．分母の労働力人口はすでに定義したように働く意思のある人たちの人口であるから，失業率は働く意思のある人たちの中で仕事のない人の比率ということになる．

労働力率（labor force participation rate）　労働可能人口に占める労働力人口の割合，すなわち，労働力率＝労働力人口/労働可能人口と定義される．労働力人口は働く意思のある人たちの人口であるから，労働力率は，労働可能な人口のうち働く意思を持っている人たちの比率ということになる．

〜24歳の女性の労働力率は，

$$\frac{20 \sim 24歳の女性の労働力人口}{20 \sim 24歳の女性の人口}$$

と定義でき，それぞれの人口グループ別の労働力率も同じように計算できる．

3　賃金の観測

　図1-3は個人の所得の構造を示したものである．所得（income）は大きく分けると労働から得られる**勤労収入**（earnings）と，労働以外から得られる非勤労所得（non-earned income）に分けられる．非勤労所得には，利子，配当，賃貸料収入，年金給付，失業給付，親族からの仕送りなどはもちろんのこと，ギャンブルによる収入なども含まれる．

　勤労収入は大きく分けると賃金収入（wage earnings）と付加給付（フリンジベネフィット：fringe benefit）に分けられる．付加給付とは給食，社宅，保養所の利用権そして医療サービスなど，非貨幣的なサービスや，退職金・企業年金などの後払いの形をとる報酬の支払いである．他方，賃金収入は，時間当たり賃金率と働いた労働時間の積として得られる．いわゆる給料といわれるものである．

　一般的に労働の価格として観測されるのはこの勤労収入である．ただし，付加給付は必ずしも定量的に観測できないので，通常は賃金収入をもって労働の価格とする．さらに収入には労働時間という個人の労働供給や企業の労働需要によって決まるものも含まれるので，個人や企業の行動から独立な純粋の価格としては時間当たり賃金率が労働の価格と考えられる．

　労働経済学でいう賃金とは，この時間当たり賃金率を指す．ただし，この賃金（wage）と類似の概念に**俸給**（salary）というものがある．賃金の支払形態は時間給である．1時間当たりの支払レートが決まっていて，支払いは働いた時間に応じて行われる．所定の時間よりも長く働けば残業手当を受け取るし，

勤労収入（earnings）　勤労収入は，賃金収入と付加給付（フリンジベネフィット）からなる．賃金収入は，時間当たり賃金率と働いた労働時間の積として得られ，他方，付加給付は，給食，社宅など非貨幣的なサービスによる報酬と，退職金などの後払い報酬である．

図1-3　個人の所得構造

逆に早退・欠勤の分は賃金カットとなる.

　これに対して俸給（典型的には年俸）は働いた時間とは無関係に，仕事の内容や成果に応じて支払われる. レートは通常1年単位など長期単位で決められ，したがって残業手当もない代わりに早退や欠勤を理由に賃金をカットされることもない.

　この賃金と俸給の違いは，いわゆるブルーカラー（blue collar）労働者とホワイトカラー（white collar）労働者の区分に対応している. ブルーカラーとは一般的には工場などの現場で仕事をする労働者を指し，ホワイトカラーとはオフィスで働く人を指す. このカラーとは襟（collar）のことで，西欧では工場労働者の作業着はブルーであることが多かったので，ブルーの襟の人たちと呼ばれ，またホワイトカラーはオフィスなどで白いシャツに上着を着て仕事をしていたので，ホワイトの襟の人たちと呼ばれたといわれている. そして報酬の支払われ方は，ブルーカラー労働者は時間当たりの賃金で支払われ，ホワイトカラー労働者は年俸等の俸給で支払われるという形である.

　実際アメリカなどでは，大学を出てホワイトカラーとして就職した者は，最初から残業手当などない年俸で支払われることが多い（white collar exemptionといわれる）. しかし日本の現状をみると，ホワイトカラーの人たちも管理職

俸給（salary）　時間当たり賃金に対して，労働時間とは関係なく，年俸等の決まった報酬として支払われるもの. 欧米では現在でも時間賃金と俸給の違いは実態上も大きいが，日本の場合には労働組合員レベルの時間賃金も管理職の俸給も同じ「月給」として支払われる.

になるまでは残業手当をもらい，逆にブルーカラーの人たちも，一般的には日給や時給ではなく月給制で給料をもらっている．日本でも戦前はブルーカラー労働者とホワイトカラー労働者の処遇は画然としており，現在の欧米に近いものであったといわれるが，戦後の日本では，いわゆる産業民主化の一側面としてその差異が少なくとも表面的には小さなものとなったのである．

　日本でも春闘のときなどは「賃上げ」などといって賃金という概念を使うが，一般的にはサラリーマンという言葉にも象徴されるように俸給の概念を使っている．実際には残業手当がつく時間給であるにもかかわらず，時間給というのはパートタイマーなどに限られた賃金概念になっており，一般の労働者の賃金も月給として支給され，したがって賃金統計も月給ベースで観測されている．ただし，その月給にかんしては，所定内給与と残業・休日出勤の所定外給与を分けて調べてもいるから，まったく時間賃金概念を無視しているわけではない．

　ところで日本の賃金を考える場合に忘れてはならないもう1つの重要な概念は，**賞与**（bonus）すなわちボーナスというものである．ボーナスというのは，諸外国では一般に企業利潤の分配として経営者層に対して支払われるものであって，日本のように夏と冬にほとんど賃金の一部として大部分の従業員に支払われるのはユニークである．その賃金に占める比重は産業や企業によって異なるとはいえ，大企業では年間に月給の5カ月分以上を支給されるところもある．年収ベースで賃金を観測するときにはこのボーナスを含めることを忘れてはならない．(注3)

4 主要な統計資料

　さて，これまで説明してきたような労働市場の諸変数を具体的に観測するた

賞与（bonus）　いわゆるボーナスと呼ばれるもので，欧米では主として経営者層に対し企業利潤の分配として支払われるものであって，日本のように夏と冬にほとんど賃金の一部として大部分の従業員に支払われるのはユニークである．

（注3）　一方でパートタイマーなど必ずしもボーナスを支払われないタイプの労働者が増えていることも事実である．

めには，どのような統計資料が必要だろうか．利用目的別に大きく分けると，速報性の強い毎月の時系列資料と，詳細な情報を含む年次あるいは数年おきの構造資料の2種類がある．

　その時々の労働市場の実態診断をするためには，毎月の時系列統計が有用である．1年ごとのデータなどでは，データのそろったときには景気状況はもう変わっていたということになりかねないからである．労働力と賃金について，毎月の時系列統計として重要なものがそれぞれある．総務省統計局の「労働力調査」と厚生労働省雇用・賃金福祉統計室の「毎月勤労統計」である．

　「労働力調査」（Labor Force Survey）は就業者数，雇用者数，失業者数などの労働力について毎月調査したものである．調査は毎月の最終週に全国から約4万の世帯を統計的に抽出し，それらの世帯について，世帯員の就業状態などを聞いている．世帯を単位とし，各個人についての就業状態を調査しているということから，毎月の労働供給側の動向を示す最も重要な資料である．結果は毎月公表され（ただし集計などに時間がかかるため，1カ月前の結果），失業率の動向などはしばしばマスコミなどでも伝えられるので読者のみなさんにもおなじみの統計資料であるかもしれない．

　「毎月勤労統計」（Monthly Labor Survey）は，企業の雇っている雇用者数，支払う賃金水準，労働時間などを毎月調査したものである．調査は毎月全国で5人以上の人を雇っている事業所（企業の本社，支店，工場等）から約3万3000カ所を抽出して行われる．事業所を単位として行われる労働需要側の動向を示す最も重要な調査であり，賃金や労働時間（とくに景気をみる際に重要な所定外（残業）時間）の刻々の状況を知るうえで不可欠なものである．

　こうした毎月の調査は，速報性という側面では優れているが，調査項目はそれほど多くとれないといった欠点がある．詳細な調査を毎月行うことは不可能だからである．その意味で，労働供給側の就業状態や，労働需要側の賃金など

「労働力調査」（Labor Force Survey）　就業者数，雇用者数，失業者数などの労働力について毎月調査している統計で，毎月の労働供給側の動向を示す最も重要な資料である．調査は毎月の最終週に全国から約4万の世帯を統計的に抽出し，世帯員の就業状態などを聞いている．

「毎月勤労統計」（Monthly Labor Survey）　企業の雇っている雇用者数，支払う賃金水準，労働時間などを毎月調査している統計で，労働需要側の動向を示す最も重要な調査である．調査は毎月の第2週に全国で5人以上の人を雇っている3万3000事業所を抽出して行われる．

について詳細な情報を得ようとする場合は，年単位の構造調査を利用しなくてはならない．

　労働にかんする構造調査として最も重要だと思われるのは，労働供給側については総務省統計局の「就業構造基本調査」であり，労働需要側については厚生労働省賃金福祉統計室の「賃金構造基本統計調査」である．「就業構造基本調査」は全国50万世帯を対象に5年おきに実施される大調査で，各世帯員の詳細な就業行動を現在だけでなく過去の転職経験なども含めて詳細に調査したものである．また「賃金構造基本統計調査」は，別名「賃金センサス」とも呼ばれ，全国で5人以上の人を雇っている約150万の事業所を調査対象としており，産業・職種・性・年齢・学歴・勤続年数など賃金を規定する要因を最も詳細に分けて賃金，労働時間，雇用者数を調査したものである．

　以上の4つの統計資料は，労働経済学を学ぶ者にとってのいわば必須資料である．これに加えて問題意識別により詳細な統計がある．たとえば高齢者雇用ならば厚生労働省雇用・賃金福祉統計室の「高年齢者雇用実態調査」，退職金や労働時間制度については同じく厚生労働省賃金福祉統計室の「就労条件総合調査」などである．またここまで述べた資料のダイジェストとして最も便利なものに日本生産性本部の「活用労働統計」がある．

5　測定できるものだけを対象に

　ところで労働経済学で分析対象とするのは，これまでみてきたような，労働力や賃金といった観測可能な指標，個人の就業選択，企業の雇用行動といった，目にみえる現象に限られる．逆にいえば，観測不可能なものは分析対象とはなりえない．もちろん，労働経済学の分析のために観測可能な範囲というのは，読者が考えている領域よりはずっと広い．

　たとえば個人がどの職場で働くかという選択も，労働経済学ではそれぞれの職場の賃金と労働時間を使って基本的に説明することができる．一般的には賃金の高い職場，労働時間の短い職場ほど好ましいから，賃金が高く労働時間の短い職場と，賃金が安く労働時間の長い職場のどちらでも働けるとしたら，個人は前者で働こうとするはずだ，と考えるわけである．しかし個人はこうした

経済的変数だけでなく，安全性や快適性といったものも重視するから，同じ賃金，同じ労働時間ならより安全で暑さ寒さの厳しくない職場や仕事が好まれるのではないかと思われるだろう．実はこうした要因も，たとえば安全性を労働災害事故率で，快適性を職場の平均温度などで観測できる限り，労働経済学の分析フレームに乗りうるものである．

　では賃金は安い，労働時間も長い，しかも危険性の高い職場に好んで就職する人もいるが，これはどう考えたらよいのか，と問われるかもしれない．この場合でも，そこで働くことで何かの能力を身につけられ，将来の高い賃金を期待できる，といった場合には，そこまで含めた長い期間で将来賃金などを観測できれば労働経済学で分析可能である．また，近所にあるから，その職場で働くことにしたといった要因も，通勤時間といったものを測定したデータをそろえれば分析に含められる．労働時間は長くても働き方の自由度の高い職場だから働くという選択も，職場へのフレックスタイム制の導入の有無などを観測できれば分析可能である．

　しかし，そのような観測可能な要因をすべて考慮しても，個人の職場選択を説明する要因はまだ残る．たとえば好きな娘やかっこいい男の子が働いている店だからそこでアルバイトをすると考える若者もいる．あるいは，申し分のない労働条件の職場だったけれども，人間関係のわずらわしさに我慢できず辞めた，といったケースも少なくない．

　それらは直接的には観測できないものであり，したがって，場合によっては職場選択を決定的に左右する要因となるかもしれないけれども，労働経済学の分析対象からとりあえず除外せざるをえないものである．

　しかし，たとえばそうした人間関係はプラスに作用することもあればマイナスに作用することもある．同じ賃金や労働時間の職場でも，濃密な人間関係が好きで就職する人もいれば，それをわずらわしいと感じて辞める人もいる．もし，そのプラスの効果を感じる人とマイナスの効果を感じる人が同数程度いるような状況であれば，多数の人たちの中の平均的な個人を考える場合，その要因は職場選択に影響を与えていないとみなしてよい．つまり大切な要因には違いないが系統的な説明要因とはならないと考えれば，それが仮に観測不可能であっても労働経済学の分析範囲を必ずしも限定するものとはならない．ここで

はとりあえずそのように考えることにしよう.

Column

制度派労働経済学

　ここでいう労働経済学とは別の労働経済学もある. それは, 制度派労働経済学といわれるもので, 1940年代にアメリカで生まれた. 実は, もともと労働経済学といえばこちらを指していた.

　そこでの分析用具は主体均衡や市場均衡からなるミクロ経済学ではない. むしろそうしたミクロ経済学へのアンチテーゼとして制度派労働経済学は生まれたのである. もし均衡が成立しているなら, 同じ生産能力を持つ労働者は同じ賃金をもらっているはずだ. しかし同じ地域の中で同一の職種で働く労働者たちの間でも無視しえない大きさの賃金格差が存在しており, 制度派労働経済学はこうした事実をミクロ経済学が実態を説明しえない証拠だ, としたのである.

　制度派労働経済学はミクロ経済学の代わりに, 集団的労使関係を重視する. たとえば賃金を決めるのは労働組合の交渉力だ, という考え方である. この制度派労働経済学の中心は, 後に労働長官となったハーバード大学のジョン・ダンロップ（John Dunlop）教授だった.[注4]

　こうした考え方はとくにアメリカで労働組合の影響力の強かった1940年代から1960年代あたりにかけては現実的説得力を持っていた. アメリカ企業は世界の中で圧倒的な競争力を持っていたから, 賃金などの労働条件は市場の影響をあまり受けることなく, 力のある企業と労働組合の間で決めることも可能だった. 寡占的な企業と寡占的な労働組合との間の制度的な労働条件決定である.

　日本でも, とくに春闘の始まった1950年代中ごろから, こうした傾向は強まっていった. 労働問題を研究する方法論も, 労使関係などの影響をより重視した, ミクロ経済学を使う現代の労働経済学とは異なるものが主流であった.

　理論的にはともかく, 実証研究における制度派労働経済学の優位性は明らかだった. これが逆転したのは, 1960年代中盤にシカゴ大学のゲイリ

ー・ベッカー（Gary S. Becker）教授が人的資本理論を提示したあたりからである.[注5] 後の第11章で詳しく説明するように，この人的資本理論によって，賃金は生産能力によって決まるということと，ある一時点で個人の賃金と生産能力が一致しないことは矛盾なく説明できることになった.たとえば能力開発という人的資本投資のコストを負担している間の労働者は，訓練を受けない場合の生産能力よりも低い賃金を受け取り，その収益を回収する期間にはその生産能力よりも高い賃金を受け取るからである.

　こうしたミクロ経済学の理論は，新たに利用可能になったコンピュータによる大量の統計処理によって，実証的にも検証可能になっていった.現在では，雇用制度や労使関係といったもともと制度派労働経済学の独擅場であったような分野にまで，ミクロ経済学の分析は及ぶようになっているのである.

（注4）　Dunlop, J.（1944）*Wage Determination under Trade Unions*, New York: Augustus Kelly.
（注5）　Becker, G. S.（1964）*Human Capital*, New York: NBER and Columbia University Press（佐野陽子訳『人的資本——教育を中心とした理論的・経験的分析』東洋経済新報社，1976年）.

練習問題

①　労働経済学の限界について述べなさい.

②　労働力人口とは就業意思のある人たちのことである.これに失業者を含める理由はなぜか述べなさい.

③　サラリーマンの受け取る月給はどのように観測されるか述べなさい.

第 **2** 章

労働供給

学習の手引き

　この章では，個人の労働供給を説明する理論的枠組みを理解しましょう．個人は働くか働かないか，働くとしたらどれほど働くか，の選択を行っています．ここでは，まず働くか働かないかの選択から考えます．

　個人の就業選択は労働市場全体では労働力率という統計で観測されます．これを男女年齢別に観察するとどんな特徴があるでしょうか．

　こうした全体の就業選択に見られる特徴を統一的に説明する理論的枠組みが個人の所得・余暇選好です．まず所得・余暇平面という概念図式を理解してください．そしてその中で，所得・余暇の無差別曲線という分析用具を使って働くか働かないかの選択を説明する方法を学びましょう．またこの図式から労働供給曲線が描けることを概説します．

　さらに働く場合，どれだけ働くかということを，最適労働供給時間の決定図式によって説明します．ここでは所得効果，代替効果といった概念も理解してください．

🔑 KEY WORD

- ■労働供給（labor supply）
- ■男女年齢階層別労働力率（labor force participation rate by sex and age group）
- ■M字型カーブ（M-shaped curve）
- ■効用（utility）
- ■所得・余暇平面（income-leisure preference field）
- ■非勤労所得（non-earned income）
- ■無差別曲線（indifference curve）
- ■就業選択（decision of labor force participation）
- ■労働供給曲線（labor supply curve）
- ■所得制約線（income constraint）
- ■最適労働供給時間（optimal hours of work）

1 労働供給の次元

労働の供給主体は個人（または家計：household）である．個人は所得を得るためにその労働を需要主体である企業に売る．それによって自らの生活を成り立たせ，家族を養うわけである．

もちろん個人によってはまったく働かない，すなわち労働を供給しない人もいるし，また働く場合でも長時間働く人もいれば，短い時間しか働かない人もいる．労働供給について考えるということは，個人の働くこと（あるいは働かないこと）にかかわる選択について考えることにほかならない．

こうした個人の**労働供給**（labor supply）は，大きく分ければ図2-1に示されるような3つの次元に分けられる．まず最初は，働くか働かないかの選択という労働供給次元である．ここで働かないという選択をした人というのは，先に述べた労働可能人口でありながら，まだフルタイムで学校に通っている学生，専業主婦，あるいは引退した高齢者といった人たちである．

第2の次元は，働くか働かないかの選択で働くという選択をした人が，どれほど長い時間働くかにかかわるものである．人によっては朝から晩まで仕事漬けのように働く人もいれば，パートで短時間だけ働く人もいる．具体的には1人当たりの労働時間という労働供給次元である．

さらに，同じ労働時間でも，1時間をものすごく密度濃く働くという選択もあれば，のんびりと働く人もおり，それによって企業に提供される労働量は異なるはずである．つまり労働の密度という労働供給次元である．

ただしこのうち最後の次元である労働密度については，これを客観的に観察することは難しい．労働密度というのはきわめて重要なものには違いないが，ここでは観測可能なものだけを扱うという原則に従って，働くか働かないかという次元と，労働時間という次元の労働供給に限って議論を進めることにしよう．なお，働かないという選択を，ゼロという労働時間を選択したものと考え

労働供給（labor supply）　働くか働かないか，働くという選択をした人が何時間働くか，そして1時間についてどれほど密度濃く働くか，という選択である．ここでは前二者，すなわち就業選択と労働時間の選択を分析対象とする．

図2-1　労働供給の3つの次元

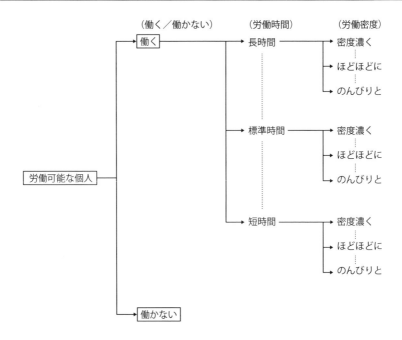

れば，働くか働かないかという次元と労働時間という次元を分ける必要はない
ことになるが，ここではそれをあえて分けたい．その理由については後で述べ
ることにしよう．そこでまず最初に，働くか働かないかの選択という次元での
労働供給についてみてみよう．

2　マクロの労働供給

　個人による働くか働かないかの選択の結果を一国全体でまとめたものが，先
にみた労働力人口である．労働力人口というのは，第1章で説明したように，
就業者と失業者，すなわち働く意思を持った人たちを指す．
　そしてこの労働力人口の労働可能人口に占める割合を労働力率というのだ
が，その定義式を再び掲げれば，

$$労働力率 = \frac{労働力人口}{労働可能人口}$$

となる．つまり，労働力率とは，働くか働かないかという選択において，働くという選択をした個人が，労働可能人口全体のうちどれほどいるかを示す指標ということになる．2019年現在の労働可能人口（15歳以上人口）は1億1092万人であり，このうち労働力人口は6886万人であるから，労働力率は62.1％ということになる．ちなみにこの労働力率はここ四半世紀くらいの間60％台前半で推移している．日本のマクロの労働力率は，とたずねられたら，60％程度と答えればよい．

　ところでこの労働力率は先に述べたように，性別や年齢別といった人口グループ別に観察することができる．図2-2はこれをみたもので，縦軸に労働力率を，横軸に年齢階層をとっている．実線は女性の労働力率，点線は男性の労働力率をそれぞれ表している．

　この図から，**男女年齢階層別労働力率**（labor force participation rate by sex and age group）についてどんな特徴を見出せるだろうか．ポイントは大きく分けると4つほどある．

　1つは，年齢階層別にみると，男女に共通して若年層と高齢層で労働力率が低いということである．すなわち，15〜19歳層では男性19.7％，女性22.1％であり，また65〜69歳，70歳以上でもそれぞれ男性60.7％，25％，女性39.0％，11.9％と，それ以外の年齢層に比べて極端に低い．

　2つ目は，男女で比べてみると，男性の労働力率が女性の労働力率よりも常に高いということである．結果として年齢階層計の労働力率は，男性71.4％に対して女性は53.3％と，その差ははっきりしている．労働力率は男性が7割，女性がほぼ5割程度ということになる．

　ただし，若い15〜19歳層と20〜24歳層では，男女の労働力率の差がないことにも注目してほしい．差が出てくるのは20代後半からであり，これは次に述

男女年齢階層別労働力率（labor force participation rate by sex and age group）　労働力率を性別，年齢階層別に計算したものである．若年層，高齢層の労働力率は壮年層よりも低く，男性の労働力率は女性のそれよりも高い．また壮年男性の労働力率はほぼ100％であるのに，女性はいわゆるM字型カーブ（次の用語参照）を描く．

図2-2　男女年齢階層別労働力率 (2019年)

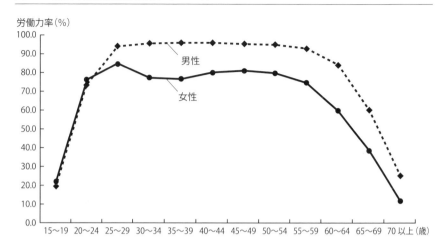

（出所）総務省統計局「労働力調査」.

べる残り2つのポイントと大いにかかわってくるところである.

　そこで3つ目は，男性についてみた場合，20代後半から50代後半までの壮年層の労働力率は100％にきわめて近いところを推移するということである．すなわち20〜24歳層の74.8％が25〜29歳層で94.1％になった後は，どの年齢層でも95〜96％を維持し，55〜59歳層の93.2％以降急速に低下し始めるということになる．これは例外的な人を除いて，壮年層の男性はほぼ全員が労働供給をして労働力人口になっているということを指す.

　4つ目は，女性についてみた場合，30代にかけて労働力率が低下するということである．すなわち25〜29歳層の労働力率は85.1％であるが，35〜39歳層では76.7％まで下がる．25〜29歳層よりも10ポイント弱低い．これが再び40〜44歳層の80.2％を経て，45〜49歳層で81.4％まで戻る.

　これを図形的にみれば，ちょうどアルファベットのMの形をしていることから，女性の労働力率にかんする**M字型カーブ**（M-shaped curve）などと呼ばれ

M字型カーブ（M-shaped curve）　女性の労働力率を年齢階層別にみると，20代前半でピークになった後，20代後半，30代前半と低下する．そして30代後半から再び上昇し始め40代後半で20代前半の水準をつけ，その後年齢とともに低下する．ちょうどアルファベットのMの字のような形になる.

る．20代後半から30代にかけてがM字の谷の部分にあたる．これは20代後半から急速に労働力率を上昇させほぼ100％で推移する男性のパターンと際立った対比をなしている．

では，このような男女年齢別の労働力率に示されるマクロの労働供給パターンの違いはなぜ発生するのだろうか．もちろんそれは，ミクロレベルにおける働くか働かないかの選択の反映である．若い人や高齢者の多くは働かないという選択をしている，男性は女性よりも働くという選択をしやすく，男性の壮年層はほとんど働くという選択だけになる，女性の20代後半から30代にかけて働く選択をする人が減る，……，といったことである．そこで次の問題は，ではなぜある人口グループは働くという選択をしやすく，また別の人口グループは働かないという選択をしやすいのか，ということになる．この問題を考えるためには，働く（就業）か働かない（非就業）かについての，個人選択の理論的枠組みを理解しなければならない．

3 所得・余暇平面

働くか働かないかの就業選択は，第1章の冒頭で述べた個人の主体均衡，つまり個人はその効用を最大化させたとき，主体均衡に達するということによって説明される．したがって結論を先にいうならば，働くことと働かないことのどちらがその個人にとって効用を最大化させるかによって就業選択は行われることになる．

先に述べたように，経済学で**効用**（utility）は所得と余暇に依存して決まると考える．これを式の形で表せば，次のようになる．

効用 = f（所得，余暇）

これは個人の持っている所得水準と余暇時間の量によって，効用水準は規定されるという関係を表したものである．所得や余暇が増えれば効用も高まるということになる．

効用（utility）　経済学で個人の満足度を表現する概念である．通常は，個人の持つ所得水準と余暇時間の量によって規定され，所得や余暇が増えれば効用も高まるということになる．個人は制約の中で効用水準の最も高くなるような所得と余暇の組み合わせを選択する．

　つまり，働くか働かないかの就業選択は，働く場合の効用水準と働かない場合の効用水準のどちらが高いかによって決まることになる．働く場合と働かない場合で，所得水準と余暇水準は異なる．その組み合わせで決まる効用水準によって就業選択が行われる．

　その際のポイントは，所得と余暇時間はトレードオフ（二律背反）の関係にあるということだ．たとえば所得について考えてみれば，働く場合と働かない場合では，働く場合のほうが所得は多い．一方，余暇時間について考えてみれば，余暇は個人の持っている時間から労働時間を差し引いたものであるから，働かないほうが余暇時間は多くなる．つまり，働く場合は所得水準は高く余暇時間は少なくなり，働かない場合は所得水準は低く，余暇時間は多くなる．

　このとき，もしどちらか一方の状態が所得も余暇時間も多いのであれば話は簡単だ．たとえば働く場合の所得と余暇時間のどちらも，働かない場合の所得と余暇時間より多ければ，働くほうがよいに決まっている．逆に，働かない場合の所得と余暇時間のどちらも働く場合より多ければ，働かないほうがよい．しかし所得と余暇時間はトレードオフの関係にあるので，どちらか一方が所得も余暇時間も多いということはない．そして，一般的には所得が多く余暇時間が少なくなる働く場合の効用と，所得が少なく余暇時間が多くなる働かない場合の効用を比べたとき，どちらが高いと一概にはいえないのである．

　図2-3は，この関係を図式化したものである．縦軸に所得，横軸に余暇時間をとっている．所得と余暇時間で表される平面なので，**所得・余暇平面**（income-leisure preference field）と名付け，これからしばらくこの図式を使って説明を進めていくことにしよう．

　第1章でみたように，縦軸の所得は大きく分けると勤労収入（earnings）と**非勤労所得**（non-earned income）から構成されている．すなわち，

所得・余暇平面（income-leisure preference field）　縦軸に所得（＝勤労収入＋非勤労所得），横軸に左から余暇時間（右から労働時間）をとった平面で，横軸の幅は総可処分時間（余暇時間＋労働時間）ということになる．この平面上に個人の働く場合の座標，働かない場合の座標などを書き込むことができる．

非勤労所得（non-earned income）　勤労収入（第1章の用語解説参照）とともに所得を構成する要素である．具体的には，利子，配当，賃貸料収入，年金給付，失業給付，親族からの仕送り，ギャンブルの収入や贈与など，働くこと以外のことで得られる所得はすべて含まれる．

図2-3　所得・余暇平面

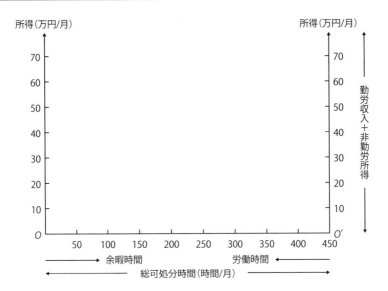

所得（万円/月）　　　　　　　　　　　　　　　　所得（万円/月）

勤労収入＋非勤労所得

総可処分時間（時間/月）

余暇時間　　　　労働時間

　　　所得＝勤労収入＋非勤労所得

である．このうち勤労収入は働くことで得られる収入，非勤労所得は働くこと以外のことから得られる所得である．後者には利子，配当，賃貸料収入，年金給付，失業給付，親族からの仕送り，ギャンブルによる収入や贈与など，働くこと以外のことで得られる所得がすべて含まれる．

　図2-3の横軸は個人の持っている時間である．この時間を個人は余暇時間と労働時間に分けるわけである．したがって次の関係が成り立つ．

　　　個人の持っている時間＝余暇時間＋労働時間

　左下の原点Oから右に向けて余暇時間，右下のO'から左に向けて労働時間ということになる．横軸の幅OO'は総可処分時間で，これは個人にとってその使い道を自由に決めることのできる時間という意味である．個人は誰でも1日24時間という物理的時間を持っているが，このうち睡眠，食事，排泄など生物として生きていくためにどうしても必要な時間を差し引いた時間が総可処分時間と定義される．たとえば，生きていくためのどうしても必要な時間量を1日9時間とすれば，1日の総可処分時間は24時間－9時間＝15時間ということにな

る．

　横軸は1日単位でも，1カ月単位でも，あるいは1年単位でも，確定した期間であればどのような期間をとってもよい．日本では働く場合の賃金が月給というように月単位で払われていることなどを考慮して，ここではとりあえず1カ月単位とすることにしよう．したがって図2-3の縦軸の単位は万円/月，横軸の単位は時間/月である．

　横軸の幅は総可処分時間であるから，1日の総可処分時間を15時間と考え，1カ月を30日とすると，横軸の幅は15×30＝450時間/月となる．もしこの総可処分時間を目一杯余暇に使えば，余暇時間は原点Oから右にとって450時間となる．逆に，総可処分時間をすべて労働に使えば，右下のO′から左にとって労働時間は450時間となり，このとき余暇時間はゼロとなる．

　働かない場合はすべての時間を余暇時間として消費することになるから，余暇時間は450時間となり，働く場合はその労働時間に応じて余暇時間は減少する．具体的には，

　　　　余暇時間＝450時間－労働時間

となるわけである．

4　働く座標と働かない座標

　この所得・余暇平面を使って就業選択を考えてみよう．そのために，ここでAさんとBさんという2人の人物に登場してもらおう．まずAさんについて考えよう．

　Aさんには非勤労所得はない．つまり働かなければ所得はゼロである．そして働く場合には次のような条件の雇用機会でのみ雇ってもらえるとしよう．すなわち，

　　　　賃金：20万円/月，労働時間：200時間/月

の職場である．もちろん一般にはもっと他の雇用機会もあるだろうし，労働時間を交渉次第で変えられるということもある．しかしここでは説明をわかりやすくするために単純化して，賃金と労働時間は1つのセットで与えられ，個人はこの条件を受け入れるか受け入れないかという選択しかできないものとしよ

う.^(注1) なお個人が労働時間を決められるように条件をゆるめた場合について

は，後の労働時間決定のところで説明する．

　このときＡさんの働く場合の座標W_aと働かない場合の座標N_aをこの所得・
余暇平面上に読者自身で書き入れてみてほしい．結果は図2-4(a)のようにな
る．このようになっただろうか．

　すなわち，Ａさんが働く場合の所得と余暇時間は，

所得＝　20万円／月　＋　ゼロ　＝　20万円／月
　　　（勤労収入）　　（非勤労所得）

余暇時間＝　450時間／月　－　200時間／月　＝　250時間／月
　　　　　（総可処分時間）　　（労働時間）

となるから，その座標は$W_a(250,20)$となる．他方，働かない場合の所得と余
暇時間は，

所得＝　ゼロ　＋　ゼロ　＝ゼロ
　　　（勤労収入）（非勤労所得）

余暇時間＝　450時間／月　－　ゼロ　＝　450時間／月
　　　　　（総可処分時間）　（労働時間）

となるから，その座標は$N_a(450,0)$，すなわちO'と一致する．したがってＡさ
んにとっての働くか働かないかの選択は，所得・余暇平面上の座標でいえばW_a
$(250,20)$か$N_a(450,0)$の選択ということになる．

　ではＡさんはどちらを選択するだろうか．実はこの場合，選択の余地はない．

　というのは，もしＡさんが$N_a(450,0)$を選択したとすると，所得はゼロであ
るから生活していくことはできない．そのような点を選択した人はこの世で生
きていくことはできないから，この場合には必ず$W_a(250,20)$を選択するはず

（注1）　一般的に雇用労働においては企業側の指定する労働時間で働くことになり，少なくとも短い
期間では労働時間選択の幅は狭いと考えられる．こうした実態を「指定労働時間」という概念でとら
え，精緻な労働供給分析を行ったのが小尾恵一郎教授である．興味のある読者は小尾恵一郎・宮内環
(1998)『労働市場の順位均衡』東洋経済新報社を参照されたい．

図2-4(a)　所得・余暇平面（Aさんの座標）

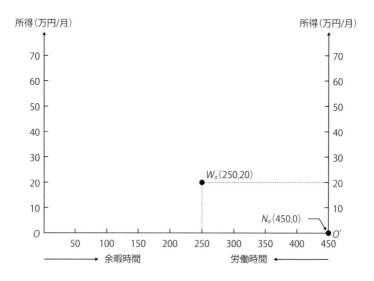

だ．つまり，働かなくても得られる非勤労所得がゼロである個人は，働かなければその座標は所得・余暇平面上の右下の原点 O' と一致するが，このような点は選択されえないから，必ず働くという選択をするのである．

　これを具体的な個人像をあげて考えてみれば，親に養ってもらう時代が終わり，年金をもらえる年齢になるまでの壮年層の成人ということになる．先にマクロの労働力率をみたとき，壮年層の男性の労働力率がほぼ100％だったのは，彼らは働かなくても得られる非勤労所得がないAさんに近い特性を持っているためと理解できる．これに対して，同じ壮年層でも女性の労働力率が低かったのは，既婚の場合，夫がまず働いて稼いでおり，これを非勤労所得と考えることができるからである．なぜ夫がまず働くかについては社会学的な考察も必要だが，経済学的には，一般に男性の賃金のほうが女性の賃金よりも高いので，夫婦でどちらが働くかということになると，まず夫が働くことになると考えられる．

　次にBさんを考えてみよう．Bさんには働かなくても得られる非勤労所得が20万円ある．これは先に述べたように働かなくても得られる所得であれば何でもよいのであるが，たとえばこのBさんは先のAさんの妻だと考えよう．夫の

図2-4(b)　所得・余暇平面（Bさんの座標）

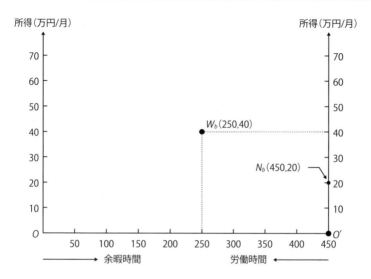

Aさんは必ず働くので，その稼ぎ20万円は妻のBさんにとっては非勤労所得と考えてよい．

　Bさんが働く場合の条件は，先のAさんの場合とまったく同様だとしよう．このときBさんの働く場合の座標W_bと働かない場合の座標N_bを，Aさんの場合と同じように，所得・余暇平面上に書き入れてみてほしい．結果は図2-4(b)のようになる．このようになっただろうか．

　すなわち，Bさんの働く場合の所得と余暇時間は，

$$所得 = \underset{(勤労収入)}{20万円／月} + \underset{(勤労収入)}{20万円／月} = 40万円／月$$

$$余暇時間 = \underset{(総可処分時間)}{450時間／月} - \underset{(労働時間)}{200時間／月} = 250時間／月$$

となるから，その座標はW_b（250,40）となる．他方，働かない場合の所得と余暇時間は，

所得 ＝ ゼロ ＋ 20万円／月 ＝ 20万円／月

　　　　（勤労収入）　　（非勤労所得）

余暇時間 ＝ 450時間／月 － ゼロ ＝ 450時間／月

　　　　　（総可処分時間）　（労働時間）

となるから，その座標は，$N_b(450,20)$ となる．したがってBさんにとっての働くか働かないかの選択は，所得・余暇平面上の座標でいえば $W_b(250,40)$ か $N_b(450,20)$ かの選択ということになる．

　ここで初めて，働くか働かないかの選択が可能になる．というのは，Bさんは働かなくても20万円/月の所得を保障されており，飢えることはないからである．

5 無差別曲線

　そこで，このBさんについて，働くか働かないかの就業選択を考えてみよう．これは，働く場合の効用水準と，働かない場合の効用水準のどちらが高いかで決まる．図2-4(b)でいえば，働く場合の座標 $W_b(250,40)$ と働かない場合の座標 $N_b(450,20)$ のどちらの効用水準が高いかを比較することにほかならない．

　この比較をするために便利な道具が**無差別曲線**（indifference curve）と呼ばれるものである．ここで何が無差別かというと，効用の水準が無差別ということである．Bさんの働く場合の座標 $W_b(250,40)$ を例にこの概念を説明しよう．図2-5がそれである．

　まず，所得や余暇時間が多くなるほど効用は高くなることをもう一度思い出そう．すると W_b から垂直上方の点，たとえば W_b' は W_b と同じ余暇時間で所得が多いから W_b よりも効用は高い．また W_b から水平右側の点，たとえば W_b'' は W_b と同じ所得で余暇時間が多いから W_b よりも効用は高い．この W_b から垂直に上

無差別曲線（indifference curve）　所得・余暇平面で同じ効用水準をもたらす座標をつないだ，原点に凸形の曲線である．個人について無数の曲線が描け，所得・余暇平面上で右上に行くほど高い効用水準を表す．ある一時点でみたとき同一個人の無差別曲線はけっして交わらない．

図2-5　無差別曲線

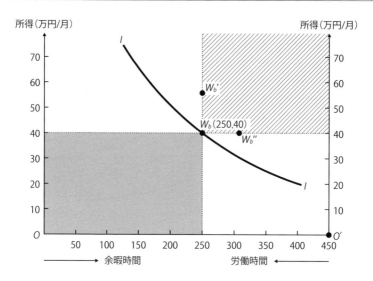

に引いた線と，水平に右側に引いた線に囲まれる領域（図2-5の斜線の部分）は，W_bより所得も余暇時間も多い領域であるから，ここにある座標はすべてW_bよりも高い効用水準であることになる．

　同様に，W_bから垂直に下に引いた線上の点はW_bと同じ余暇時間で所得が少ないからW_bよりも効用は低い．またW_bから水平に左側に引いた線上の点は，W_bと同じ所得で余暇時間が少ないからW_bよりも効用は低い．結局，W_bから垂直に下に引いた線と水平に左側に引いた線に囲まれる領域（図2-5のグレーの部分）は，W_bより所得も余暇時間も少ない領域であるから，ここにある座標はすべてW_bよりも低い効用水準であることになる．

　問題となるのはここで斜線やグレーでない部分，すなわちW_bの左上と右下の領域である．この領域は，W_bよりも所得は多いが余暇時間は少ない（左上の領域），あるいはW_bよりも所得は少ないが余暇時間は多い（右下の領域）ということで，一概にW_bよりも効用水準は低いとか高いとか決められないところである．

　この左上の領域には，W_bよりも余暇時間の少ない分をちょうど埋め合わせるだけ所得が多いことでW_bと同じ効用水準をもたらす点が存在するはずである．

図2-6 無差別曲線の性質

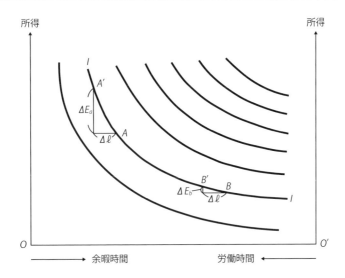

また右下の領域にはW_bよりも所得の少ない分をちょうど埋め合わせるだけ余暇時間が多いことでW_bと同じ効用水準をもたらす点も存在することになる．こうしたW_bと同じ効用水準をもたらす所得と余暇時間の組み合わせの点を結んだ軌跡（図2-5のII）が無差別曲線である．

　無差別曲線は，図2-6に示すとおりそれぞれの効用水準に応じて所得・余暇平面上にちょうど玉ねぎの皮のようにびっしりと存在する．所得と余暇時間が多いほど効用水準は高いので，所得・余暇平面上では右上ほど効用の水準は高い．したがって玉ねぎの皮のようにたくさん描かれる無差別曲線も，右上のものほど高い効用水準を示すことになる．この無差別曲線には2つの特徴がある．

　1つ目は原点Oに対して凸の形をしているということである．これは，所得と余暇時間それぞれが少なくなるほど，その減少分を埋め合わせて同じ効用水準を維持するために必要な余暇時間と所得の量は多くなるということを示している．たとえば図2-6の無差別曲線II上で，すでにかなり忙しく働いていて余暇時間が相当少なくなっている点Aからさらに余暇時間を削る（余暇時間を$\Delta\ell$だけ減らす）場合には，所得をかなり（ΔE_a）増やして点A'に位置しないと点Aと同じ効用水準は維持できないことになる．逆に，かなり暇で余暇時間もた

図2-7　無差別曲線が交わると困る理由

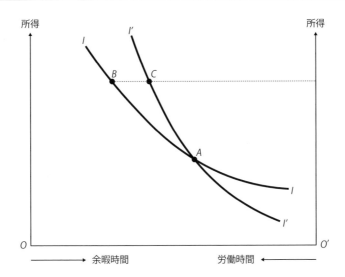

っぷりある点Bから余暇時間を同じ（$\varDelta\ell$）だけ減らす場合には，所得をほんの少し（$\varDelta E_b$）増やして点B′に移ればもとの点Bと同じ効用水準を維持できることになる．所得についてもまったく同様に考えることができる．

　2つ目の特徴は，無差別曲線はけっして交わらないということである．というのは，もしこれが交わるとおかしなことになるからである．図2-7は同じ人について2本の無差別曲線IIと$I'I'$が交わってしまったケースを描いたものである．点Aと点Bは同じ無差別曲線II上の点であるから効用水準は同じである．また点Aと点Cも同じ無差別曲線$I'I'$上の点であるから効用水準は同じである．したがって，点Bと点Cの効用水準は同じであるということになる．

　しかし点Bと点Cを直接比べてみれば明らかなように，点Cは点Bと同じ所得で点Bよりも余暇時間は多いから，定義により，点Bより効用水準が高くなければおかしい．このような矛盾が起きるのは，そもそも2つの無差別曲線が交わって描かれているためである．したがって，ある個人について一時点でみた無差別曲線はけっして交わらず，玉ねぎの皮のように描かれるのである．

6 就業選択

さてこの所得・余暇平面上の無差別曲線を使って，働くか働かないかの選択，つまり**就業選択**（decision of labor force participation）を説明してみよう．非勤労所得20万円で，月給20万円，月間労働時間200時間の雇用機会で働ける個人を考える．働く場合の座標は$W(250,40)$，働かない場合の座標はN（450,20）である．

まず，ある個人の無差別曲線が図2-8(a)のようになっているとしよう．働く場合の座標Wを通る無差別曲線は，働かない場合の座標Nを通る無差別曲線よりも右上に位置している．すなわち働く場合の座標Wの効用水準は，働かない場合の座標Nの効用水準よりも高い．したがってこの場合，この個人は働くことを選択する．

次に，この個人の無差別曲線が図2-8(b)のようになっていたらどうだろうか．今度は働かない場合の座標Nを通る無差別曲線が，働く場合の座標Wを通る無差別曲線よりも右上に位置している．すなわち働かない場合の座標Nの効用水準は，働く場合の座標Wの効用水準よりも高い．したがってこの場合，個人は働かないことを選択する．

1人の個人について一時点でみれば無差別曲線の形は変わらないから，もしこの個人が働く選択をすればその無差別曲線は図2-8(a)のようだと考えられるし，働かないという選択をしていればそれは図2-8(b)のような形だろうと考えられる．もしここに2人の個人がいて，働かない場合の条件，働く場合の条件は同じなのに，1人は働き，もう1人は働かないという選択をすれば，それぞれの無差別曲線の形は図2-8(a)および図2-8(b)のようだと推察することができる，といってもよい．

つまり，働かない場合の条件や働く場合の条件が同じでも，無差別曲線の形によって，働くことを選択することもあるし，働かないことを選択することも

就業選択（decision of labor force participation）　個人が働くか働かないかの選択で，無差別曲線を使って説明できる．働く場合の所得と余暇の組み合わせのもたらす効用水準と，働かない場合の所得と余暇の組み合わせのもたらすそれを比較して，効用水準の高いほうが選択される．

図2-8(a)　就業選択（働く場合）

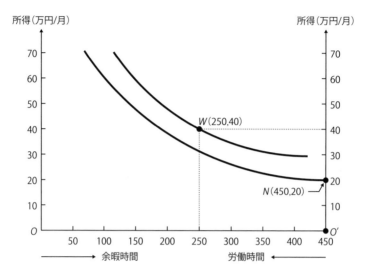

図2-8(b)　就業選択（働かない場合）

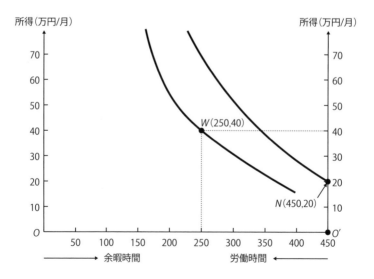

あるということだ．無差別曲線の形は，その個人が所得と余暇時間のどちらをより重要と考えるかによって異なるから，就業選択を規定するまず第1の要因は，所得と余暇にかんする個人の好みであるということになる．

たとえばいまある社会があって，その社会の労働可能人口はすべて20万円の非勤労所得と月給20万円で労働時間200時間の雇用機会を保障されているとする．半数の人の無差別曲線は図2-8(a)のような形をしており，他の半数の人の無差別曲線は図2-8(b)のような形をしているとすると，半数の人は働くが残りの半数は働かない．マクロの労働力率は50％ということになる．

また1人の個人であっても，異なる時点では無差別曲線の形状は異なりうる．たとえば子どもを持つ1人の既婚女性についてみたとき，小さな子どもを抱えている時期には子育てのために余暇時間は必須だから，そのときの彼女の無差別曲線は余暇時間をより重視する図2-8(b)のような形をしていると考えられ，働かないで育児に専念するという選択になる．しかし子どもに手がかからなくなり，教育費などのためにより所得を重視するようになると図2-8(a)のような形状を持つ無差別曲線になると考えられ，働いて追加所得を得るという選択になる．女性の場合，30代前半に労働力率が低下し，40代になると再び上昇するというM字型カーブの背景には，こうした1人の女性の人生における無差別曲線の形状の変化もあるのだということも考えられるだろう．

さて，いまある既婚女性の無差別曲線は図2-9のような形をしているとしよう．働かない場合の座標Nを通る無差別曲線が働く場合の座標Wを通る無差別曲線よりも右上に位置しているため，彼女は働かないという選択をすることになる．いま，読者が企業経営者であって，どうしてもこの女性に働いてもらいたいと思ったらどうすればよいか．

答えはこの女性にとっての働く場合の効用を，働かない場合の効用より高くしてやればよいということになる．図2-9でいえば，働く場合の座標Wを働かない場合の座標Nを通る無差別曲線よりも右上にもってくればよい．たとえば労働時間は200時間/月で同じでも，月給を25万円に引き上げ，働く場合の座標をW'(250,45)にする，あるいは月給は同じでも労働時間を150時間/月に短縮して，働く場合の座標をW''(300,40)にするといったことである．もちろん月給増と労働時間短縮を同時に実施して，働く場合の座標をW'''(275,43)に

図2-9 働いていない人に働いてもらうには

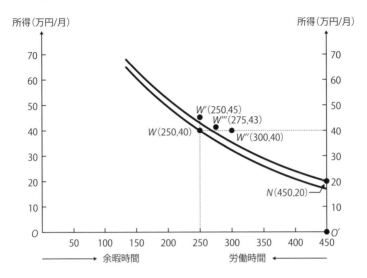

図2-10(a) 賃金と無差別曲線（所得重視のグループ）

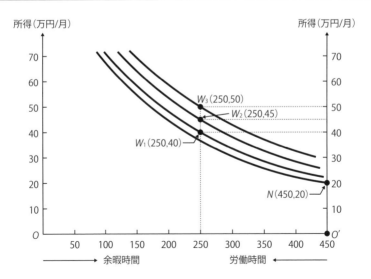

図2−10(b)　賃金と無差別曲線（中間グループ）

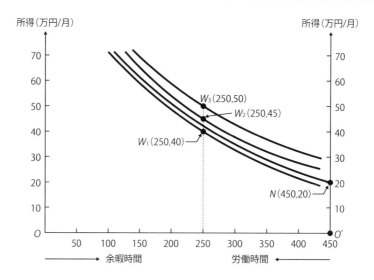

図2−10(c)　賃金と無差別曲線（余暇重視のグループ）

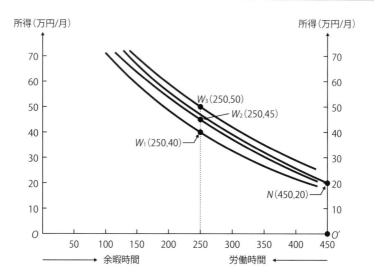

図2-11　労働供給曲線

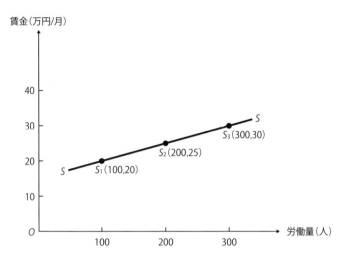

してもよい.

　ところでいま, 社会には図2-10(a), 2-10(b), 2-10(c)のような3種類の異なる無差別曲線を持った個人群が, それぞれ100人ずついるとしよう. そしてどの個人も20万円の非勤労所得を持っているとしよう. このとき, 労働時間200時間一定の下で賃金を20万円/月, 25万円/月, 30万円/月, と上げていくとどうなるだろうか. それぞれの図において, 働く場合の座標は$W_1(250,40)$, $W_2(250,45)$, $W_3(250,50)$とより上方に移動していく. すると, 賃金が20万円/月のときは図2-10(a)のグループだけ働くから社会の労働供給量は100人, 25万円/月に上昇すると図2-10(b)のグループも働くから社会の労働供給量は200人, そして30万円/月まで上昇すれば図2-10(c)のグループも働くから労働供給量は300人になる.

　この賃金と労働供給量の間の関係を表すと, 縦軸に賃金, 横軸に労働量をとった図2-11のようになる. 賃金20万円/月, 25万円/月, 30万円/月に対応する労働供給量100人, 200人, 300人はそれぞれ図中の座標$S_1(100,20)$, S_2(200,25), $S_3(300,30)$となる. この座標を結んだ線SSが**労働供給曲線**（labor supply curve）である. 実際の社会では個人間の無差別曲線の違いはこの例の

ように数種類だけではなく，一般的には無数にあると考えられる．そこで賃金をより細かい刻みで上昇させると，労働供給をする人数も少しずつ増えていく．個人別の無差別曲線の違いをより細かく区別し，賃金の刻みをより連続的にとって賃金と労働供給量の対応座標 $S_i (i = 1, \cdots, n)$ を求めれば，その座標を結ぶ労働供給曲線 SS はなめらかな右上がりの曲線として描けることになる．

このようにミクロ経済学の2つの均衡概念のうちの，個人の主体均衡図式から，市場均衡を説明する労働供給曲線が導かれる．ただし，主体均衡を家計の効用極大と考えると，社会全体では右下がりの労働供給曲線となる場合もある．これについては本章のコラムを参照されたい．

7　最適労働供給時間の決定

さてここまでは，個人は労働時間を決めることはできず，賃金（月給）と労働時間の組み合わせとして提示される雇用機会で働くか，働かないかという選択しかできないという前提で議論を進めてきた．これは1つには議論を単純化して，まず就業決定の図式を理解するためであった．また1カ月というような短い期間を考えれば，個人にとって労働時間調整の余地は小さいからこうした前提は現実的にも適当だといえる．

しかし，より長期の主体均衡を考えると，これはあまり適当な前提とはいえないかもしれない．たとえば一企業内でも，個人の選択余地のある残業や，休暇取得日数などを通じて労働時間の調整余地は大きくなりうる．また企業の指定する労働時間は固定的でも，企業によって指定する労働時間が異なれば，その異なる指定労働時間を持つ企業のうちどの企業を選択するかという形で個人の労働時間選択は可能である．

そこで最後に，個人にとって労働時間の選択が可能であるというように前提をゆるめた場合の主体均衡について説明してみよう．これまでの例では，個人の雇用機会は賃金（月給）と労働時間で与えられたが，ここからは与えられる

労働供給曲線（labor supply curve）　縦軸に賃金をとり，横軸に労働量をとったときに描ける右上がりの曲線．賃金が高くなるほど労働供給も増えることを示している．ただし，社会全体でみると右下がりの供給曲線となることもある（本章コラム「右下がりの労働供給曲線もありうる」を参照）．

図2-12 所得制約線

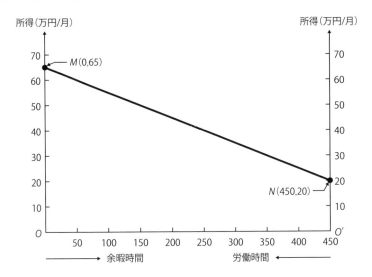

のは賃金（時間賃金率）だけになる．たとえば働くという選択をする場合，時間賃金率1000円で好きな時間だけ働けるという前提になる．

　このとき，個人にとってその賃金で働く場合の座標はどうなるだろうか．働かない場合の非勤労所得は20万円あるとして考えてみよう．答えは図2-12に描かれたとおりである．

　働かない場合の座標Nは，所得20万円，余暇時間450時間でこれまでと同様$N(450,20)$となる．ここから1時間働けば所得は20万円＋1000円＝20.1万円，2時間働けば所得は20万円＋2000円＝20.2万円，……，199時間働けば所得は20万円＋19万9000円＝39.9万円，200時間働けば所得は20万円＋20万円＝40万円，というように，所得と労働時間を連続的に増加させていったときの座標を連続的に描くことができる．

　労働時間をさらに増やして，可処分時間450時間をすべて働くことにしたら，所得は20万円＋45万円＝65万円になり，そのときの座標は$M(0,65)$となる．結局，この個人の働く場合の座標の軌跡は図2-12に示すように，NとMを結ぶNMとなる．経済学ではこのNMを**所得制約線**（income constraint）という．なぜ「制約」というのかは，これからNMを説明していけばわかるだろう．

図2-13 最適労働供給時間の決定

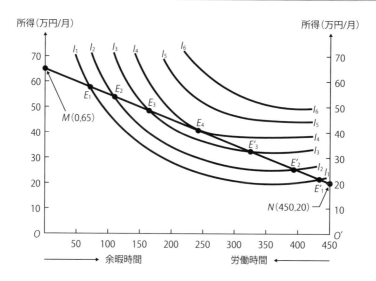

　個人はその効用を最大化させるわけであるから，個人にとっての主体均衡点は，この所得制約線NM上で最も効用水準の高いところにあると考えられる．これもまた無差別曲線の概念を使うことで説明できる．図2-13は，図2-12にこの個人の無差別曲線群を書き加えたものである．

　所得制約線NM上で最も効用水準の高い点というのは，NM上で最も高い効用水準を示す無差別曲線上の点ということになる．先に述べたように無差別曲線は右上にいくほどその示す効用水準も高くなる．たとえば，無差別曲線I_1I_1とNMの交点E_1やE_1'よりもI_2I_2とNMの交点E_2やE_2'，さらにI_3I_3とNMの交点E_3やE_3'の効用水準のほうが高い．しかし無差別曲線I_5I_5やI_6I_6は所得制約線NMと交わるところがないほど右上にあるため，この個人は選択可能な雇用機会の下ではここまで効用水準を高めることはできない．

　結局，この個人にとって所得制約線NM上にある最も効用水準の高い点は，NMに接する無差別曲線，ここではI_4I_4との接点E_4ということになる．図2-13

所得制約線（income constraint）　個人が労働時間をみずから自由に決められるとした場合に所得・余暇平面上で位置することのできる座標を結んだ直線．この直線と無差別曲線の接するところで，個人の効用は最も高くなり，そこで最適な労働供給時間が決まる．

図2-14　非勤労所得上昇の効果

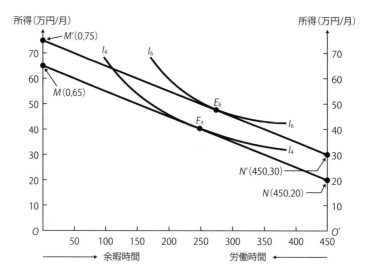

上でNMと共通の点を持ちうる最も右上に位置する無差別曲線は$I_4 I_4$である.すなわち点E_4がこの個人の主体均衡点であり,これに対応する労働時間(したがって余暇時間)と所得の組み合わせの下で効用は最大となり,この労働時間が**最適労働供給時間**(optimal hours of work)となる.

　さてここで,NMをなぜ「所得制約線」と呼ぶのかを考えてみよう.個人の効用はより右上の無差別曲線に移動するほど高くなる.しかし個人は所得制約線よりも右上の領域にはいけない.効用を幸せの程度を示すものと考えれば,個人は無制限に幸せにはなれない,すなわちいくらでも右上の無差別曲線に移れるわけではない.より右上の座標への移動は所得制約線NMと少なくとも1点では共通点を持つということに制約される.だからNMは幸せの「制約」なのである.

　この主体均衡点は,所得や賃金率の変化に応じて移動する.図2-14は,非勤労所得が20万円から30万円に増えたために,働かない場合の座標がN'

最適労働供給時間(optimal hours of work)　働こうとする個人にとっての最適な労働時間の選択で,与えられた制約の中でも最も高い効用をもたらす所得と余暇の組み合わせによって決定される.これは無差別曲線と所得制約線によって説明できる.

図2-15 時間賃金率上昇の効果

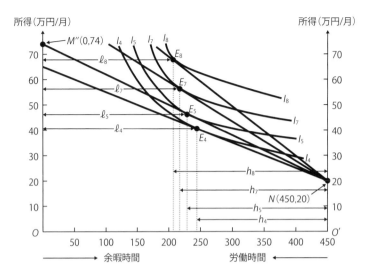

（450,30）に移動した場合どうなるかを示すものである．これに伴ってそれぞれ
の労働時間に対応する所得（＝非勤労所得＋勤労収入）はそれぞれ10万円分だ
け上方に移動するので，所得制約線は$N'M'$となる．所得制約線$N'M'$のときの
主体均衡点はE_6となる．この場合，主体均衡点はE_4からE_6へと移動するから，
所得も余暇時間も増えることになる．つまり，所得の上昇によって個人はより多
くの余暇時間を消費し，労働時間を減らすということを意味している．[注2]

　賃金率の変化を示したのは図2-15である．時間賃金率が1000円から1200円
に上昇すると，すべて働いた場合の座標はM''（0,74）となり，所得制約線もよ
りきつい傾斜を持つNM''となる．このとき新しい主体均衡点はE_5であり，所
得はかなり増え，余暇時間は少し減る（労働時間は少し増える）．さらに賃金
率を上昇させると，主体均衡点は図2-15で示すように点E_5から点E_7，点E_8へ
と変化し，それに伴って余暇時間もℓ_5からℓ_7，ℓ_8へと変化し，したがって労働
時間もh_5からh_7，h_8へと変化する．

（注2）　経済学では所得の増えたときに消費量の増える財を「正常財」，逆に消費量の減る財を「劣等
財」という．ここでは余暇を正常財と考えているが，もし仕事をしない時間は苦痛だという人がいた
ら余暇は劣等財となり，所得上昇に伴って余暇時間の消費は減り，労働時間は増えることになる．

図2-16 個人の労働（時間）供給曲線

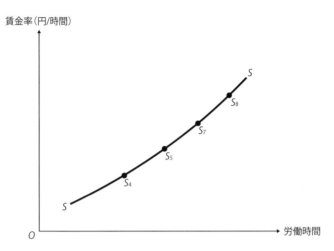

そこで，この賃金率の変化と労働時間の変化を，図2-16のように縦軸に賃金率，横軸に労働時間をとった平面にとれば，点S_5，点S_7，点S_8のようになる．賃金率の変化の幅をより微小にしてその賃金率と労働時間の対応を結べばSSのような右上がりの曲線を描くことができる．これが個人の労働（時間）供給曲線である．

ただし，無差別曲線の形によっては，図2-15でも賃金率の上昇に伴って労働時間が減少（余暇時間が増加）する場合もある．その場合には個人の労働供給曲線は右下がりとなる．読者はこのケースについて自分で図を描いてみてほしい．

Column

右下がりの労働供給曲線もありうる

ここでは，個人の所得・余暇の選好図式から労働供給曲線を導出している．働く場合の賃金水準の上昇に応じて，就業を選択する人の数も増えてくるという図式を理解していただけたと思う．ただし所得・余暇選好図式を家計単位で考え，その中で夫と妻の就業選択の相互依存性を考慮すると，実は右下がりの労働供給曲線を描かなければならない場合もある．

　というのは，女性の就労にかんしてダグラス゠有沢の法則というものが
あるからである．これは2つの部分からなっている．

　1つは，他の条件が一定の下でなら，妻の就業確率は妻の賃金が高いほ
ど高くなる，ということである．これは賃金と就業確率についての正の相
関，すなわち右上がりの労働供給曲線を意味するものである．この部分は
この章で学んだ関係と同じである．

　問題はもう1つの法則である．それは夫の収入が低いほど妻の就業確率
は高くなるということである．ありていにいえば，夫の稼ぎがよくないと
生活のために妻も働きに出るということになる．

　こうした夫の収入といったものは，妻の賃金と就業確率の関係をみると
きの重要な「他の条件」となる．もし，夫の収入による妻の就業確率への
影響がより大きなものであれば，社会全体で賃金が低下したときの妻の労
働供給は，妻自身の賃金低下による減少よりも，夫の収入低下による増加
のほうが上回り，妻の労働供給は増加することになるかもしれない．

　本章で述べたように，壮年男性はほぼ必ず就業する．したがって，社会
全体で賃金が低下したときに妻の労働供給が増えるようであると，社会全
体の労働供給も増えてしまう．つまり妻の就業は夫の収入に依存すること
から，社会全体では賃金に対して右下がりの労働供給曲線が描ける場合も
ありうるということになる．(注3)

　このような場合には，賃金下落→妻の就業増→労働市場のいっそうのゆ
るみ→賃金下落→…，という形で，賃金の下落がさらなる賃金下落を呼ぶ
危険性も出てくる．このような危険性を防止するためには，何らかの制度
的な歯止めを置いて，賃金の一方的下落を止めなければならない．たとえ
ば，ある一定水準以下の賃金で労働者を雇用してはならないといったルー
ルを設けることである．実は最低の賃金水準を設定し，それを法律で強制
している最低賃金制度の理論的根拠の1つはここにあるといえる．

(注3)　詳しくは小尾教授の研究，たとえば小尾恵一郎・宮内環（1998）『労働市場の順位均衡』
東洋経済新報社を参照のこと．

練習問題

①　所得・余暇平面とは何か，説明しなさい.

②　所得・余暇平面の右下の原点はどうして個人にとって選択対象の座標とならないのか，説明しなさい.

③　個人の就業選択を無差別曲線を使って説明しなさい.

④　個人にとっての最適労働供給時間の選択を，無差別曲線と所得制約線を使って説明しなさい.

第 3 章

労働需要

学習の手引き

　この章では，企業の労働需要行動を理解しましょう．企業はモノやサービスを生産するために労働力を雇用するという意味で，労働需要は生産からの派生需要である，といわれます．したがって企業の労働需要を規定するのは，その企業の生産活動に関係する事柄で，ここではそれらと労働需要との関係をまず理解しましょう．

　企業の労働需要は労働市場全体では企業に雇われる雇用者数の動きとしてとらえられます．それはどんな特徴を持っているでしょうか．

　企業の労働需要は生産水準を一定とすれば費用最小原理で説明できます．等量曲線，等費用線といった概念を理解してください．これらを使って最適な労働需要の決定図式を説明します．生産水準，生産技術，生産要素相対価格が最適労働需要量をどう変えるかも学んでください．またこの図式から労働需要曲線が導けます．ここでは，生産水準一定のもとで賃金が変わると労働需要はどうなるかを示します．

🔑 KEY WORD

- ■派生需要（derived demand）
- ■生産量（output）
- ■生産技術（production technology）
- ■生産要素の相対価格（relative factor price）
- ■経済センサス（Economic Census）
- ■労働生産性（labor productivity）
- ■生産関数（production function）
- ■資本・労働平面（capital-labor combinations field）
- ■等（生産）量曲線（iso-quant curve）
- ■等費用線（iso-cost curve）
- ■最適労働者数（optimal numbers of workers）
- ■最適生産拡張経路（optimal expansion path of production）
- ■労働需要曲線（labor demand curve）

1　労働需要を規定する3つの要素

　この章では，企業の労働需要についてみてみよう．労働需要の性格を表す表現として最も適切なのは，「労働需要は生産からの**派生需要**（derived demand）である」というものである．これは企業による労働者雇用，すなわち労働需要は，まず生産活動があってはじめてそこから派生する需要であるということを意味する．

　いうまでもなく，企業の目的はモノやサービスを売って利益を上げることにある．そのために，モノやサービスを生産するわけだ．

　労働者を雇用することは企業の第1の目的ではない．労働者を企業が雇うのは，その労働者にモノやサービスを生産してもらうためなのである．したがってその生産がなければ雇用もない．

　それゆえ企業による労働者雇用，すなわち労働需要は，基本的にはその企業の生産活動のあり方に規定されることになる．具体的には生産量，生産技術，および他の生産要素との相対価格の3つによって労働需要は規定される．

　このうち，労働需要を最も基本的に規定するのは**生産量**（output）であるということはすぐわかるだろう．企業はモノやサービスを生産するために労働者を雇用するわけだから，生産量が増えればそのための雇用，すなわち労働需要も増えるし，生産量が減ればそのための労働需要も減るのである．

　たとえば不況で生産活動が減退すると，企業にとって必要な労働需要も減少するから，企業は解雇や採用抑制などによって労働需要を減らそうとする．逆に好況で人手不足になれば，企業は積極的に採用を増やすという形で労働需要を増やすことになる．労働需要が減るのも増えるのも生産次第なのである．

　2つ目の**生産技術**（production technology）もまた，企業の労働需要に影響

派生需要（derived demand）　企業による労働者雇用，すなわち労働需要は，まず生産活動があってはじめてそこから派生する需要であるということである．労働需要は生産活動のありように規定される．具体的には生産量，生産技術，および他の生産要素との相対価格の3つだ．

生産量（output）　企業はモノやサービスの生産のために労働者を雇用するわけだから，生産が増えればそのための雇用，すなわち労働需要も増えるし，生産が減ればそのための労働需要も減る．好況になれば増え，不況になれば減るということである．

を与える重要な要因である．たとえば同じ量を生産するにしても，より省力化された生産方法をとれば必要な雇用量，すなわち労働需要量は少なくてもすむことになる．具体的には，工場の生産ラインにロボットが導入されることによって，それまで人にしかできなかった作業が機械に置き換え可能になるような技術変化である．あるいは，オフィス・オートメーションの発達によって，事務処理の作業が機械に置き換え可能になるといったこともこれにあたる．

　3つ目は**生産要素の相対価格**（relative factor price）である．前述のように企業の生産活動は一般的には労働だけではなく，たとえばロボットなど労働に代わるオートメーション機器を使って行うことも可能である．このときもし労働の価格である賃金が，オートメーション機器の利用料に比べて相対的に上昇したならば，同じ生産量を生産するために，企業は労働をより少なくして，より多くのオートメーション機器を使おうとするだろう．

　つまり，労働と機械設備の相対価格が労働の需要量を規定しているのである．あるいは日本国内で日本人労働者を使って生産するか，国外で現地労働者を使って生産するかという選択肢を企業が持っているような場合もある．もし，日本人労働者の賃金が，同じ生産活動を行いうる海外労働者の賃金よりも高くなれば，企業は国内での生産を減らして海外へ生産をシフトさせるから，結果として日本人労働者への労働需要は減少することになる．これは，日本人労働者と外国の労働者の相対価格が（日本人労働者の）労働需要を規定していることを示す例である．

　いずれにしても，労働需要は生産量，生産技術，生産要素の相対価格といった，より根源的な要素によって決まるのである．換言すれば，それらの外生変数（すでに決まっている変数）がまず与えられ，その条件に企業が対応した結果として，労働需要は従属的に決まるということである．これで，「労働需要は生産からの派生需要である」という冒頭の言葉を説明できるだろう．

生産技術（production technology）　たとえばロボットが導入されることによって，同じ生産水準を上げるために必要な労働者数はより少なくなるといったように，生産水準は同じでも，生産技術がより省力化されたものになれば労働需要は少なくなる．

生産要素の相対価格（relative factor price）　生産要素というのは労働や資本設備のような生産のために必要な投入物である．その価格は労働であれば賃金，ロボットであればそのリース料といったものであり，それらの価格の比率を生産要素の相対価格という．

2 マクロ労働需要指標の趨勢

さて，個人の労働供給が日本全体では労働力人口あるいは労働力率として観測されたように，企業の労働需要も日本全体でみたマクロの指標で観測できる．就業者数がマクロの労働需要にあたる．就業者数とは企業の雇う雇用者と自営業主およびそこで働く家族従業者の総数であり，自営業主も企業とみなせば自営業主が雇う自営業主自身と家族従業者も労働需要に含まれる．

こうした雇用する側からみた労働需要を最も広範に調査しているのが総務省統計局の「事業所・企業統計調査」（Establishment Survey），2009年からの**経済センサス**（Economic Census）である．ここでは国や地方公共団体を除くあらゆる事業所（商店，工場，事務所など，企業や自営業が経済活動をしている場所）の従業者数を調べている．ここで従業者とは，就業者のうちで一時的に仕事を休んでいる休業者を除いたもので，実際に働いている就業者のことである．民間の経済活動で現在実際に需要されている労働者の数といってよい．

図3-1はマクロの労働需要にあたる従業者数のトレンドを，1981年から2016年までの35年間でみたものである．従業者数は1981年の約4572万人から2016年の約5687万人へと約1.2倍に増えている．このように企業の労働需要が増えたのは，先述の3要素でいえば，まず何よりもこの間の経済成長によって生産量が増えたためだと考えられる．

図3-1の従業者数のトレンドとマクロの生産指標である実質国内総生産（実質GDP）のトレンドを重ね合わせた図3-2をみてほしい．GDPも従業者数も同じように伸びており，この間の労働需要増はたしかに生産増から派生したものであることがわかる．ただし，生産（実質GDP）の増加率と労働需要（従業者数）の増加率は同じではない．

すなわち，この35年間に生産は実質ベース（2011暦年連鎖価格）で約272兆円から約522兆円へと約1.9倍になっており，マクロの生産についてみれば，こ

経済センサス（Economic Census）　この調査では国や地方公共団体を除くあらゆる事業所（企業や自営業が経済活動している場所）の従業者数を調査している．ここで従業者とは先に第1章で説明した就業者のうち一時的に仕事を休んでいる休業者を除いたものである．

図3-1　従業者数のトレンド

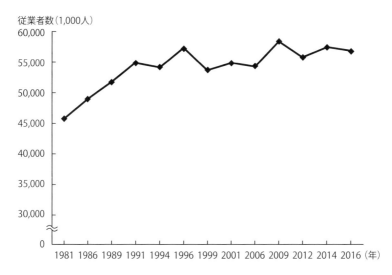

（出所）総務省「事業所・企業統計調査」および「経済センサス」.

　の35年間における増加率は従業者でみた労働需要の伸びである1.2倍をはるか
にしのぐものとなっているのである.

　生産の伸びに比べて労働需要の伸びが小さいのは，この間に**労働生産性**
（labor productivity）が向上したことを意味している. 実際，この間に，より多
くの機械設備がさまざまな生産活動に導入され，より少ない労働力で同じ生産
量を実現できるようになってきた. 先に述べた3要素でいえば，生産技術の変
化によって労働需要は影響を受けたわけだ.

　このことは，産業別に労働需要をみるとさらに明快になる. 図3-3は，製造
業，卸売・小売業，飲食店，サービス業について，それぞれの従業者数の動き
を1981年から2016年までみたものである. 製造業の従業者数は約1290万人
（1981年）から約890万人（2016年）とこの間バブル期（1991年）に向けて増
加した後は，むしろ減少傾向にある. これに対して卸売・小売業，飲食店は約

労働生産性（labor productivity）　労働投入1単位当たりの生産水準で，生産量/労働投入量で定義さ
れる. 労働を節約するような機械設備（たとえば工場におけるロボットやオフィスにおけるパソコン
など）の導入によって労働生産性は向上する.

図3-2　従業者数のトレンドと実質GDP

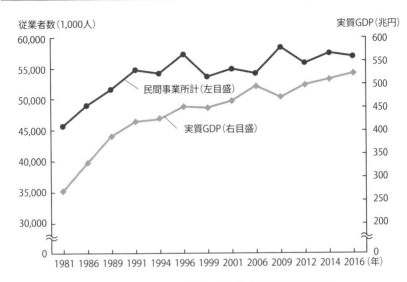

（出所）総務省「事業所・企業統計調査」および「経済センサス」, 内閣府「国民経済計算」.

1490万人（1981年）から約1820万人（1996年）まで増えた後は，1700万人，近年では1600万人前後で推移している．サービス業は約810万人（1981年）から1940万人（2016年）へと，約2.4倍に増えている．

　製造業についてみれば，労働需要が減っているのにその生産を示す鉱工業生産指数はこの間にほぼ1.4倍になっているから，製造業では大きな労働生産性向上があったことがわかる．事実，とくにこの間のはじめの四半世紀の間は，生産用ロボットや数値制御工作機械など，製造現場での省力化投資は目を見張るものがあった．さらに，1990年代終わりから2000年代にはIT技術が普及し，まさに，製造業合理化の時代であったといえる．

　これに対して，卸売・小売業，飲食店やサービス業などではそれほどの労働生産性向上はなかった．たしかにスーパーマーケットなど大規模小売店での仕入れや販売のシステム化，ITの普及によるネット通販の拡大にみられるような卸売・小売業，飲食店での技術革新も存在したが，製造業ほどの労働生産性向上はなかったといえる．サービス業についていえば，たとえば美容院や介護などの対個人サービスでは，1日に対応できる客数やお年寄りは35年前とそれほ

図3-3　産業別雇用トレンド

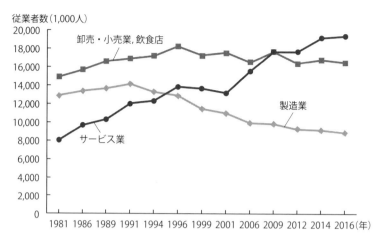

（注）日本標準産業分類の改定に伴い，現在の産業分類とは異なっている．具体的には，平成14年（2002年）3月改定からサービス業に移行した「飲食店」は，この図では1980年代にそろえて「卸売・小売業，飲食店」に含めている．

ど変わりようはないから，生産性の向上も小さなものにとどまらざるをえない．そうしたサービスへの需要は経済成長とともに増加するから，その分だけ労働需要もきちんと伸びたということを図3-3の結果は示唆しているのである．

　経済成長によって日本全体の生産量が増加したとき，同時に労働生産性も向上すればそれほど雇用は増えないが，労働生産性があまり変わらなければ，経済成長による生産増加分だけ生産からの派生需要である雇用，すなわち労働需要も増えると期待されるのである．

　一般に，経済発展に伴って産業構造はサービス化していくといわれている．すなわち生産性向上効果の大きい製造業の比重は低下し，生産性向上効果の小さいサービス業の比重が増えていくのである．産業の中に占める生産性向上（省力化効果）の小さい産業の比重が増加していけば，同じ率の経済成長でもより多い雇用増加をもたらすことになる．

3 企業の労働需要

　個人の労働供給がその主体均衡から説明できたように，企業の労働需要もその主体均衡から説明できる．企業の主体均衡点というのは，第1章で触れたように，利潤が極大になった状態をいうのであった．そしてこの利潤の極大というのは，売上高を一定とすれば，費用の極小と同じことであるというのもすでに述べたとおりである．

　すなわち，企業の利潤は次の定義式で与えられる．

　　　利潤＝売上額－費用

　ここで，企業は生産したものをすべて市場価格で売り切れるものとし，費用はすべて生産にかかわるものであるとすると，この式は次のように書き換えられる．

　　　利潤＝製品価格×生産量－生産費用

　一般的に，生産は一定の与えられた技術の下で，労働（雇用者）と資本（機械設備）を使って行われる．たとえば，工場労働者（雇用者）とロボット（機械設備）を使って自動車を生産するという具合である．このときある一時点でみれば，自動車を生産するための工場労働者とロボットの組み合わせはそのときの生産技術によって決まっていると考えられる．

　これを式で表すと次のようになる．

　　　生産量＝ f（労働（雇用），資本（機械設備））

　f（……）は一定の生産技術の下での雇用と機械設備の関係を記述する関係式であり，経済学ではこれを**生産関数**（production function）という．[注1]

　では生産費用のほうはどうなるだろうか．生産をするには労働と資本が必要だから，これらに対する支払いが生産費用となる．労働への支払いとはたとえば工場労働者に支払う賃金であり，資本への支払いとはたとえばロボットをリ

生産関数（production function）　一定の技術の下での生産要素（労働や機械設備）と生産水準との関係を記述した関係式である．

（注1）　この生産関数をどのような数式に特定化するかについてはさまざまなバリエーションがある．

ースするためのリース料金の支払いである．こうした費用は当然，労働者やロボットをたくさん使うほど多くかかる．また機械設備を据え付ける工場なども必要だが，これにかかる費用，たとえば地代や賃貸料などは，短期的には工場を拡大したり縮小したりすることは難しいため一定（固定費用）になると考えられる．

生産のための費用を，単純化のため材料費などは無視して式で表現すれば，次のようになる．

生産費用＝労働費用＋資本費用＋固定費用
＝賃金×雇用者数＋リース料×ロボット台数＋固定費用

これが生産費用の定義式である．生産関数で与えられる一定量の生産を実現するための最適点は，このように示される生産費用の極小となる点ということになる．

これが企業の主体均衡点であり，このときの雇用者数が，企業にとっての最適労働需要量となる．

4　資本・労働平面に描かれる等量曲線

これまでの話を図式化してみよう．そのためには，個人の就業選択を説明するのに所得・余暇平面を使ったように，縦軸に資本，横軸に労働をとった**資本・労働平面**（capital-labor combinations field）を使うのが便利である．

いま，資本と労働によって自動車を生産すると想定してみよう．資本と労働は生産のための要素という意味で，生産要素と呼ばれる．ここでは具体的に，資本としてはロボット，労働としては工場労働者を考える．図3-4はこの2つの生産要素によって自動車生産が行われる様子を描いたものであり，縦軸に資本であるロボットの台数を，横軸に労働である工場労働者数をとってある．

すでに述べたように，生産関数は次の式で示される．

生産量＝ƒ（労働（雇用，ここでは工場労働者），資本（機械設備，ここ

資本・労働平面（capital-labor combinations field）　縦軸に資本設備量（たとえばロボットの台数），横軸に労働量をとった平面で，この平面を使って企業に主体均衡にもとづく最適労働者数の決定図式を説明することができる．

図3-4 等量曲線Ⅰ

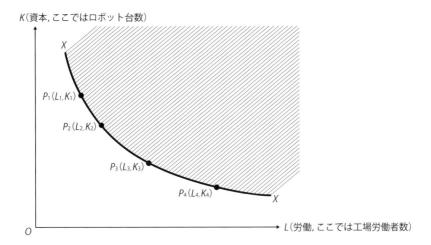

ではロボット））

　この式は，ある労働者数とロボットの台数の組み合わせで一定水準の生産量を実現できることを示している．たとえば30人の工場労働者と24台のロボットで年間1万台の自動車を生産するといったことである．工場労働者数やロボット台数を増やせば自動車の生産台数も増えることになる．

　逆にいえば，工場労働者数を減らした場合，同じ生産量を維持したければ，それを埋め合わせるだけロボットの台数を増やさなければならない．もしロボット台数を減らすことになれば，それを埋め合わせるだけ工場労働者数を増やさないと，以前と同様の生産量は維持できないことになる．

　このような同じ生産量水準を維持する労働（工場労働者）と資本（ロボット）の組み合わせを，式のf（……）の形で示される生産技術関係に従って，図3-4の$P_1(L_1, K_1)$，$P_2(L_2, K_2)$，$P_3(L_3, K_3)$，$P_4(L_4, K_4)$のように位置どりすることができる．そしてこれらの組み合わせ点の数をさらに細かく増やしていくと，図3-4のXXのような連続的な曲線が得られる．

　このXXは，Xという同じ生産量水準を実現するために必要な最小限の資本と労働の組み合わせを示すもので，等（**生産**）**量曲線**（iso-quant curve）という．もちろんこの曲線の右上の領域（図3-4の斜線部分）でも生産は可能であるが，

図3-5　等量曲線 II

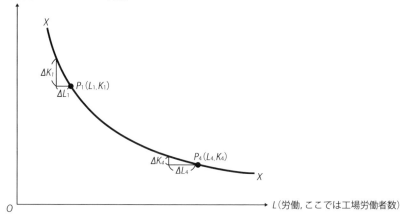

等量曲線上の組み合わせがその生産を実現できる資本と労働の最も効率的な組み合わせという意味で，これを生産のフロンティアということもある．より多くの生産のためにはより多くの資本と労働の組み合わせを必要とするから，生産量の上昇に伴って，その最小の組み合わせの軌跡である等量曲線（生産のフロンティア）は右上方向にシフトしていくことになる．

　ところで，このように等量曲線が原点 O に対して凸の形をしているのは，生産に関する技術特性を反映したものである．たとえば図3-5で，$P_1(L_1, K_1)$ のようにぎりぎりまで労働を節約している点からさらに工場労働者数を減らす（$\varDelta L_1$）と，かなりたくさんのロボットを増やさないと（$\varDelta K_1$）もとの生産量水準 X は維持できない．逆に $P_4(L_4, K_4)$ のように，労働をたくさん使って生産を行っているような場合には，ロボットをほんの数台増やす（$\varDelta K_4$）だけでかなりの工場労働者数を削減（$\varDelta L_4$）できる．原点に対して凸の等量曲線というのはこのような技術関係を示している．

　もちろんこれとは異なる技術関係もありうる．たとえば X の生産量を実現す

等（生産）量曲線（iso-quant curve）　資本・労働平面上で，同一の生産水準を実現するために必要な生産要素（労働や機械設備）の最小限の組み合わせを示す軌跡．その生産を実現しうる生産要素の最も効率的な組み合わせの軌跡という意味で生産のフロンティアともいわれる．

るためには常にL_0の労働（工場労働者数）とK_0の資本（ロボット台数）を必要とするといった生産技術もあるだろう．この場合には，労働や資本をこれ以上どんなに増やしても，生産量は増えも減りもしないという特殊な生産技術関係である．これについては本章の終わりに説明しよう．

いずれの生産技術にせよ，企業の主体均衡である利潤極大は，生産量一定の下では，最も少ない生産費用によって実現できる．図でいえば，等量曲線の上で最も生産費用の小さい労働と資本の組み合わせのところが費用最小の点ということになる．それを次に考えてみよう．

5 等費用線

そのためには生産費用が資本・労働平面上でどのように描かれるかを知らなければならない．工場労働者とロボットを使って自動車を作るのだから，生産費用はこの両者のために支払う賃金とリース料である．材料費などはここでは無視して，そのほかには工場の賃貸料などの固定費がかかるものとする．

このような前提の下で，生産費用を資本・労働平面上に描いてみよう．生産費用を式で表現すれば，次式となる．

生産費用＝労働費用＋資本費用＋固定費用

＝賃金×雇用者数＋リース料×ロボット台数＋固定費用

説明をわかりやすくするために，まず具体的な数値を想定してみよう．たとえば，生産費用の予算額として年間1億5000万円を計上したとしよう．賃金とリース料はそれぞれ労働市場，資本市場で決まっていて，労働者1人当たりの年間賃金は300万円，ロボット1台当たりの年間リース料は250万円だとする．また固定費は年間3000万円かかるものとしよう．

この予算額の下で企業の使える労働者の人数とロボットの台数の組み合わせを図示すると図3-6のようになる．すべてをロボットのために使えば，ロボットは48台リースできる．またすべてを労働者雇用にあてれば，労働者を40人雇えることになる．

その中間では，労働者10人とロボット36台，労働者20人とロボット24台，労働者30人とロボット12台というような組み合わせになる．これらの点を直

図3-6　等費用線Ⅰ

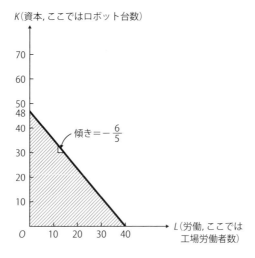

線で結ぶと，*K*軸上の切片48，*L*軸上の切片40，傾き-6/5の半直線となる.

　この半直線は，同じ1億5000万円という費用（そのうち3000万円は固定費用）で雇ったりリースしたりできる労働者やロボットの組み合わせを示しており，**等費用線**（iso-cost curve）と呼ばれる. 別の言い方をすれば，賃金やリース料（このケースではそれぞれ300万円/年と250万円/年）が与えられた下で，同じ費用（このケースでは1億5000万円）になるように労働者とロボットを組み合わせるとどうなるかを示す直線である. もちろんこの予算でこの等費用線上の組み合わせよりも少ない台数のロボットをリースしたり，少ない人数の労働者を雇用することもできるから，直線の左下（図3-6の斜線部分）の領域は実現可能である. その意味でこの等費用線は一定予算の下で最大限リース，雇用可能な生産要素の組み合わせのフロンティアを示すものといえる.

　これをより一般的に表現すると，次式のようになる. ただしここでは費用を*C*，労働者数を*L*，ロボット台数を*K*，賃金を*w*，ロボットのリース料を*r*，固

等費用線（iso-cost curve）　生産要素（労働や機械設備）の価格が決まっているときに，一定の費用の下でリースしたり雇用したりできる機械設備や労働の組み合わせを，資本・労働平面上に描いた軌跡. 費用の上昇に応じて平面上を右上方向に平行移動する.

図3-7　等費用線 II

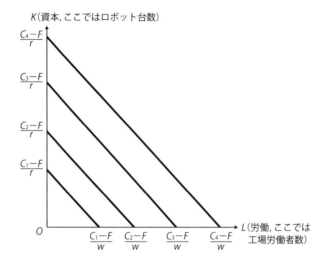

定費を F とする.

$$K = -(w/r)L + \frac{(C-F)}{r}$$

　この直線の傾きは $-(w/r)$ で, K 軸上の切片は $(C-F)/r$ であり, L 軸上の切片は $(C-F)/w$ である. この直線は賃金とリース料および固定費を一定とすれば, 費用 C を増減することで上下に平行移動する.

　これを図示すると図3-7のようになる. w, r, F を一定にして, 費用だけを C_1, C_2, C_3 $(C_1 < C_2 < C_3)$ と増やしていくと, 等費用線は上方に平行移動していく. もちろん費用を小さくしていけば, 同じように下方に平行移動することになる. このようにして, 資本・労働平面上には, 与えられた w, r, F の下で無数の等費用線が描ける.

6　最適労働需要の決定

　こうして資本・労働平面上に等量曲線と等費用線を描くことで, 企業の主体均衡点を求めることができる. 企業は等量曲線の右上にあるどの点でも X 台の

自動車を生産できるし，それぞれの費用に応じて等費用線の左下のどの点にも位置できる．

　したがって，いまある総費用の下で与えられる等費用線と，そのときの生産量に対応する等量曲線に囲まれた領域で，生産は実現可能となる．これを示すのが図3-8である．たとえば，C_3の費用の等費用線と等量曲線に囲まれた図の斜線部分の領域でX台の生産は可能となる．さらにC_3よりも安い費用であるC_2の等費用線と等量曲線に囲まれた部分でも生産は可能であり，費用をより安くして等費用線を左下にシフトさせるたびに，生産可能な領域は狭くなっていく．

　最終的に費用をC_1まで下げたときに，等量曲線と等費用線で囲まれた領域は図の点E_1，すなわちそのときの等費用線と等量曲線の接点，になる．しかしこれ以上費用を安くすると，その等費用線と等量曲線で囲まれる領域はなくなってしまう．つまり，その費用でリースしたり雇用したりできる生産要素の組み合わせでは，X台の自動車は生産できない．

　図3-8でいえば，たとえばC_0の水準まで費用を減額してしまうと，そのときの等費用線の左下と等量曲線の右上には囲まれる領域はまったくなくなってしまう．つまり点E_1は，等費用線と等量曲線が共通集合を持つことのできる最も左下の点ということになる．このときの費用C_1が，X台の生産を行うための最小の費用となる．

　このように，資本・労働平面上での等費用線と等量曲線の接点，すなわち図3-8でいえば点E_1のような点において，企業は与えられた生産量の下での費用最小という主体均衡に達するのである．この主体均衡点に対応する労働者数L_1とロボット台数K_1が，この企業にとって生産量Xを所与としたときの最適な労働者の雇用量とロボットのリース台数ということになる．つまり，この**最適労働者数**（optimal numbers of workers）L_1が，Xという生産量から派生する最適な労働需要ということになるのである．このようにして企業の主体均衡図式から，企業の労働需要は導出される．

最適労働者数（optimal numbers of workers）　与えられた生産水準の下で費用最小となるような労働と機械設備の組み合わせに対応した労働者数．その生産水準での等量曲線と，それに接する等費用線との接点に対応した労働者数である．

図3-8 最適労働需要の決定

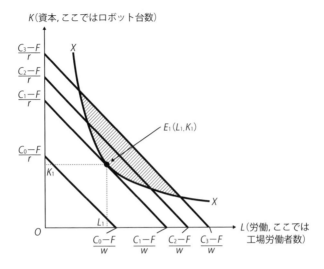

7 生産量，技術，相対価格の変化

　労働需要量がこのように決まったとき，先に述べた労働需要を規定する3つの要素の変化はこの図式の中でどのように描かれるだろうか．まず生産量の変化であるが，これは等量曲線のシフトという形で表現できる．

　資本・労働平面上で，より大きい生産量に対応する等量曲線はより右上に位置する．生産量の増加は資本・労働平面上での等量曲線の右上へのシフトとして描かれ，逆に生産量の減少は左下へのシフトとして描かれることになる．

　具体的には図3-9のようになる．生産量がX_1，X_2，X_3というように増えるにつれて，労働と資本の組み合わせで示される等量曲線も$X_1 X_1$，$X_2 X_2$，$X_3 X_3$と右上方向にシフトしていく．等量曲線が右上にシフトするに従って，より多くの労働と資本の組み合わせを必要とするのはいうまでもない．

　このとき賃金w，ロボットのリース料r，固定費Fなどを一定とすれば，企業の主体均衡点は図3-9の点E_1，点E_2，点E_3のように決まる．点E_1，点E_2，点E_3はそれぞれの生産量の下での費用極小の点である．このとき点E_1，点E_2，点

図3-9 最適生産拡張経路（生産量変化による効果）

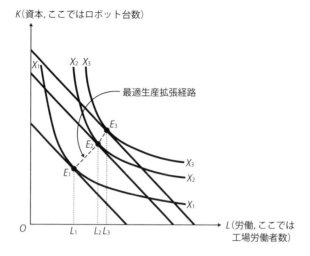

E_3に対応して労働需要もL_1, L_2, L_3のように増えていく．すなわち生産量の変化は労働需要を変えていくのである．このとき主体均衡点E_1, E_2, E_3の軌跡（図3-9の破線）は，生産を拡大していくときの最小費用生産がたどる経路であり，**最適生産拡張経路**（optimal expansion path of production）という．

　2つ目の労働需要に与える技術変化の影響はどのように描かれるだろうか．生産のための技術関係というのは労働（ここでは生産労働者）と資本（ここではロボット）の組み合わせを示すものであるから，その変化は等量曲線の形状の変化という形で表現される．

　具体的には図3-10のように，等量曲線はXXから$X'X'$のようにその形を変える．図3-10の例は労働節約型の技術変化を示したものである．ただしここでXXも$X'X'$も同じ生産量水準Xを実現するための労働と資本の組み合わせを示すものだとする．

　賃金w，ロボットのリース料r，固定費Fなどを一定とすれば，企業の主体均

最適生産拡張経路（optimal expansion path of production）　生産を拡大していくときにそのときどきの生産水準の下での最小費用生産となる点の軌跡．資本・労働平面上で，それぞれの生産水準の等量曲線と，それに接する等費用線との接点の移動する軌跡である．

図3-10 生産技術の変化による効果

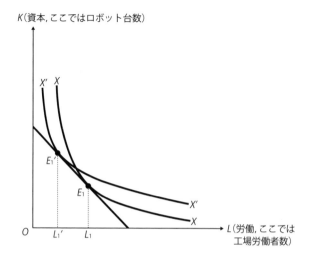

衡点は点E_1から点E_1'に移動し，これに伴って労働需要量もL_1からL_1'へと変化する．ここでは労働節約的な技術変化によって，同じ生産量を達成するための費用極小の労働需要量が少なくなったことになる．すなわち生産量が変わらなくても，技術変化が労働需要を変えるのである．

　労働需要を規定する3つ目の要素である相対価格の変化の影響は，どのように描かれるだろうか．相対価格は労働の価格である賃金と，資本の価格である単位資本費用（ここではロボットのリース料）の相対比として示されるため，相対価格の変化は等費用線の傾きの変化として表現される．

　したがって相対価格は賃金，リース料のどちらが変化しても変化する．たとえばロボットのリース料r，固定費Fは一定で，賃金だけが上昇すればどうなるだろうか．先にみたように等費用線の傾きは，$-(w/r)$であるから，賃金wの上昇はこの傾きをいっそうきつくすることになる．また賃金wと固定費Fが一定で，ロボットのリース料rが低下しても，やはり$-(w/r)$で示される傾斜はきつくなる．

　この関係を示したものが図3-11である．費用C_1の下での等費用線は，賃金がwからw'に上昇するとより傾斜がきつくなり，縦軸上の切片は$(C_1 - F)/r$で

図3-11 相対価格の変化による効果

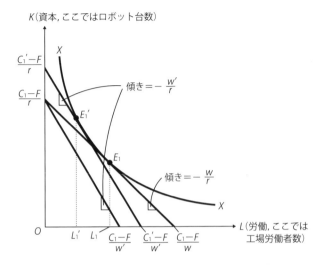

変わらないが，横軸上の切片は $(C_1 - F)/w'$ のように $(C_1 - F)/w$ よりも左側に移動し，図3-11のように生産量Xの等量曲線XXと共有点を持たなくなるので，結果としてこの費用では生産量Xの生産はできなくなる．

新しい賃金w'の下での費用極小の点は点E_1から点E_1'に移動する．このときの費用C_1'はもとのC_1よりも大きく，結果として労働需要はL_1からL_1'に減少する．つまり賃金の上昇は同じ生産量を実現するための最小生産費用を上昇させ，労働需要を減少させることになる．

8 賃金の変化と労働需要曲線の導出

ここで，賃金をどんどん変化させていったらどうなるだろうか．図3-12のように，賃金だけをw_1，w_2，w_3のように上昇させてみよう．ただしロボットのリース料r，固定費Fは一定とする．

等費用線の傾きは，賃金が上昇するにつれて$-(w_1/r)$，$-(w_2/r)$，$-(w_3/r)$とだんだんきつくなっていく．同じ費用であればL軸上の切片は左に移動していく．

図3-12　賃金の変化

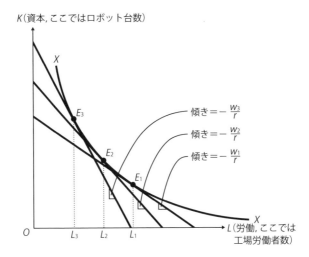

この賃金の上昇によって，生産費用が極小となる主体均衡点は点 E_1，点 E_2，点 E_3 のように変化し，労働需要量も L_1，L_2，L_3 のように変化する．同じ生産水準の下でも，賃金の変化に応じて労働需要量も変化するのである．

この関係を，縦軸に賃金をとり，横軸に労働需要量をとって図示すると図3-13のようになる．賃金と労働需要量は，$D_3(L_3, w_3)$，$D_2(L_2, w_2)$，$D_1(L_1, w_1)$ のように右下がりの関係に描かれる．

もっと細かく賃金を変化させれば，主体均衡点の移動ももっと細かくなり，結果としてそれに応じた労働需要の変化も細かくなり，その組み合わせの点を結べば図3-13のような右下がりの曲線になる．すなわちこれが，賃金に対応した**労働需要曲線**（labor demand curve）である．図2-16の労働供給曲線の場合と同じく，市場均衡をもたらす右下がりの労働需要曲線が，主体均衡図式から導出されたわけである．

労働需要曲線（labor demand curve）　縦軸に賃金をとり，横軸に労働需要量をとったときに描ける右下がりの曲線．賃金が高くなるほど労働需要は減ることを示している．それぞれの賃金の下での利潤極大（費用最小）となる労働需要の軌跡でもある（本章コラム「労働需要曲線のもう1つの導き方」を参照）．

図3-13 労働需要曲線の導出

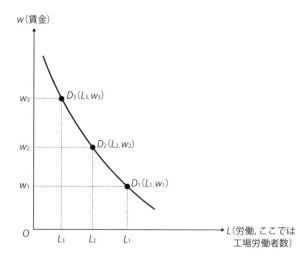

図3-14 極端な形の等量曲線

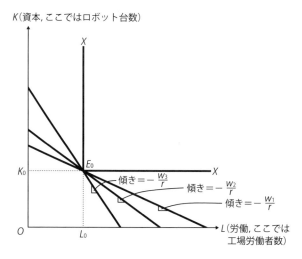

図3-15 極端な形の労働需要曲線

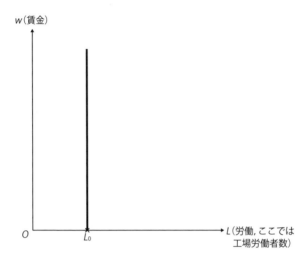

　ところで，このようなスムーズな右下がりの労働需要曲線は，もともとの等量曲線がスムーズな形をしているから導出できる．もし等量曲線が別の形であれば労働需要曲線も別の形になる．ここでは最も極端なケースを1つだけ紹介しておこう．

　図3-14のような等量曲線で示される技術関係の下では，Xという生産量を実現するためには，必ずL_0の労働とK_0の資本を必要とするというケースである．この場合は，主体均衡点は常に点E_0になる．賃金の変化によって等費用線の傾きが変化しても，主体均衡点の位置は変わらない．したがって，労働需要量も常にL_0である．この場合の労働需要曲線は図3-15のようになる．

　なおここでの説明とは別の考え方で労働需要曲線を説明することもできる．これについては本章のコラムを参照されたい．

▉ Column

労働需要曲線のもう1つの導き方

　右下がりの労働需要曲線はこの章で説明した方法とは別の方法で説明されることもある．企業にとっての価値限界生産力曲線に労働需要曲線が一

図3-16　労働需要曲線のもう1つの導出方法

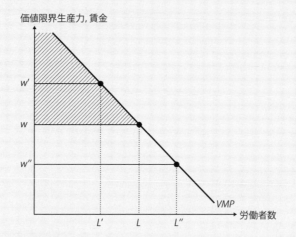

致するという考え方である．詳しくは第5章で説明するが，以下のような
ことだ．

　まず図3-16の横軸は労働者数，縦軸は企業が労働者を1人追加的に雇
用することで得られる追加的な収入（価値限界生産力）と，賃金を表して
いる．企業の収入は労働者を増やすほど増えるが，その増え方は最初は大
きいが，しだいに小さくなっていく，つまり価値限界生産力は逓減してい
くと，経済学では考える．

　図3-16ではこの価値限界生産力の逓減する部分を右下がりの価値限界
生産力曲線*VMP*で表している．*VMP*が*w*よりも低くなるところまで労働
者を雇えば，追加的利潤はマイナスになる．したがって企業にとって利潤
総額が最も大きくなるのは，ちょうど賃金*w*と価値限界生産力*VMP*の等
しくなるところであり，図でいえば*L*人の労働者を雇うということになる．

　第5章の説明ではここで終わりだが，同じ仕事の賃金が*w'*になったらど
うなるだろうか（第5章の図5-4の賃金*w*と*w'*の差は，デパートの店員と
バイヤーとの違いであるので混同しないようにしよう）．もちろん企業に
とって利潤の最大点は*w'*と*VMP*が等しくなるところであり，*L'*人の労働
者を雇うことになる．賃金が*w"*になったときも同様である．企業にとって
の最適な労働需要は*L"*ということになる．

　つまり企業にとって最適な労働需要は，賃金が価値限界生産力に等しいところまで労働者を雇うことだ，ということになる．結果として価値限界生産力曲線 *VMP* が労働需要曲線（の右下がりの部分）と一致することになる．企業の利潤極大原理から労働需要曲線を導くとこうなるわけだ．第5章でも説明しているので，第5章を学んだ後で再度，図3-16をながめてほしい．

練習問題

① 1975～99年にかけて，製造業生産は増加したのに製造業従業者数が減少したのはなぜか，述べなさい．

② 等量曲線と等費用線について，縦軸に資本，横軸に労働をとった平面を使って説明しなさい．

③ 生産量一定の下での企業の最適労働需要量の決定について説明しなさい．

④ 右下がりの労働需要曲線が描かれる理由を，2つの異なる考え方によって説明しなさい．

第 4 章

失業

学習の手引き

　この章では，失業について考えます．失業は最も頻繁に人びとの話題になる労働問題ですが，その定義などはあいまいなままの議論も少なくありません．まず失業の理論的定義を学んでください．

　失業は不況などで労働需要が減ることで起きる需要不足失業と，労働市場の情報不足や労働移動費用などによって起きる摩擦的失業に分けられます．それぞれの特徴と，それによって政策対応のあり方も異なることを理解してください．

　失業については，これと賃金や物価上昇などと関連づけた経験法則が観測されており，そうした経験法則を使ったマクロの政策議論も盛んです．ここではそれらについても紹介します．また，さまざまな失業対策の評価や，日本の失業がどのような特徴を持っていて，これからどのようになっていくかについても，統計を整理しつつ概観しますので，そこから失業の実態を学んでください．

🔑 KEY WORD

- ■失業 (unemployment)
- ■需要不足失業 (demand-deficient unemployment)
- ■摩擦的失業 (frictional unemployment)
- ■自発的失業者 (voluntary unemployed)
- ■非自発的失業者 (involuntary unemployed)
- ■フィリップス曲線 (Phillips' curve)
- ■トレードオフ曲線 (trade-off curve)
- ■雇用対策 (employment measures)
- ■求職意欲喪失効果 (discouraged worker effect)
- ■追加的就業効果 (additional worker effect)
- ■柔軟な賃金決定 (flexible wage determinations)

1 失業とは何か

失業という言葉は私たちが普段，よく耳にする言葉である．だがそもそも失業とは何だろうか．統計上の失業者の定義については，第1章で労働力の観測について述べたところで明らかにしてある．しかし理論的にはまだきちんと整理していなかった．この章では失業を少し理論的にみていくことにしよう．

理論的には，**失業**（unemployment）は市場均衡の概念から説明される．市場均衡とは，本書の冒頭でも述べたようにミクロ経済学の柱となる2つの均衡概念のうちの1つである．失業とはここで「市場均衡の成り立っていない場合」，すなわち市場の不均衡状態であるといえる．これを図4-1で説明してみよう．

図4-1は縦軸に賃金，横軸に労働をとった労働市場の図であり，右下がりの労働需要曲線 DD と右上がりの労働供給曲線 SS が描かれている．2つの曲線 DD と SS の交わる均衡点 E で労働の需給は均衡し，市場均衡賃金 w^* と市場均衡雇用量 L^* が決まる．

ここで，不況のため労働需要曲線が DD から $D'D'$ にシフトしたとしよう．不況で生産が減ったため，企業は同じ賃金でもより少ない労働しか需要しなくなったわけである．これは第3章でみた資本・労働平面図でいえば，不況に伴って等量曲線が原点方向にシフトしたために企業にとっての主体均衡点も，同じ賃金やリース料の下で労働や資本をより少なく雇用する点に移動したことを反映する．

新しい市場均衡点は，労働供給曲線 SS と新しい労働需要曲線 $D'D'$ との交点 E' に移動し，新しい市場均衡賃金は $w^{*'}$，市場均衡雇用量が $L^{*'}$ となる．

このとき，もし何らかの理由で賃金が w^* から $w^{*'}$ まで下がらなかったらどうなるだろうか．たとえば賃金は経営者団体と全国労働組合の長期協定で決まっており，数年間は固定されているといったようなケースである．ここでは最も

失業（unemployment）　不況などのために市場の均衡点がより賃金の低い方向に変化しているときに，賃金の下方硬直性のために賃金が下がらないと，その賃金の下での労働需要と労働供給の差が失業となる．

図4-1 失業の定義

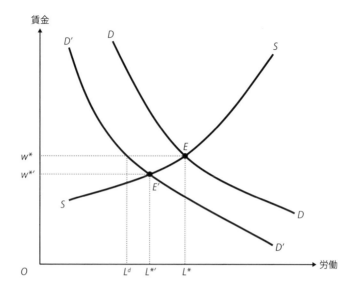

極端なケースとして，賃金がもとの市場均衡賃金w^*からまったく変わらない
ケースを考えてみよう．

賃金がw^*のまま変わらなければ，労働供給もL^*のままである．一方，労働
需要のほうは，シフト後の労働需要曲線$D'D'$の下での賃金w^*のときの労働需
要量であるから，L^dにとどまる．労働供給量はL^*で労働需要量はL^dであるか
ら，L^*とL^dの差にあたる人数が，働く意思を持っていても雇ってもらえない人
数ということになる．すなわち次式のUが失業ということになる．

$$L^* - L^d = U$$

つまり理論的には，労働需要曲線の左方シフトにもかかわらず賃金が下がら
ないために失業は発生する．このように賃金が下方に変化しにくいことを賃金
の下方硬直性という．下方硬直性を生むのは先に述べた複数年の固定的労働協
約などのほかに，賃金の下方への改訂を認めない判例といったさまざまな制度
的要因がありうる．

2　2つの失業

ここまでのところで，理論的にみた失業とは，労働需要曲線が DD から $D'D'$ へとシフトするために発生するものであることがわかった．そして不況による労働需要の不足のために失業が発生するという意味で，これを**需要不足失業**（demand-deficient unemployment）という．

これに対して，全体の労働需要は不変で労働需要曲線がシフトしない場合でも発生する失業がある．これを**摩擦的失業**（frictional unemployment）という．

たとえば，長い日本列島の北のほうで工場が閉鎖され，100人が職を失ったとしよう．同じ時期に，南のほうでは新しいアミューズメントパークが開業し，新たに100人を雇用したいと考えている．日本全体でみれば，労働需要は工場閉鎖によるマイナス100人と，アミューズメントパーク開業によるプラス100人で，プラスマイナスゼロということになる．

しかしこのとき，日本の北のほうにある工場からの離職者が，南のほうにあるアミューズメントパークの新しい職に就けないと，一方で失業が残り，他方で未充足の求人も残るということになってしまう．こうしたことが起こる理由は大きく分けると2つある．

1つは情報の問題である．たとえば，日本の北のほうで職を失った人は，南のほうで人を求めていることを知らないかもしれない．逆に，日本の南のほうで人を求めている企業は，北のほうで職を求めている人のいることを知らないかもしれない．労働市場における情報の不完全性である．

実際，求人や求職はたいていの場合，住んでいるところや事業所所在地の近辺で行うから，あまり遠くの求人や求職については情報も伝わりにくい（ハローワークは地域情報のみを扱っていたところ，1988年から全国ネットで情報交

需要不足失業（demand-deficient unemployment）　不況などのために生産が減り，そのために生産の派生需要としての労働需要も減少するために発生する失業である．労働市場の図式では，労働需要曲線の左側へのシフトによって発生するというふうに理解される．

摩擦的失業（frictional unemployment）　全体としての労働需要は必ずしも不足していないのに，雇用に関する情報の不完全性や，地理的，あるいは産業・職種間の労働移動費用のために，失業者が求人企業に再就職できないでいる状態の失業．

換をするようになった）．こうなると，せっかく求人，求職はあっても，一方で失業者は仕事を見つけられず，他方で求人企業は人を見つけられないということになってしまう．

　2つ目は労働の移動を制約する労働移動費用の存在である．さらにこれは2つに分けて考えられる．

　そのうちの1つは地理的な労働移動費用である．たとえば，職を失った労働者はマイホームを建てたばかりかもしれない．新たな職場のある地域に家を建て直すのは大きなロスになる．あるいは家に老親を抱えているかもしれない．年老いた親を残して他の地に移動することはなかなか難しい．

　2つ目は産業・職種間の労働移動費用である．工場で生産作業に携わっていた労働者は，すぐにはアミューズメントパークの従業員にはなれないかもしれない．新しい仕事に就くには，それに必要な知識や技能を身につけるための再訓練などが必要であり，それにはどうしても一定の時間がかかる．

　地理的にせよ，産業・職種間にせよ，労働移動費用の存在は，失業者をすみやかに新しい職場へと就かせることを阻害する要因となる．仮に求人・求職情報が完全に行きわたって情報の不完全性はなくなったとしても，労働移動費用のために，失業と未充足求人が併存するような状況になってしまう．わかっているけれども動けないという状況である．

　このように，失業は需要不足失業と摩擦的失業に分けられる．これらを分けて考える理由は，それぞれのタイプの失業に対してとるべき対策が異なるからである．需要不足失業については，労働需要曲線をもとの位置に戻すような景気対策をとるほかはない．他方，摩擦的失業に対処するには，求人・求職情報の不完全性を解消したり，労働移動費用を軽減することなどが必要である．具体的には，職業紹介機関の全国ネットワークの拡充，住宅の売買を容易にする土地・住宅政策，さらに産業・職種転換のための能力再開発プログラムといったことなどである．

3　失業統計

　第1章で述べたように，失業者とは，①仕事がなく，②仕事を探している，

かつ③すぐに仕事に就ける人をいう．このような定義にもとづいて，日本では総務省統計局が失業統計をとっている．具体的には，毎月の「労働力調査」において，就業者，失業者，非労働力人口などを調査しているのである．

「労働力調査」とは，全国から抽出されたサンプル4万世帯について，毎月の最終週における労働力状態を調べるものである．これをサンプルの抽出倍率によって日本全体の数に復元したものが，毎月の失業者数や失業率などとして公表されている．

失業については，いくつかのカテゴリーに分けた統計表も同時に公表される．その代表的なものは求職理由別に分けたものだ．1つは仕事をやめた求職で，さらに①自発的な離職による失業者（自発的失業者）と，②非自発的な離職による失業者（非自発的失業者）に分かれる．もう1つは新たな求職で，さらに，③学卒未就職者，④収入を得る必要が生じたから，⑤その他，の5種類である．2019年平均でみると，失業者162万人のうち自発的失業者70万人，非自発的失業者37万人，学卒未就職者5万人，収入を得る必要が生じた者19万人，その他の失業者15万人となっている（ただし，労働力状態について不詳と答えているケースもあるので，各項目の人数を足し合わせたものと計は必ずしも一致しない）．

このうち**自発的失業者**（voluntary unemployed）というのは，自分の意思で以前の職場を辞めた失業者である．たとえば，もっと良い条件の職場を探すためにそれまでの職場を辞めて職探しを始めるといった，いわゆる自己都合退職によって離職した失業者である．これに対して**非自発的失業者**（involuntary unemployed）というのは，自分の意思に反して以前の職場を離れなければならなかった失業者だ．具体的には整理解雇や企業自体の倒産などによって職を失った，いわゆる会社都合退職で離職した失業者だ．ちなみに定年退職者もこれに入る．

自発的失業者（voluntary unemployed）　たとえば，もっと良い条件の職場を探すためにそれまでの職場を辞めて職探しを始めるといった形で，自らの意思で以前の職場を辞めた失業者．いわゆる自己都合退職によって離職した失業者である．

非自発的失業者（involuntary unemployed）　解雇や企業倒産などによって職を失ったり，定年退職によって会社を去るといった形で，自分の意思に反して以前の職場を離れなければならなかった失業者．いわゆる会社都合退職で離職した失業者である．

　また学卒未就職者というのは，学校を卒業してまだ就職先の決まっていない人である．ただし就職留年した場合にはこれにあたらない．収入を得る必要が生じた者は，収入を得る必要が生じたために新たに仕事を探し始めた者だ．それまで専業主婦など非労働力だった人が子どもの教育費がかかるようになって職探しを始めたために失業者にカウントされるようになったケースなどである．そしてこれ以外の理由で新たに仕事を探し始めた者が，その他の失業者に入る．失業の定義からもわかるように，仕事がなくてすぐに仕事に就ける状態でも，職探しをしていなければ非労働力人口であり，職探しを始めれば失業者となるわけだ．

　図4-2は失業率の長期的トレンドをみたものである．1970年には1.2％にすぎなかった失業率は，2002年には5.4％と30年と少しで4倍以上になった．図4-2からわかるように，失業率は景気変動による上下運動を繰り返しながら，2000年代初頭までは右肩上がりの上昇トレンドを持っていた．つまり，失業率は長期でみると趨勢的に上昇していた．こうした失業率の趨勢的上昇の1つの背景要因は，高齢者などもともと失業率の高い労働力が労働力人口全体に占める比重増加に加えて，個人の就業行動の変化があげられる．

　とくに重要なのは，若い人たちを中心とした自発的失業の趨勢的上昇である．従来は不況になると企業倒産やリストラなどが増えるため非自発的失業は増えるが，不況期には新たな求人は少なくなるから，自ら仕事を辞めてもっと良い仕事を探そうとしても難しいため自発的失業は減る傾向にあった．それゆえ，不況期には非自発的失業は増えても自発的失業は減るため失業全体の増加が抑制されていたのである．

　ところが図4-2にみられるように，1985年の円高不況以降2000年代に入るまでは，景気の変動にかかわらず自発的失業はほぼ一貫して増えつづけていた．バブル期に転職機会が増加したため自発的失業は増加したが，バブル崩壊後の不況期にも自発的失業は減少しなかった．1990年代の高い失業率は，こうした自発的失業増加によって失業がいわば底上げされたところに，不況による非自発的失業の増加分が上乗せされたことによってもたらされたといえるのである．

　これに対して2002年以降は下落傾向になり，2007年の世界金融危機で再度

図4-2　失業率と失業理由別失業者数の動き

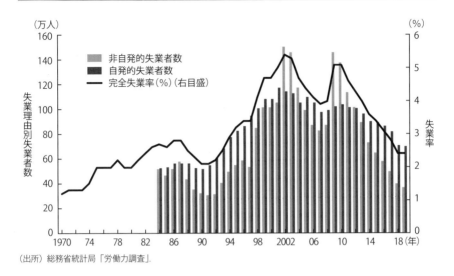

（出所）総務省統計局「労働力調査」.

上昇するものの，2010年以降は下落トレンドにある．この背景にあるのは，とくに労働供給面での構造変化である．すなわち少子高齢化の進む中で，若者を中心に労働供給が減少傾向となり，とくに1947年から1949年にかけて生まれた団塊世代が，2007年から2009年にかけて多くの企業の定年年齢である60歳となり，また2012年から2014年にかけて65歳の年金受給年齢に達した．すでに始まっていた若年人口の趨勢的な減少にこうした団塊世代の大量退職も重なり，さらに経済の順調な回復とも相まって，有効求人倍率も2014年には1を超え，2018年には1.6という超人手不足状態となった．このため失業率も2018年と2019年には2.4％と，1990年代初頭のバブル経済時の水準まで回復してきている．

4　失業にかんする経験法則

　ところで，失業についてはいくつかの経験法則がある．ここではとくに有名な2つの経験法則についてみてみよう．1つは景気変動と失業の間の関係である．

図4-3　失業者数（季節調整済）と景気変動

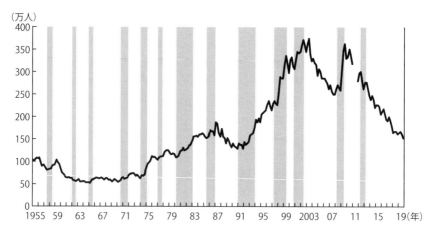

（注）2011年第1四半期〜第3四半期までは東日本大震災の影響で調査ができずデータが公表されていない.
（出所）総務省統計局「労働力調査」.

　図4-3は1955〜2019年までの景気変動と失業者数の関係を表したものである．図のグレーの部分は景気後退期で，グレーの左端が景気の山頂，右端が景気の谷である．つまり白い部分は左端の景気の谷から右端の山頂に向かって登る景気上昇期ということになる．図にあるとおり，たしかに失業者数は景気後退期に上昇し，回復期に下降する．

　しかし同時にこの図からわかるのは，失業者数の変動は景気変動に対して一定のラグがあるということだ．景気が良くなっても失業率はなおしばらく上昇しつづけ，半年前後たってから下降を開始する．逆に景気後退期になっても失業者はすぐには増えず，やはり半年くらいたってから上昇する．

　これは，雇い主である企業は景気の区切りにすぐには気付かないというためでもある．同時に，たとえ景気が良くなったことに気付いても，生産の回復が本物であるかどうかを確認してから人を増やそうと考えるためでもある．また不況になったとわかっても，後で述べるようなさまざまな雇用調整コストが存在するため，企業はすぐには雇用削減に着手できない．こうしたことが，景気に対してラグを持つ失業の動きとなって表れてくると考えられる．

　失業をめぐるもう1つの有名な経験法則が，**フィリップス曲線**（Phillips'curve）

図4-4 フィリップス曲線

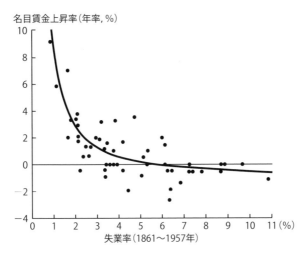

(出所) Phillips, A. W. (1958) "The Relation between Unemployment and the Rate of Change of Money Wage Rates in the United Kingdom, 1861-1957," *Economica*, Vol. 25, No. 100.

といわれるものである（図4-4）．これはニュージーランドの経済学者フィリップス（A. W. Phillips）が1861年から1957年の間のイギリスにおける，失業率と名目賃金上昇率の関係を観察した結果である．このほぼ100年間の各年の失業率と名目賃金上昇率を図に描写してみると，図4-4に示されるとおり右下がりの関係が存在することを見出したのである．

　つまりフィリップス曲線とは，失業率の高いときには名目賃金上昇率は低く，逆に失業率の低いときには名目賃金上昇率は高くなるという関係である．景気が良くて失業率も低ければ賃金は上がり，景気が悪く失業率が高いときには賃金は上がらないという，直観的にも納得しやすい経験法則である．

　これを労働市場需給に関連づけてもうすこし詳しくみてみよう．失業率が高いときというのは，労働供給が労働需要を上回っており，労働市場の需給のゆるんでいるときであるから，市場価格である賃金も上昇しにくい．一方，失業

フィリップス曲線（Phillips'curve）　ニュージーランドの経済学者A・W・フィリップスが1861年から1957年の間のイギリスにおける，失業率と名目賃金上昇率の関係を観察して，両者の間に右下がりの関係があることを見つけたもの．

率が低いときというのは，労働市場の需給がタイトになっているときであるから，賃金も上昇しやすいということになるのである．

　フィリップス曲線は，その意味できわめて素朴な長期の経験法則であったといえる．フィリップスのすごいところは，この素朴な経験法則を，約100年という長期の時系列データによって確認したというところにあるといえる．しかしこの素朴な経験法則を，政策的にきわめてホットな経験式に変えた人たちがいる．

　それはサムエルソン（P. Samuelson）とソロー（R. Solow）というアメリカを代表する経済学者たちである．彼らはフィリップスの発見した経験法則のうち，その縦軸を名目賃金上昇率から物価上昇率に変えてみたのである．名目賃金上昇率の高いときには，企業はその賃金上昇コストを製品価格に転嫁しようとするので，物価上昇率も高くなる．もちろんこれは企業の直面する製品市場においてどの程度価格転嫁可能であるかにもよるが，少なくともその当時は名目賃金上昇と物価上昇はほぼ並行的に変化していたから，名目賃金上昇率を物価上昇率で置き換えてみようというのは自然なことだったといえる．

　図4-5がそれである．するとやはり同じように右下がりの関係が見出された．少なくともサムエルソン゠ソローの研究が行われた1960年ごろにはかなりきれいな関係であった．

　この関係は，政策当局者にとってきわめて深刻な内容をもたらすものであった．失業も物価上昇も，政策当局としては可能な限り避けたい現象である．どちらの現象も国民にとっては好ましくないものだからである．しかし失業率と物価上昇率に関するこの関係は，失業率を低下させようとすれば物価上昇は避けられず，逆に物価上昇を抑制しようとすれば失業率の上昇を覚悟しなければならないということを意味していたのである．

　そこでこの関係を**トレードオフ曲線**（trade-off curve）ということもある．トレードオフというのは，あちらを立てればこちらが立たずという二律背反の関係をいう．失業率抑制を重視すれば物価抑制は成り立たず，物価抑制をしよう

トレードオフ曲線（trade-off curve）　アメリカの経済学者P・サムエルソンとR・ソローがフィリップス曲線の縦軸を名目賃金上昇率から物価上昇率に変えてみたところ，やはり失業率との間に右下がりの関係があった．失業とインフレを同時には解決できないという二律背反関係を示す．

図4-5　トレードオフ曲線

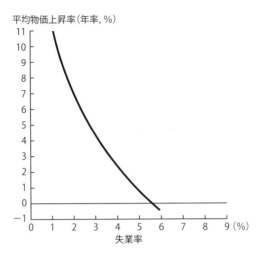

平均物価上昇率（年率, %）

失業率

（出所）Samuelson, P. and R. Solow（1960）"Analytical Aspects of Antiinflation Policy," *American Economic Review*, Vol. 50, No. 2.

とすれば失業率抑制は成り立たないということである．失業率の高い不況期に景気を良くしようとして財政をゆるめたり金融をゆるめたりすると物価は上昇する．他方，物価上昇を抑制しようとして財政や金融を引き締めると景気は悪くなって失業は増えてしまう．まさに政策当局者としては痛し痒しの二律背反ということになる．

5　失業対策

　さてこうした失業に対してわれわれは，どのように対処すべきであろうか．失業というのは仕事をしたくても働けないということであるから，個人の生活や人生にとってできるだけなくしたい状況である．また経済全体にとっても，働く意思のある人の就業意思を活かせない失業というのは最も深刻な資源浪費であるから，失業をできるだけ少なくすることは経済的にも大きな意味を持つ．失業増はさらに経済問題を超えて社会的にも大きな問題となる．失業増が社会不安と結びつきやすいことはいうまでもないし，大不況時代の失業が，全

体主義（ファシズム）を許す背景になったといった歴史的教訓もある．失業を
できるだけ少なくすることは社会的にきわめて重要な課題だ．

　先述のように，失業には需要不足失業と摩擦的失業の2種類があるが，より
重視しなければならないのは需要不足失業である．摩擦的失業というのは，求
人はあるのに摩擦的要因のために就職に結びつかないというミスマッチであ
り，あくまでも求人があっての話である．しかし需要不足失業は，そもそもそ
の求人自体がない，あるいは少ないという状態だから，どちらがより深刻かと
いえばそれは明白であろう．

　需要不足失業への対処を考える場合の基本は，いうまでもなく生産活動であ
る．労働需要について説明した第3章で強調したように，雇用は生産からの派
生需要でしかないからだ．雇用は企業にとっての最終目的ではない．企業の目
的はモノやサービスを生産し，それを市場で売って利益を得ることにある．

　不況でモノやサービスが売れず，したがってその生産も減らさざるをえない
ときに雇用を増やそうとする企業はない．雇用という労働需要を増やすには，
景気を回復させて企業の生産するモノやサービスの需要を回復させるほかはな
いのである．明らかに最大の，そしてほとんど唯一有効な失業対策は，生産を
回復させるための対策，すなわち景気対策なのである．

　逆にいえば，狭義の**雇用対策**（employment measures）には限界があり，あ
まり期待しないほうがよいということだ．むしろ狭義の雇用対策といわれるも
のの中には，市場の自律的調整を歪めるものも少なくない．

　たとえば，中高年の失業対策として中高年失業者を雇用した企業に助成金を
与えるといった政策がそうである．すると若い人を雇おうとしていた企業は，
助成金つきの中高年を雇うかもしれない．その代わり雇われたかもしれなかっ
た若い人は雇用されないことになる．もともと企業の雇おうとしている雇用量
が一定であるときに，一部の人の雇用を優遇するような政策をとれば，優遇さ
れなかった人たちの雇用機会が縮小する．結局，助成金を出してもトータルの
雇用問題解決にならないのである．

雇用対策（employment measures）　雇用は生産からの派生需要であるから，最大の雇用対策はマクロ
の生産の回復，すなわち景気対策にほかならない．狭義の雇用対策としては，摩擦的失業対策として，
労働市場機能を高めるような政策がありうる．

　狭義の雇用対策として副作用が少ないのは，あくまでも市場機能の活性化を目的としたものである．たとえば2種類の失業のうちの摩擦的失業を少しでも減らすという政策である．摩擦的失業を減らすには，情報の不完全性をなくし，労働移動費用を減らすことが必要である．具体的には，情報の不完全性に対しては公共職業安定機関のサービスを充実させること，さらには民間の職業紹介事業の展開をはばんでいる規制を緩和させることなどが必要である．また産業間・職種間の労働移動を容易にするためには，失業者の再訓練や能力再開発に対して援助するといった政策を進める必要がある．

　摩擦的失業の低下を目的とした大々的な政策として歴史的に有名なのが，1960年代にアメリカで展開されたいわゆるマンパワー政策である．当時のアメリカは好況であったが，移民労働者などを中心に，企業の求める能力が欠如しているために雇ってもらえない失業者も少なくなかった．マンパワー政策は，こうした失業を大掛かりな職業訓練のナショナル・プロジェクトによって解消しようとしたものである．

　当時はキューバからの移民なども多く，働くために必要な基本的英語能力を磨くこと，また近代的な工場で働くために必要な基礎技術を習得するといったことが行われた．これは先のトレードオフ曲線でいえば，トレードオフ曲線を左側にシフトさせることになる．つまり，失業を減らすために有効需要政策などをとると物価も上昇してしまうが，職業訓練によってすでに求人のある職場に失業者を吸収させるのであれば，物価は同じ水準で失業だけ減らせると考えたのである．こうした政策はその後も多くの国で実施されており，ブレア政権の下で1998年に導入されたイギリスの「（福祉の）ニューディール政策」なども有名である．ただしそれらの政策が，理論どおりの好結果をもたらしたかどうかは，まだ十分に検証されているとはいえない．

　不況が深刻化し，失業が増大するような事態に直面すると，政府はあわててさまざまな雇用対策を講じようとする．たしかに景気が回復するまで手をこまねいているわけにはいかないから，何らかの方策をとることは無意味ではない．しかし，繰り返しになるが，雇用はあくまでも生産の派生需要であり，景気回復なしに失業を大きく減らそうとするのはきわめて難しいということを忘れてはいけないのである．

6 日本の失業のこれから

　失業率は日本でも1990年代から2000年代初めにかけてかなり上昇した．しかしその後はまた回復し，2018年では2.4％前後まで下がっている．不況の時期においてさえ，日本の失業率は国際的にみるとまだ低い．

　なぜ日本では失業率は低いのだろうか．統計のとり方が違うため日本では失業率が低く出る，といわれることがよくあるが，これは間違っている．何度も繰り返して述べてきたように，失業者の観測は，日本でも他の先進国同様，ILO（国際労働機関）の3つの基準に照らして失業者を定義し，失業率を測定しているのである（本章のコラム参照）．むしろ日本でこれまで不況のときにも失業率がそれほど高くならなかったのは，日本の就職のあり方が，とりわけ若年失業を防ぐうえできわめて効果的であったことと，雇用された後も失業を伴うような雇用調整をできるだけ避けるような仕組みを労使で構築してきた賜物である．

　まず国際的にみて日本の失業率を低く抑えてきた最大の要因は，若年失業率の低さである．これは日本の就職慣行に大きく依存している．すなわち日本では学生，生徒は学校卒業前に就職先を決め，卒業と同時に職に就いていることが一般的だということである．企業は新卒一括採用によって学校卒業直後の若者を採用し，企業内でしっかりと能力開発を行う．このため未経験の若者も職に就き，初期の能力開発を受けられるのである．

　これに対して欧米の就職慣行は，学校卒業後に職探しをする．卒業後に就職するまでの期間は統計の定義上も失業者となる．企業は誰かの辞めた後の欠員補充という形で採用活動を行うため，すぐに欠員の仕事を埋めることのできる経験者を優先的に採用する．学校を出たばかりの新卒者はどうしても後回しになってしまう．その結果，若年失業は滞留し，社会的にも大きな問題となっている．日本は学卒一括採用によって，学卒後に，仕事経験のない若者が失業期間を経ずに就職できるという就職慣行のおかげで，各国で悩みの種となっている若年失業の発生を免れているのである．

　一方このようにして採用した労働者を，企業は不況期においても簡単には解

雇したりしない雇用慣行も確立されている．詳しい説明は第14章でするが，こうした企業の行動は，基本的には右肩上がりの経済の下では合理的であった．

というのは，一時的な不況において余剰となった労働力であっても，景気回復後に再び成長軌道に戻るとわかっていれば，すぐに必要な労働力となるからである．景気回復後に雇用を増やさなければならないことを考えれば，一時的な余剰雇用を抱え込むのは合理的なのだ．

もちろん不況期には離職する人も増加するが，そのかなりの部分が非労働力となった．不況のときに職探しをしても無駄だということで，職探しをあきらめてしまうのである．このような状態を**求職意欲喪失効果**（discouraged worker effect）という．とくにこれは既婚女性などの非世帯主労働者に多かった．職探しをしなければ定義によって失業者ではなく非労働力となるから，求職意欲喪失効果の分だけ失業者は減ることになる．

また不況期には，逆の動きもありうる．世帯主の失業や賃金抑制のため，家計を助けようとそれまで非労働力人口だった専業主婦などが職探しを始めて失業者になるという動きである．事実，こうした動きも不況期には繰り返し観察されてきた．先の求職意欲喪失効果に対して，**追加的就業効果**（additional worker effect）といわれるものである．しかし少なくともこれまでは，不況期にこの追加所得を求める動きよりも，職探しをあきらめる動きが上回っていたため，見かけ上失業は減っていたといえる．

不況期に失業の急増を抑える効果を持っていたもう1つの要因は，日本における**柔軟な賃金決定**（flexible wage determinations）である．毎年の春闘で，そのときどきの経済情勢を反映した賃金決定がなされる．事実，これまで不況のたびに賃上げ率を低く抑えることで，労使は雇用を切らずに労務コストの抑

求職意欲喪失効果（discouraged worker effect）　失職した場合，不況期には良い仕事を見つけるのは難しいと考えて，求職活動をあきらめ，結果として失業者から非労働力になってしまう人のこと．非世帯主のパートタイム労働者などに多く，不況期の失業はその分減少することになる．

追加的就業効果（additional worker effect）　不況期に，世帯主の失業や賃金抑制のため，家計を助けるためにそれまで非労働力人口だった専業主婦などが職探しを始めて失業者になること．上述の求職意欲喪失効果とは逆方向の現象である．

柔軟な賃金決定（flexible wage determinations）　日本では，毎年春闘の賃金決定にそのときどきの経済状況が反映されたり，一般従業員にも企業業績に応じたボーナスが支給されることなどにより賃金決定の柔軟性が高い．これまでは柔軟な賃金決定が失業率を低く抑えることに貢献してきた．

制を可能にしてきたのである.

　また日本の場合には一般従業員にもボーナスが支給されるが, これは企業業績によって相当大きく変動する. 不況期にはこのボーナスを減らすことで賃金費用を抑制できる. さらに, 日本の企業は通常時でもかなりの時間外労働を行っており, 不況期には時間外労働（残業や休日出勤）を減らしたり, なくしたりすることで賃金費用を抑制することができる. もちろんこの点は長時間労働という副作用ももたらすことには注意を要するが, 低い失業率をもたらす要因でもある.

　このように, 賃金を柔軟に調整することができれば雇用調整はそれほど必要ではなくなる. 不況期に企業は総労務費を抑制したいわけであるが, これは人を減らす代わりに, 1人当たりの賃金を減らすことでも実現できるわけだ. その意味で日本の賃金決定の柔軟性がこれまで不況期の失業増加を防いできたといえる.

　しかしこうした条件はこれからは維持しにくくなってくると思われる. それに伴って低い失業率も維持しにくくなってくるだろう.

　まず企業にとって, 余剰雇用を抱える合理性が小さくなった. 企業にとっての長期的成長期待が小さくなってきているからである. 高度成長期の1960年代に2ケタの成長率であったものが, 第1次石油危機（1973年）からバブル期（1986年～1991年2月）までは実質で年平均4％程度になり, さらに1990年代に入ると1％台前半にまで低下した. これから将来に向けての政府経済計画の見通しでみても2％程度である. たとえ不況は終わっても, 生産規模の大幅な回復は望めないということになる.

　すると, 現在の余剰労働力は将来も余剰でありつづける可能性が高くなる. むしろ早く余剰雇用を減らして身軽になることが, 企業にとって合理的となってくる. こうした中で, 企業は非正規雇用労働者を増やしてきた. 労働供給側の行動も変わりつつある. 図4-2でみたように, 自発的失業は不況下でも増えつづけている.

　さらに不況期に職探しをあきらめて非労働力化するという傾向も少なくなってくるだろう. 夫婦での共働きが一般的になると, 女性も不況期に離職した場合, 非労働力化して専業主婦になるというよりは, 職探しを続けて失業者プールにとどまるようになるだろう. また, 夫の終身雇用があやしくなってくれば

くるほど，非労働力の専業主婦でいることのリスクは大きくなるから，このことも非労働力化をためらわせることになるだろう．

また仕事量の変動を残業時間で調整することで雇用調整を防ぐというやりかたも，長時間労働の是正という観点からは見直しを迫られるだろう．少なくともこれまでより労働時間による仕事量の調整余地は小さくなると考えなければならない．

これまで日本の失業率を低く抑えてきた要因のうち，これからも期待できるのは，なんといっても新規学卒一括採用という就職慣行である．これをしっかりと維持すれば，若者の失業増加は防げるはずだ．この慣行にはそこで就職できないとやり直しがききにくいという問題もあるが，それは卒業後3年くらいは新規学卒採用の対象とするような改革によって補正できる．新規学卒一括採用という制度の持つ，大きな経済，社会の安定効果を考えれば，この慣行はこれからも堅持すべきものである．

またすでに雇われている人たちの賃金決定の柔軟性もある程度期待できるはずだ．春闘やボーナス等による賃金の柔軟性維持は，雇用の安定維持という意味ではより重要になってくるだろう．

Column
日本の低失業率は統計のマジックか

1999年に日本の失業率はアメリカを超え，日本を低失業率の社会ということもなくなった．しかしその前まで日本の失業率は，他の多くの先進国で失業率が2ケタを記録していたときに2％台ときわだって低かった．そして当時こうした低い失業率を統計のマジックだ，とする論がかなりあった．

もちろんその中には，統計についての正しい理解を欠くために生じた乱暴な議論も少なくない．たとえば失業者は職業安定所に来た人だけを数えているから低く出るのだ，といった基本的な理解不足による暴論もあった．

本章ですでに説明したように，日本ではILO（国際労働機関）の定めた定義によって失業統計をとっている．また調査は，職業安定所ではなく，総務省統計局が2段階抽出法という日本全体を反映するように注意深く選んだサンプリングを対象に行っている．これは先進国共通の統計手法であ

る．むしろ日本の統計は最も厳密にとられているものの１つといってよい．

　ただしそうした素人の議論ではなく，労働統計の専門家同士でも失業の定義をめぐる議論があった．最も有名なものはイリノイ大学のタイラ教授の指摘である．[注1] その１つに，日本では雇用調整助成金を受けている企業に雇われている労働者は失業者にならないのに，アメリカで政策的な所得助成を受けている失業者は失業者に数えられているために，日本の失業率は少なくともアメリカの失業率に比べて低く出やすい傾向を持っている，というものがある．

　タイラ教授の指摘は必ずしもすべてあたっているとはいえない．しかしこの雇用調整助成金についてはもっともであると思う．アメリカの政策的な所得助成は，たとえば関税引下げなどによって貿易上の影響を受けて生産の減退した産業からの失業者に，失業給付に加えて特別の所得助成をする，という形態をとる．日本の雇用調整助成金も，生産水準が減少した企業が余剰労働者を解雇しないで企業内に抱えていたら賃金の助成をしようというものだ．

　もし雇用調整助成金がなければリストラされていたかもしれない労働者の賃金を助成するということは，リストラされて失業した労働者に所得助成するのと変わらない．企業に雇われていても，雇用調整助成金という形で政府（実は雇用保険会計）から所得保障を受けている労働者は，失業給付という形で政府（これも雇用保険会計）から所得保障を受けている労働者と同じく失業者に数えてもおかしくないからである．

（注1）　Taira, Koji（1983）"Japan's Low Unemployment: Economic Miracle or Statistical Artifact?" *Monthly Labor Review*, Vol. 106, No. 7のタイトルを直訳すると，『日本の低失業率——経済的奇跡か，はたまた統計的加工品か』となる．

練習問題

①　２種類の失業の違いについて説明しなさい．

②　フィリップス曲線とトレードオフ曲線の関係について説明しなさい．

③　バブル崩壊まで日本の失業率を低く抑えていた要因について述べなさい．

第 **5** 章

賃金

学習の手引き

　第4章では，需要曲線と供給曲線の交わるところで，均衡賃金が決まることを学びました．この章では，はじめに日本の雇用制度の柱の1つといわれる年功賃金の変化の様子を統計で確認しましょう．次に，賃金はどのように決まるのか，市場の均衡賃金と個人の能力の関係を理解しましょう．そして，なぜ年功賃金のような支払われ方がされるのか，年功賃金制度の性格を理論的に理解してください．さらに，労働者の努力を引き出すには賃金はどのように支払われるのがよいのでしょうか．年功賃金制度に代わる能力・成果主義的な賃金を機能させるために必要な条件は何か，ということについても説明します．第8章の技術の構造変化や第6章の働き方の変化により，労働者の努力や成果の測り方はどのように変化しているかも考えながら，読み進めてください．そして，賃金そのものが労働者の努力や成果に影響を与える効率賃金について説明します．付随して，産業により賃金に差があるのはなぜかを学びます．

　そしてこの章の最後では，賃金の支払い方によって労働者の転職行動はどのように変わるか，実際に変わるのか，変わるようにデータ上見えてしまうのか，データの見方を整理しましょう．

🔑 KEY WORD

- ■標準労働者 (standard workers)
- ■賃金カーブ (wage curve)
- ■年功賃金 (seniority-based wage)
- ■能力・成果主義賃金 (merit-based wage)
- ■ゼロ利益賃金経路 (zero-profit wage path)
- ■評価 (performance evaluation)
- ■効率賃金 (efficiency wage)

1 年功賃金の変化

　日本では，新社会人のとき，働き盛りのとき，あるいはもっと年齢が上がってから，各年齢でどのくらいの賃金をもらっているのだろうか．賃金の実態はいくつかの統計でみることができるが，最も詳細な賃金統計は厚生労働省「賃金構造基本統計調査」である．図5-1は2018年「賃金構造基本統計調査」からとった，(a)「高卒・男性」標準労働者の年齢別賃金，および(b)「高卒・女性」，(c)「大卒・男性」，(d)「大卒・女性」のそれである．

　ここで**標準労働者**（standard workers）というのは，学校卒業後ただちに入社して年齢とともに勤続年数を積んできた労働者である．したがって図5-1はほぼ企業の標準的な賃金制度どおりの賃金を受け取っている労働者の賃金の動きといってよい．^(注1)このように縦軸に賃金，横軸に年齢・勤続年数をとった図をしばしば**賃金カーブ**（wage curve）という．あるいは，賃金の横顔という意味で，少しばかりもったいをつけて賃金プロファイル（wage profile）ということもある．

　図5-1の各図には3本の賃金カーブが描かれている．第1四分位数，中位数，第3四分位数で，それぞれ同一年齢・勤続者の中で低いほうから25％，50％，75％に位置している．年功賃金といっても，同じ年齢・勤続年数の中で能力や貢献に応じて格差があることは明らかだ．とくにこの格差は若いときよりも中高年になると拡大することもはっきりしている．

　そうはいっても，平均的にみて賃金が年齢・勤続年数とともに上昇していることは間違いない．こうした賃金カーブは日本だけのものではなく，世界中ど

標準労働者（standard workers）　学校卒業後ただちに入社して年齢とともに勤続年数を積んできた労働者のことである．いわゆる終身雇用制度の下で雇用されている労働者で，年齢から学校卒業年齢を引いたものが勤続年数に一致する．

賃金カーブ（wage curve）　縦軸に賃金，横軸に年齢・勤続年数をとって，年齢・勤続に応じた賃金の動きを描いたもの．あるいは，賃金の横顔という意味で，賃金プロファイル（wage profile）ということもある．

（注1）　実際の賃金データでこのカーブを描くと，そこには中途採用者等も混在するので賃金制度を反映したものにはならない．

図5-1 標準労働者の賃金カーブ

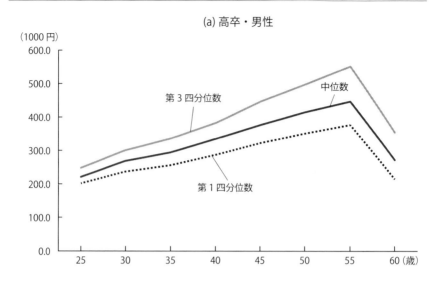

(a) 高卒・男性

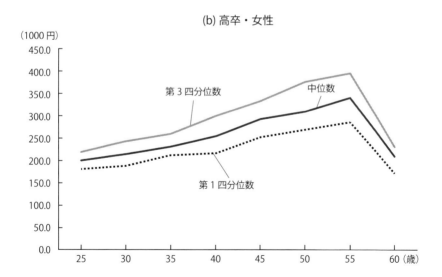

(b) 高卒・女性

(出所) 厚生労働省 (2018)「賃金構造基本統計調査」.

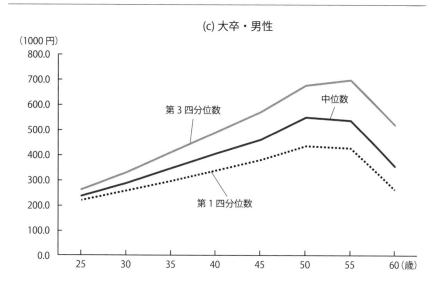

(c) 大卒・男性

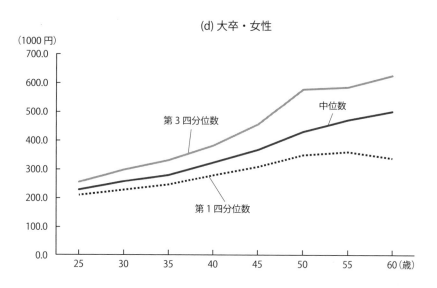

(d) 大卒・女性

こでも観察されるところであるが，日本のそれの特徴は，その傾斜がとくに急勾配だということである．

　たとえば，1964年から87年のデータを用いたアメリカの年功賃金カーブにかんする研究結果をみると，アメリカの平均的な年功賃金カーブにおいては，賃金上昇の70％は勤続の最初の10年間に完了している．[注2] つまり勤続10年くらいで1人前の働き盛りになれば，勤続に応じた賃金上昇の7割はもらっていることになる．アメリカにおける代表的な産業である自動車では，労働組合との協約で生産ラインの従業員の賃金は雇用されてから36カ月（3年）は勤続とともに上昇し，後はフラットになる．

　これに対して，日本のモデル賃金をみると，勤続の最初の10年にあたる高卒の20歳代後半，大卒の30歳代前半まででは，賃金上昇の70％はおろか50％も実現していない．その代わり，40歳代になってもまだかなりの勾配で上昇を続けている．

　しかしこのようにかなり急勾配の日本の年功賃金も，第8章で説明するような経済の構造変化の中で徐々に変わっていかざるをえない．図5-2は賃金カーブの時点間比較分析である．男性標準労働者の賃金カーブを（高卒と大卒の別に）1980年，1985年，1990年，1995年とほぼ5年間隔でとったものである．図5-2からわかるように，過去40年間，賃金カーブは着実にフラット化してきているのである．この理由は後の節でみよう．

　さらに，もう少し詳しくみると，図5-2の2001年のグラフの30-34歳の人は，本人たちが35-39歳になったときに，2001年のグラフの35-39歳と同程度の賃金をもらうとは限らない．彼らが実際にもらったのは，図5-2の2005年のグラフの35-39歳の賃金に近いはずだ．そこで，図5-2のデータを使用して2001年に20-24歳だった人が実際にたどりそうな軌跡，つまり，2001年の20-24歳→2005年の25-29歳→2010年の30-34歳……を1つの直線で結んだグラフを描いたのが図5-3である．同様に1985年に20-24歳の人たちは2001年に35-39歳→2005年に40-44歳→2010年に45-49歳……と描くことができる．これをみるとバブル期前に成人した人たちと，それ以降に成人した人たちで，賃

（注2）　Murphy, K. M. and Finis Welch（1990）"Empirical Age-Earnings Profiles," *Journal of Labor Economics*, Vol. 8, No. 2.

図5-2　男性標準労働者の賃金カーブの変化

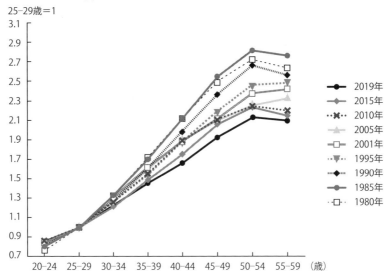

(a) 大卒男性標準労働者（産業計, 規模計）

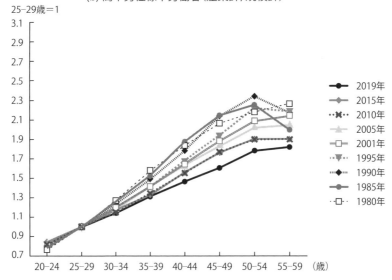

(b) 高卒男性標準労働者（産業計, 規模計）

（出所）厚生労働省「賃金構造基本統計調査」.

図5-3　賃金の追跡

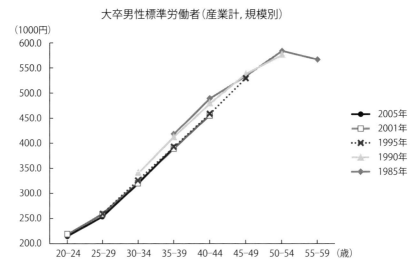

大卒男性標準労働者(産業計, 規模別)

（出所）厚生労働省「賃金構造基本統計調査」.

金カーブに違いがあることがわかる. 後者の賃金カーブは, 前者より低い位置を推移している.

2　限界生産力命題

　賃金はどのように決まっているのだろうか. 第4章では, 需要曲線と供給曲線の交わるところで, 市場の均衡賃金が決まることを学んだ. 働きたい人が企業の雇いたい人数より多い, すなわち, 労働供給が労働需要を上回れば, 賃金は低下する. 反対に, 企業の雇いたい人数が働きたい人の数を超えれば, すなわち, 労働需要が労働供給を上回れば, 賃金は上昇する. では, こうした市場の需給で決まる賃金は個人の属性とはどう関係しているのか. 結論から先にいえば, 賃金は個人の仕事能力に応じて決まる. 経済学の言葉でいうならば, 賃金は個人の価値限界生産力と一致するように決まる.

　その説明は限界生産力命題と呼ばれる経済学の基本命題である. それは労働

図5-4 価値限界生産力と賃金

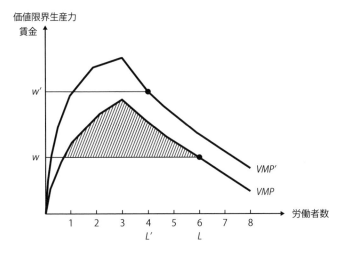

者の生み出す価値限界生産力が市場賃金に等しくなるところまで労働者を雇用するということで、これは先に第3章で企業の労働需要は、等量曲線の接線の傾き（資本の限界生産力と労働の限界生産力の比率）と等費用線の傾き（資本のリース料に対する賃金の比率）が一致するところで決まると述べたことを、別の形で表現したものである。

図5-4は横軸に企業の雇用する労働者数、縦軸に企業が労働者を1人追加的に雇用することで得られる追加的な収入（価値限界生産力）と、賃金を表している。企業の収入は労働者を増やせば増やすほど増えるが、その増え方は最初は大きくなるけれども、しだいに小さくなっていく。つまり価値限界生産力は逓減していくと、経済学では考える。

たとえばデパートのある店舗で店員を雇う場合、大きな売り場に店員1人では来店客をさばききれないから、2人、3人と増やすと売上げは飛躍的に伸びる。しかしこれを4人、5人、6人と増やしていっても、店員1人を2人、3人に増やしたときほど売上げは増えないということである。

図5-4ではこの価値限界生産力を価値限界生産力曲線*VMP*で表している。このとき賃金が*w*の水準であると、企業が労働者を追加的に1人雇用するために必要な費用は*w*である。労働者を1人増やすことで得られる利潤は*VMP* − *w*と

なる．すると利潤の総額は図の VMP と w に囲まれた（斜線）部分の面積ということになる．

　この利潤が最大となるのは労働者の価値限界生産力と賃金が等しくなるところまで労働者を雇ったときである．このケースでは労働者を L 人雇ったときがそれにあたる．もしこの点よりもさらに雇用を増やして，VMP が w よりも低くなるところまで労働者を雇えば，追加的利潤 $VMP - w$ はマイナスとなるからだ．

　さて市場における労働需給は，労働者の仕事能力によって異なる．たとえば熟練度の高い労働者の労働需給と，未熟練の労働者の労働需給は異なる．より高い付加価値を生み出してくれる仕事（たとえばデパートの例でいえば高く売れる人気の衣料品を見つけてくるバイヤーといった仕事）のできる高い熟練の労働者の必要性は高く，他方でそうした熟練を身につけるには才能と努力を必要とするから，高熟練の労働者は希少である．結果として高い仕事の能力を持つ労働者の市場賃金も高い水準で均衡する．

　そこでそうした高い市場に対して企業はどう対応するか．図5-4の VMP' はそうした高い熟練度の労働者の生み出す価値限界生産力であり，w' は，そうした高熟練のバイヤーの市場賃金である．ここでも，もちろん企業にとって利潤の最大点は w' と VMP' が等しくなるところ，すなわち L' 人の労働者を雇うことになる．ここでも賃金と価値限界生産力は一致している．

　労働者の仕事能力に差はあるにしても，企業が最適行動をとるかぎり，賃金はその労働者の価値限界生産力に一致して決まる．これはミクロ（新古典派）経済学の泰斗であったジョン・ヒックス（J. Hicks）の精緻な数学モデルによって論証されたもので，しばしば新古典派経済学の限界生産力命題，あるいはヒックスの限界生産力命題と呼ばれる．

3　人的資本理論による年功賃金の理論的説明

　それでは，図5-1でみたように，年齢が上がるにつれて賃金が高くなるのはなぜだろうか．1つは，人的資本理論により説明できる．入社後，職業訓練を受けることで技能を高め，仕事ができるようになる，すなわち価値限界生産力

が上がる．さらに年数が経つと，新たな職業訓練を受けて，さらに技能が高まる．あるいは，日々の仕事の中で先輩から教わったり，自分自身で技術を磨いたりして技能を身につけていく．価値限界生産力が高くなると，それに見合った賃金が支払われるので，賃金は高くなる．

　ここで2点，重要なことがある．1つは，職業訓練の内容だ．職業訓練の内容が，どの企業でも通用する一般的技能（一般的熟練）であるならば，転職後もその技能を活かすことができる．よって，同じ企業に何年勤めたかの勤続年数ではなく，同一の職種に何年携わっているのか，が判断材料になる．そして同一職種の経験年数が長くなればなるほど，賃金は上昇する．だが職業訓練の内容が特定の企業にしか役立たない技能（企業特殊的熟練）であるならば，仮に転職した場合，その技能を活かすことはできない．この場合には，経験年数ではなく，勤続年数が長くなればなるほど，賃金は上昇する．

　もう1つ重要な点は，職業訓練費用を企業と労働者のどちらが，どのタイミング（訓練中か後か）で負担するかである．とくに，身につく内容が特定企業でのみ役立つ場合，労働者は自ら費用を負担して職業訓練を受ける気にはなれないだろう．しかし，企業からみた場合，すべて訓練費用を負担して，職業訓練後に労働者に転職されてしまうと，投資損になる．そこで，労働者にも訓練費用を訓練中に負担してもらい，訓練後にその分を上乗せして賃金を支払うことで離職を防ごうとする．別の方法として，「（全期間に）訓練中の価値限界生産力と訓練後の高くなった価値限界生産力を足して割ったよりも少ない賃金」と，「訓練中は低い賃金，訓練後は高い賃金」を支払う方法を提示し，労働者に選択させる．もし転職を計画している労働者ならば，そのような企業を選ばないので，長く働くつもりの労働者のみを惹きつけることができる．こうした考え方はゲイリー・S・ベッカー（G. S. Becker）の人的資本理論によって精緻化されたものであり，詳しくは後の第11章で説明する．

4　賃金後払い理論による年功賃金の理論的説明

　仮に労働者の能力が変わらなくても，年齢とともに賃金が上がる場合がある．エドワード・P・ラジアー（Edward P. Lazear）が提示した賃金後払い理論

図5-5　貢献度と賃金の長期収支

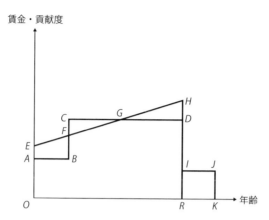

（出所）島田晴雄・清家篤（1992）『仕事と暮らしの経済学』岩波書店.

だ．図5-5はこれを最も明快に示したラジアーの理論を説明するものである.(注3)
図5-5の縦軸は従業員の限界生産力（企業への貢献度）と賃金であり，横軸は
年齢である．線分*ABCD*は原点*O*で雇われ*R*で定年退職する従業員の限界生産
力を表し，初期人的資本投資の行われている間は低い水準（*AB*）であるが，1
人前になると高い水準になる（*CD*）．一方，線分*EHIJ*は賃金と退職金（企業年
金）を示すもので，*EH*の年功賃金と，定年後*IJ*の退職金を企業年金の形で受
け取ることを示している.

　企業と個人の収支勘定をみると，賃金*EF*と*GH*，退職金（企業年金）*IJ*の部
分は企業の赤字であり，賃金*FG*の部分は企業の黒字となる．個人は企業から
貢献以上のものは受け取れず，また企業も個人から搾取することはできないも
のとすれば，この赤字の部分と黒字の部分はバランスしなくてはならない.

　図5-5ではちょうど*R*で定年退職することでこの条件は成立している．つま
り年功賃金制度は，そのときどきでの賃金と貢献度を一致させてはいないが，
就職から定年までの長期雇用を前提とし，その中で賃金と貢献度を一致させる
のである．しばしば**年功賃金**（seniority-based wage）制度から**能力・成果主義**

（注3）　図5-5はLazear, E. P.（1979）"Why Is There Mandatory Retirement?" *Journal of Political Economy*, Vol. 87, No. 6の理論図式を修正加工して作ったものである.

図5-6　貢献度と賃金の相対関係にかんする企業の意識

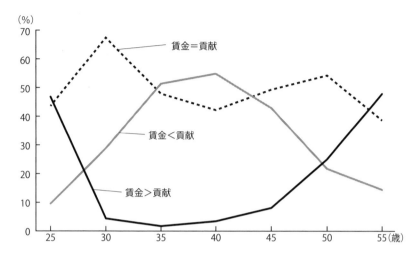

（出所）高年齢者雇用開発協会・高齢化社会に適合した賃金体系モデルに関する調査研究会（1995）『高齢化社会に適合した賃金体系モデルに関する調査研究報告』高年齢者雇用開発協会.

賃金（merit-based wage）制度への転換といわれる．しかしこれは必ずしも正確な表現ではない．年功賃金制度も能力・成果主義賃金制度の1つであるからだ．能力や貢献度と無関係な賃金制度では，国の内外でぎりぎりの市場競争をしている日本企業が競争に勝てるはずがない．

　ここでポイントになるのは，賃金と企業への貢献度をどのような期間で均等させるかということなのである．年功賃金制度は，賃金と貢献度を入社から定年までといった長期でバランスさせるものなのだ．

　この長期で賃金と貢献度をバランスさせることは，実際に企業に聞いた調査によっても確認される．図5-6は横軸の年齢にあたる従業員についてみたときに，その年齢の従業員の賃金と貢献度の関係について企業にたずねた結果であ

年功賃金（seniority-based wage）　年齢や勤続年数に応じて上昇する賃金制度．ただし，労働者の能力や貢献度と無関係に決まる賃金ではなく，貢献の総量と賃金の総額とを，入社から定年までという長期で収支バランスさせる制度である．

能力・成果主義賃金（merit-based wage）　労働者の仕事能力や成果・業績に応じて決まる賃金制度．年功賃金制度が貢献と賃金を長期収支バランスさせるものであるとすれば，能力・成果主義賃金は，貢献と賃金をそのときどきで短期にバランスさせるものといえる．

る．図5-6と図5-5を重ね合わせてみると，少なくとも1990年代半ばにおいては，図5-5の概念図に表した関係は企業自身の意識とかなり近いことがわかる．

つまり，年功賃金制度は能力・成果主義ではないということではけっしてないのだが，賃金と能力・成果（貢献度）を長期でバランスさせる仕組みになっているのである．

これを式に表せば，年功賃金制度では

$$\sum_{0}^{R}W_i+RET=\sum_{0}^{R}VMP_i，かつ$$

$$W_i \neq VMP_i \qquad\qquad\qquad (5\text{-}1)$$

ただし，W_iはi期の賃金，VMP_iはi期の限界生産力，RETは退職金で，Oで雇用されRで退職となる．

ところで（5-1）式のように支払われた賃金総額（退職金がある場合は退職金も含む）と企業への貢献度の総量がバランスしているとき，企業も支払った費用以上の生産物を受け取っていないし，労働者も生産物以上のものを受け取っていないので，互いに（余剰）利益は得ていない．このような賃金支払体系を，**ゼロ利益賃金経路**（zero-profit wage path）という．労働市場が完全であれば企業は労働者を搾取することはできないし，労働者も企業からむさぼることはできないので，たとえ各期では賃金と限界生産力が一致していなくても雇用期間全体でみれば常にこの関係が成り立つことになる．

ここで再度，図5-1に戻ろう．年功賃金といっても，同じ年齢・勤続年数の中で能力や貢献に応じて格差があった．つまり先述の理論で示した長期収支勘定も，能力の高い人，低い人それぞれにあるということである．能力の高い人は高い限界生産力と高い賃金カーブの組み合わせで，低い人は低い限界生産力と低い賃金カーブの組み合わせで，ゼロ利益賃金経路に沿った賃金支払いを受けていると考えられるのである．

年功賃金制度が有用なのは，第7章で学ぶように労働者がさぼらないかを監

ゼロ利益賃金経路（zero-profit wage path） ある従業員の企業への貢献総量（生産物の総量）と企業がその従業員に支払う賃金の総額が等しくなるような賃金の支払い方をいう．完全競争市場では，年功賃金も能力・成果主義賃金も必ずゼロ利益賃金経路の条件を満たすことになる．

視するモニタリングが非常に難しい，あるいはモニタリングするには多大な費用がかかる場合である．真面目に働いたときにどの程度の仕事ができるかわかっていて，実際の仕事の出来具合が明確に測れるのであるならば，仕事の出来に応じて賃金を支払うことができる．しかし，仕事の出来を測ることが難しい場合には，手抜きをして働いているのかどうか監視するのには多くの費用がかかる．

さらに，図5-2ではフラット化をみた．ラジアーの理論を説明した図5-5ではRの歳に定年退職をする．このRは1980年では，6割の企業で59歳以下であった．1994年に60歳定年の義務化がされ，8割の企業で定年は60歳以上になった．さらに，2005年の高齢者雇用安定法では65歳までの雇用確保への対応が企業に義務付けられた．つまり，図5-5のRは右方向へと動いてきた．就職から定年までの長期雇用を前提として，支払われた賃金総額と企業への貢献度の総量をバランスさせるには，1つの方法としては賃金カーブをフラット化せざるをえない．このことが，「賃金構造基本統計調査」から描いた図5-2で観察できる．

また，年功賃金制度は定年制度の根拠となる．Rで定年退職するときに，企業の黒字と赤字が相殺されるようになっているのだから，もし，Rがなく，賃金EHをそのまま伸ばしていくと，企業の赤字が拡大してしまう．Rの年齢は規則で定めるだけでなく，金銭的インセンティブで設けることもできる．たとえば，企業がR歳で労働者に退職してほしいならば，R歳で退職するときの退職金を最も高くすればよい．

2005年の高年齢者雇用安定法では，65歳までの雇用確保として，企業は定年の引き上げか，継続雇用制度の導入か，定年の定めの廃止のいずれかをとらなければならなくなった．企業の多くは，継続雇用制度を導入し，Rで定年退職した後，嘱託などの形態で再雇用することで対応した．

同じ仕事をしていても，定年を迎える年度の3月31日と4月1日で大きく賃金が下がることは不当かどうか争われた裁判が注目された．定年を迎えるときの賃金は，図5-5のHの水準になっており，そのときの限界生産力Dの水準より高い．仕事内容が同じであるという理由で，Hの水準で雇い続ける必要があるとすれば，企業にとっては赤字となる．2018年6月1日の最高裁第二小法廷

（長澤運輸事件）は，定年退職後の再雇用などで待遇に差が出ること自体は不合理ではないとした．その上で各賃金項目（手当）の趣旨を個別に考慮すべきとする判断をした．

5 能力・成果主義賃金

　労働者のやる気を引き出す1つの方法は，成果に応じて賃金を支払うことだ．年功賃金制度は，賃金と能力・成果（貢献度）を長期でバランスさせる仕組みであった．これに対していわゆる能力主義の賃金制度というのは，両者をそのときどきで一致させるということを意味する．図5-5でいえば，賃金をいつでもちょうど限界生産力$ABCD$と一致させるようにしておくということである．

　つまり，いわゆる能力・成果主義賃金ではすべての期間で，

$$W_i = VMP_i \tag{5-2}$$

となる．年功賃金制度では，ゼロ利益賃金経路が成り立っていた．もちろん能力・成果主義賃金を表す（5-2）式についても，これが成り立てばどんな雇用期間であってもゼロ利益賃金経路が常に成り立つことは容易にわかるであろう．

　賃金と成果が最も短期で等しくなるのは，仕事の成果に応じて賃金を支払う歩合制である．生産されたモノの観察が容易で，通常，品質が問題にならない場合に歩合制で賃金を支払うことができる．タクシードライバーがどれだけお客さんを乗車させたかで賃金が支払われる場合は歩合制である．歩合制にすると，メリットとして労働者の努力を引き出すことができる．しかし，不況時にはタクシーを使用する人が減るなど，ビジネス環境などのリスクを労働者に負わせることがデメリットである．このようなリスクは低賃金の労働者よりも資本家が負うべきという考え方もある．

　自動車のフロントガラス工場で働く労働者や植林をする人，イギリスのフルーツ農園の現場監督者で，歩合制にすることで労働者の限界生産力が上がった事例が報告されている．[注4]歩合制の導入により限界生産力が上がるのは，1つは，

（注4）　Lazear, E. P.（2018）"Compensation and Incentives in the Workplace," *Journal of Economic Perspectives*, Vol. 32, No. 3, pp. 195-214.

もともと働いていた人が努力するようになるからだ．もう1つは，企業が限界生産力の高い人を雇うようになるからだ．自らの限界生産力が低い人は辞めてしまうし，新たに就職する際にもそういう人は歩合制で働こうと思わないのでそのようなところに入社しない．ただし，どのような場合でも歩合制が限界生産力を上昇させるわけではない．適切な歩合を設定できないと，努力や利益を引き出せない．さらに，多くの場合は労働者の成果（生産されたモノ）の観察は難しく，古典的な歩合制は用いられにくい．

能力・成果と賃金を一致させる他の支払い方法として，あらかじめ成果物に対して報酬を取り決めておく方法（たとえば，視聴率に関係なく脚本1本につき対価を支払うなど），相対的な仕事の出来具合に対して昇給させる方法などがある．また，個人の仕事の成果ではなく，小さなチームの成果に対して支払う方法もある．

プロフェッショナルがそのときどきの能力や貢献に応じて報酬を受け取り，処遇されるときに大切なのは，その能力や貢献をどのようにきちんと**評価**（performance evaluation）するかである．これを間違えると，能力のある人材ほどやる気をなくし，そうした人材を失うことにもなりかねない．この評価をめぐる問題点は大きく分けると次の3つのポイントに整理できる．

1つは評価技術の問題である．個々人の能力・成果をどれだけ正確に測定できるか．そのためにはまず評価制度を整備し，また評価者たる経営者や管理職の評価能力を高めなくてはならない．多くの企業で導入されている目標管理制度や評価者研修などはこのためのものであるといえる．

ただしどんなに評価の技術を高めても，完全な評価というのは難しい．そこで必要になるのは企業の中での評価を市場評価でチェックするということである．たとえば年俸を決めるに際して，当該従業員が他社に転職するとすればいくらで雇われるか，あるいは当該従業員と同じレベルの労働者を社外から雇うにはいくらかかるか，こうしたことを人材紹介機関などに評価してもらうことである．これはそのときの個々人の市場におけるその時点でのいわば「時価」

評価（performance evaluation）　従業員の仕事能力や成果・業績の水準を測定し，賃金決定や昇進などの材料にすること．具体的には査定，人事考課などといわれ，能力・成果主義の賃金・処遇制度を成功させるための鍵を握るものである．

であり，これには個人も企業も逆らえない．この価格から著しくかけ離れた社内評価は再考を要するということになるだろう．

評価にまつわる2つ目の問題は，評価の透明性ということである．評価される個人に対して，その評価はどのようなもので，またなぜそうした評価になったのかという理由を正確に伝えるということである．そのときどきの能力・貢献度に応じた賃金を払うという制度になれば，その根拠はきちんと各人に示されなければならない．

こうした評価の情報開示は副次的にもメリットを持つ．それは2つの面で重要である．

1つは，評価の情報公開が評価をする側の経営者や管理職の評価能力を高めるということである．根拠や論理のしっかり示された評価でないと，評価される部下を納得させられないから，評価する能力をしっかり磨こうということになるわけだ．評価される部下に評価をきちんと示さねばならないということで，評価能力を磨こうという動機も高まる．

もう1つ，評価というのは個人の「値付け」という面だけでなく，個人の「動機付け」という面も強く持っている．前者を現在価値とすれば，後者は将来価値を高めるにはどうしたらよいかを評価を通じて従業員に示し，そのやる気を引き出すということである．このとき，自分はどこが弱くてこのレベルの評価にとどまっているのか，どこを改善すれば評価は高まるのかということがはっきりわかる評価でないと動機付けにはならない．その意味でも評価の情報開示は大切だ．

評価をめぐる3つ目の問題は，仕事の配分ということである．たとえば入社後20年の40歳代前半のサラリーマンに対して，「今日から賃金は年俸制です．ついては君の能力・貢献はあまり高くないので賃金水準はこの程度に抑えさせてもらいます」といったら，多分その個人は「こんな私に誰がした」と反論するのではないだろうか．

「私は好きでこんな能力になったわけではない．会社のいうとおりの配置を受け入れてきたけれど，そこにはロクな上司がいなかったので，自分は育とうにも育てられなかった」，あるいは「会社は私に業績の上がるような仕事を与えてくれなかった，私の能力を活かせるような職場に配置してくれなかった」，

「それなのにいまごろになって，能力が低い，業績は少ないといわれても困ります」，ということである．

　たしかに，どんなに能力や成果を正確に評価され，その結果を高い透明度で知らせてくれても，もともとの仕事や配置自体に差があっては公正な評価とはいえない．したがって，能力・成果主義の賃金・処遇制度は，仕事やキャリアについての自己選択なしには，従業員の納得を得るものとはなりにくいのである．

　つまり，能力・成果主義の賃金・処遇制度の下では，従業員に可能な限り多くの選択肢を与えるべきである．たとえば最近多くの企業で導入されているプロジェクト・メンバーや空きポストの社内公募制といったことはもっと広く実施されるべきだと思われる．

　さらにキャリアの選択を従業員自身にさせるということも大切である．「こちらのコースは管理職になる能力を磨くコースです．昇進も昇給も早いかわりに身につけられるのはこの企業で組織を動かすノウハウや社内人脈といったものです．もし管理職になれなかったり，この会社がなくなったりするとあなたは売り物になるものを持たない中年になってしまいます」，「こちらはどこでも役に立つプロフェッショナルの腕を磨くコースです．一人前のプロになるまでの修業期間は昇給も昇進もありません．その代わり一人前になったら市場相場に従って報酬を払いましょう．またこの会社がなくなっても大丈夫です」，ということを従業員に示したうえで，このどちらを選ぶかを選択させるといったやり方である．

6　効率賃金

　ここまでにみてきた労働者のやる気を引き出す賃金の支払い方法，つまり，労働者の限界生産力（企業への貢献度）をもとに賃金を支払う方法は，企業が競争市場で正常な利益を出す水準に制約されている．もし，歩合制で非常に高い賃金を支払おうとすると，企業は倒産してしまう．反対に，非常に低い賃金を支払おうとすると，競合企業が参入してくるので，利益は正常な水準に引き戻される．

　しかし，企業は他の企業より高い賃金を支払うことで，労働者の限界生産力自体を上昇させることがある．企業が追加的に支払う賃金と，それにより上昇する労働者の限界生産力が等しいような賃金を**効率賃金**（efficiency wage）と呼ぶ．たとえば，賃金が80のときに労働者が8の成果を上げている場合に，企業が賃金を100支払うことで，労働者の生産性が高まって10の成果まで高まるのならば，企業は利益を上げることができる．企業がさらに200まで賃金を上げたにもかかわらず，限界生産力は変わらず成果は10のままならば，企業は利益を確保できない．

　企業は効率賃金をいくらにするときに，最も利益を上げられるだろうか．今，賃金が上昇すると，労働者の限界生産力はだんだんと高くなり，ある時点では急速に高まるが，それを過ぎると徐々に限界生産力の上昇は鈍くなる場合を考えよう．賃金が600円のときには労働者は100個生産し，賃金が700円になると労働者の生産する量は140個に増える．さらに，賃金が800円へ上昇すると労働者の生産量は160個になる．このように生産の増加量は減っていき，賃金が900円のときは170個，賃金が1000円のときは175個生産するとしよう．このとき，企業は800円支払うときが最も利益を生み出せる．やや詳しく説明すると，800円のときには160個生産しているので，1円当たり0.2個生産している．100円の賃金上昇で生産量は20個増加しているので，1円の上昇でちょうど生産量は0.2個増加している．700円のときには140÷700で1円当たり0.2個生産している．このとき賃金を1円高くすると，（600円から100円賃金を増加したことで生産量は40個増加しているので）生産量は0.4個増加しており，1円で生産している量よりも，1円で増加する生産量のほうが多い．つまり，さらに賃金を上げたほうが利益は増える状況だ．反対に，賃金が900円のときは，1円で約0.19個（170÷900）生産しており，（800円から100円の増加で生産量は10個増加しているので）1円の上昇で増える生産量は0.1個であるから，賃金を下げたほうが利益は増える状況だ．

　効率賃金の水準は，第4章で学んだ，需要曲線と供給曲線の交わるところで

効率賃金（efficiency wage）　企業が追加的に支払う賃金と，それにより上昇する労働者の生産性が等しくなるような賃金である．

決まる均衡賃金の水準とは関係なく決まる．効率賃金は均衡賃金より高いため（企業は均衡賃金より低い賃金では労働者を集めることができない），過剰に労働者を惹きつけることになる．しかし，企業は賃金を下げることはしない．なぜなら，賃金を下げてしまうと労働者の限界生産力が低下するからだ．よって，企業が効率賃金を設定するときには，非自発的な失業が発生する．

なぜ企業は効率賃金を支払うことで，労働者の限界生産力を高められるのだろうか．1つは，効率賃金は均衡賃金より高いので，さぼることを防ぐ．もしさぼっていることが見つかり，解雇されると失業するだけでなく，他の企業で仕事が見つかってもこれまでのような高い賃金は得られないからだ．2つ目は，失業への不安がなくても，労働者が市場（均衡賃金）よりも高い賃金は雇い主からの「贈り物」と感じ，一生懸命働くことで返礼しようとする心理が働くからである．3つ目は，離職率が下がるからだ．職業訓練をした労働者が辞めてしまうと，新たに労働者を雇い，1から職業訓練をしなければならない．新たに採用する費用や，訓練費用，訓練時間がかかる．離職者が減るとこれらがかからない．4つ目は，企業が労働者を選別できるからだ．効率賃金は均衡賃金より高いため，多くの人が働きたいと思う．低い賃金では，留保賃金がそれより低い者しか働きたいと思わない．能力の高い者の留保賃金は，通常，高い水準である．よって，効率賃金が高いため，能力の高い人を含んだ多くの働きたいと思う人々の集団から企業は労働者を選ぶことができる．

年功賃金や歩合制，トーナメント方式の報酬が競争市場の制約の下で機能するのに対し，企業は効率賃金を市場の条件とは関係なく決める．1982年ごろのアメリカで，全国チェーンのファーストフード店において，直営店のほうが，地元店主のフランチャイズ加盟による店舗よりも賃金が高いのは，前者のほうが労働者をモニタリングするのにコストがかかるため，効率賃金が支払われているととらえることができる．[注5]

（注5） Krueger, Alan B.（1991）"Ownership, Agency, and Wages: an Examination of Franchising in the Fast Food Industry," *The Quarterly Journal of Economics*, pp. 75-101.

7　産業間賃金格差

　ところで，同じ性別，同じ学歴であっても働く産業によって賃金が異なるのはなぜだろうか．高い賃金の産業で働こうと多くの労働者が思い，多くの求職者がいるので企業が賃金を下げれば，そして低い賃金の産業では労働者を魅了するために賃金を上げれば，やがて賃金は等しい水準になりそうである．それにもかかわらず，現実には時代を経ても依然，賃金に差があるのはなぜだろうか．

　競争市場の下で考えるならば，産業により必要とされる技能の差，観察されない労働者の特性の差，そして仕事の内容の差が賃金差を生み出す．ある仕事は安全であり，他の仕事はけがや病気の危険があり，かつ，その危険を除くには多大な費用がかかる場合，けがや病気の危険がある分，企業は賃金を高くする．

　しかしながら，必要な技能や仕事の安全性が等しくても，なお産業間賃金格差は存在する．その要因の1つが，前で説明した効率賃金の存在である．ある産業は労働者がさぼらないかモニタリングするのに多大な費用がかかったり，離職されると多大な損失が発生したりするが，別の産業ではそうではない場合に，前者の産業が効率賃金を導入し，後者の産業が効率賃金を用いないならば，産業間で賃金差が存在する．確かに，ある技能を持った人が低い賃金の産業で働いていて，同じ技能のまま他の産業へ転職した場合，その技能に対して支払われる賃金は等しいはずだが，高い賃金を得ることがある．

　ところで，労働者が，効率賃金が支払われる仕事，つまり，市場より高い賃金の仕事に就きたいため，そのような企業で働く権利を「債権」を出して企業から購入するとしよう．企業は，労働者がさぼっていることを見つけたら，解雇し，債権は企業が持ち続ける．定年退職をするときは，労働者に利子をつけて債権を返す．4節で学んだ賃金後払い理論では，ちょうど同じようなことが起きている．若いときに限界生産力より低い賃金を受け取り，年をとってから限界生産力より高い賃金を受け取っている．高い効率賃金が支払われる仕事ほど，多くの労働者が就きたいと思うので，競争が激しくなり，企業から高い価

格で働く権利を買うとしよう．そして後から利子をつけて債権を返してもら
う．すると，高賃金の産業も低賃金の産業も，「現在」の仕事の値段は等しく
なる．よって，効率賃金は長期には自滅する，という批判も存在する．

8 データの見方

　では，この章で説明したような人的資本理論や賃金後払い理論は，実際のデ
ータから読み取れるのだろうか．勤続年数と離職率や，勤続年数と賃金につい
てデータを観察する際には注意が必要だ．ときとして，見せかけの関係を観察
してしまう．

　たとえば，フットワークが軽く，何事にも気軽に挑戦するMさんと，腰が重
く，慎重に行動するSさんがいたとしよう．

　もし，MさんまたはSさん個人の勤続年数と賃金のデータをみたときに，勤
続年数が長くなればなるほど賃金が上昇しているならば，人的資本理論または
賃金後払い理論が成り立っているといえる．

　ただし，多数の労働者の1時点のデータを単純に観察して同じような結論に
飛びついてはいけない．個人の賃金が勤続年数とともに上昇しなくても，賃金
と勤続年数は正の相関を持つことがある．以下の2つの可能性がある．

　もし忍耐強いSさんのほうが限界生産力が高い場合，勤続年数が長くなると
Sさんのような人の割合が多くなると考えられるので，賃金も高くなる．つま
り，勤続年数と賃金に正の相関がみられることになる．

　もう1つは，労働者の能力は変わらなくても，離転職を繰り返すことで，適
切な仕事が見つかり賃金が高くなる場合もある．個人の賃金が勤続年数ととも
に上昇しなくても，高い賃金をもらっている人は，適切な仕事を求めて転職を
繰り返すことがなくなるため，多数の労働者がいたとき，賃金が高い集団と賃
金が低い集団の平均勤続年数を比較すると，前者のほうが長くなる．つまり，
賃金と勤続年数には正の相関がみられることになる．

　勤続年数と離職率でも同様なことが起きる．Mさんのような人は転職する確
率が高く，転職をすると勤続年数は短くなる．Sさんのような人は転職確率が
低く，転職をしなければ勤続年数は長くなる．そのため，多数の労働者の1時

点のデータを単純に観察すると，勤続年数が短いところではMさんのような人が多いので離職率は高くなり，勤続年数が長くなると，Sさんのような人が増えるので，離職率は低くなる．よって，勤続年数と離職率には負の相関関係があるようにみえてしまうことがある．だがこれは，ある個人の勤続年数が長くなればなるほど，離職確率が低くなることを示しているわけではない．

Column

賃金後払い理論の検証

　ラジアーの賃金後払い理論が成り立っているのかを検証するのは実は難しい．なぜなら，この理論は仕事を監視（モニタリング）できないか，費用が多大にかかるときに有用であるためだ．つまり，仕事の計測が難しい状況だ．しかし，さまざまな工夫で検証が試みられてきた．

　間接的な検証を行った研究にHutchens（1987）がある．[注6] 監視しにくい仕事で賃金後払い理論が成り立つならば，反対に，監視しやすい仕事では，年功賃金制度は導入されていないという発想で検証された．その結果，繰り返し作業の仕事では，年金や定年退職制度がない，勤続年数が短い，年長者ほど高い賃金をもらっているということはない，などの特徴が観察された．予測どおり，繰り返し作業のような監視しやすい仕事では賃金後払い理論は成り立っていなかったのだ．日本においては，素直に「監視しにくい仕事ほど賃金後払い理論が成り立つはずだ」と考え，厚生労働省「中高年者縦断調査」を用いた分析でこの理論が成り立つことが示されている．[注7] リアルタイムでの監視が難しそうな仕事をする労働者，たとえば高学歴で大企業で働く労働者のほうが，そうではない労働者より定年退職制度がある職場で働く傾向があるという．

　また，Neumark and Stock（1999）の研究では，アメリカの年齢差別禁止法は，定年を設けられなくなることから賃金後払い理論が働かなくなり，賃金カーブはフラットになるのか，反対に，企業は年齢を理由に解雇できないので年長の労働者と結んだ暗黙の長期契約を破りにくくなり，賃金カーブの傾きは急になるのかを研究している．[注8] ここでは，賃金カーブの傾きは急になり，ラジアーの賃金後払い理論が成り立っているという．

より最近の研究には，Huck, Seltzer and Wallace（2011）がある．[注9]
彼らは，実際のデータではなくラボ実験を行うことで検証している．ラボ
実験とは，実際に働いている人や企業のデータから分析するのではなく，
実験参加者が労働者役，企業役になり，与えられた条件下でどのような行
動をするのか観察することだ．ここでは賃金と仕事への努力の関係を観察
している．彼らは条件を変えて実験を繰り返し，結果を比較した．1つ目
の実験設定は「企業は将来も賃金を支払うことを労働者に約束していると
き」だ．これの比較対象は，「企業は今期の賃金は支払うが，次期の報酬
は約束しないとき」である．その結果，後者の状況では，明らかに労働者
の努力は落ちた．すなわち，ラジアーの賃金後払い理論がいうところの，
「仕事をさぼっていることが見つかって解雇され，将来受け取るはずだっ
た高い賃金がもらえなくならないように，きちんと努力して働く」が成り
立つかどうかは，企業がきちんと将来の賃金支払いを約束しているか否か
が鍵であるという．

（注6）Hutchens, Robert M.（1987）"A Test of Lazear's Theory of Delayed Payment Contracts," *Journal of Labor Economics*, Vol. 5, No. 4, Pt. 2, pp. S153–S170.
（注7）川口大司（2018）「高齢者雇用の現状と課題（中）再雇用延長の是非 議論を」日本経済新聞経済教室10月4日付．
（注8）Neumark, David and Wendy A. Stock（1999）"Age Discrimination Laws and Labor Market Efficiency," *Journal of Political Economy*, Vol. 107. No. 5, pp. 1081–1125.
（注9）Huck, Steffen, Andrew J. Seltzer, and Brian Wallace（2011）"Deferred Compensation in Multiperiod Labor Contracts: An Experimental Test of Lazear's Model," *American Economic Review*, Vol. 101, No. 2, pp. 819–843.

練習問題

① 実は年功賃金もまた能力主義だというのはなぜか，説明しなさい．

② 日本の平均的労働者の年功賃金は過去40年くらいの間にどのように変化してきたか，説明しなさい．

③ 能力・成果主義賃金を導入するために必要な条件を述べなさい．

④ 効率賃金とはどのようなものか述べなさい．

第**6**章

労働時間

学習の手引き

　この章では，まず，企業への貢献度と労働時間との関係を理解しましょう．そのうえで日本でも労働時間が趨勢的に短くなっている実態と，その背景を理解しておきましょう．また，労働時間制度の重要な要素である所定外労働時間に関する割増率について考えます．とくにこの時間外割増率が長時間労働を防ぐ機能を果たしていることを数値例を使った説明できちんと理解してください．

　そもそも長時間労働を防ぐ理由は何でしょうか．現代の働き方に見合った対策としてどのような方法がよいのでしょうか．労働時間の規制や休暇制度について学びます．さらに，労働時間と雇用の安定について数値例を用いて説明します．まず，不況時を例に労働時間と雇用の安定を取り上げます．さらに仕事を分け合うワークシェアリングとそれにかかる費用を考えます．最後に，短時間労働を増やした際の雇用の安定とその費用について学びます．

⚷ KEY WORD

■生産ライン（production line）

■非定型的労働（non-fixed work）

■正常財（normal goods）

■前川レポート（Maekawa Report）

■所定内労働時間
　（scheduled working hours）

■労働基準法（labor standards act）

■所定外割増賃金（overtime premium）

■ワーク・ライフ・バランス
　（work-life balance）

■ワークシェアリング（work sharing）

1 労働時間と企業への貢献度

　雇用制度上で賃金と同じように大切なのが労働時間である．企業にとっては1人当たり何時間働いてもらうか，個人にとっては何時間働くか，ということである．もし技術的な関係から，1人1時間当たりの生産量が決まっているとすると，個人の企業への貢献は労働時間に依存して決まることになる．

　たとえば企業が100人の労働者を雇って，1人に1日当たり10時間ずつ働いてもらうことで1日当たり1000台の自動車を生産しているとしよう．つまり1人1時間に1台の生産という技術関係である．もし1人1日当たりの労働時間を12時間にしたら，自動車は1日当たり1200台生産できる．逆に労働時間を1人1日当たり8時間に短縮したら1日当たり800台しか生産できない．

　こうした自動車の**生産ライン**（production line）のように，一定の技術の下で1人1時間当たりどれだけ生産することができるかということが決まっているような場合には，個人の労働時間と企業への貢献は1対1に対応する．オフィスで働く場合でも，ファイルの整理のような定型的作業をする場合には同様だ．こうした技術関係の下では，賃金の額も労働時間に対応して増減するのが自然である．

　他方，労働時間と企業への貢献度があまり関連しないような仕事もある．たとえば商品の企画といった非定型的な仕事である．オフィスにいると1時間ごとに良いアイデアがわいてくるといったものではない．あるいは営業の仕事のように相手側の都合によって，ある時間はすごく生産的であるが，別の時間はまったくの空き時間になってしまうような仕事もある．

　こういった仕事は，仕事のできるときには1日24時間でも会社に貢献できる一方，いくら会社にいてもまったく貢献できない場合もある．またこうした仕事では個人の能力によってその生産高は異なるから，企業に対して同じ貢献をするために長時間必要とする人もいれば短時間で達成してしまう人もいる．

生産ライン（production line）　一定の生産設備に労働者を組み合わせて，モノの生産を行うような生産現場．労働者と生産設備の技術的関係がいったん決まれば，労働者の労働時間に応じて生産も増えていくような仕事である．

図6-1　企業への貢献度と労働時間の関係

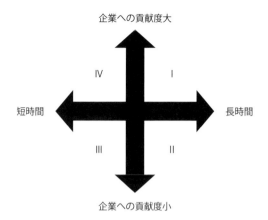

　こうした仕事による労働時間と貢献度との関係を概念図にすると図6-1のようになる．縦軸は企業への貢献度の大小，横軸は労働時間の長短である．工場の生産ラインやオフィスの定型労働は，第Ⅰ象限と第Ⅲ象限である．長時間労働は大きな貢献度（第Ⅰ象限）となり，短い労働時間の貢献度は小さい（第Ⅲ象限）．

　これに対して**非定型的労働**（non-fixed work）は第Ⅱ象限と第Ⅳ象限になる可能性も出てくる．つまり長時間働いても貢献度の小さい場合もあるし，短時間でも高い貢献を上げることができる場合もある．つまり同じ労働時間でも能力差によって貢献度は大きく異なりうる．したがってこうしたタイプの仕事をしている労働者については，賃金の額は労働時間とは無関係にその成果によって決めなければならない．

　日本の労働市場をみると，仕事内容が定型的労働，非定型的労働と多様になり，かつ，労働者側の事情もさまざまに異なっている．全国どこへでも転勤する，時間を気にせず長時間労働をいとわない，これまで経験したことのない仕事にも挑戦するといった，これまでの総合職男性社員にみられるような，場

非定型的労働（non-fixed work）　企画や営業といった，常に定まった仕事形態があるわけではない労働．仕事のできるときには1日24時間でも成果を上げられる反面，いくら会社にいても1時間当たり必ず同じ量の生産があるわけではない．

所，時間，仕事に制約のない「無制約社員」の割合が減ってきた．代わりに，育児や介護，体力面で制約のかかる，女性，高齢者，介護中の男性社員などが増えた．そのような彼らを含む非正社員の割合は，特に2000年以降に上昇し，1992年には役員を除いた雇用者の約12％であったのが，2017年には約38％が非正社員として働いている．[注1]

このようにさまざまな背景を持つ労働者が，第II象限と第IV象限のような仕事も行うようになると，労働時間で労働者の労働を一律に管理するのはかつてより難しい．労働時間の規制よりも，休暇の権利を強化すべきという考え方もある（平成30年（2018年）7月の働き方改革を推進するための関係法律の整備に関する法律で，年に10日以上の年次有給休暇が付与されている労働者に対しては，5日について使用者が時季を指定して与えなければならないこととなった．2節のとおり，これまでの労働者が指定して有給休暇を取得する方法では，取得せずに1年を終える労働者が多かった）．

2　労働時間の趨勢

表6-1はここ40年間弱の年間総労働時間の推移をみたものである．1980年代には2200時間近くあった年間総労働時間が2018年には1700時間台になってきている．1990年代半ばまでは，他の先進国より日本の労働時間は長かった．しかし，2010年代に入ると，アメリカより短くなっている．メキシコや韓国の労働時間をみると，かつての日本のように2000時間前後である．

この背景には，個人の行動変化と政策的な制度変革，そして労働者の構成の変化がある．個人の行動変化をもたらしたのは所得増加による余暇選好の高まりである．労働供給の第2章で説明した所得・余暇選好の理論を思い出していただきたい．もし余暇が所得の増加によってより多く消費されるような財，すなわち経済学のいう**正常財**（normal goods）であれば（これに対して所得の増加によって消費量の減る財を劣等財という），個人は所得が上昇するとより多くの余暇を消費しようとするようになる．これも労働供給理論のところで説明

(注1)　総務省（2017）「就業構造基本調査」.

表6-1　年間総労働時間

（単位：時間）

年	日本	アメリカ	イギリス	ドイツ	フランス	メキシコ	韓国	フィンランド
1980	*2,162*	*1,893*	*1,883*	*1,719*	*1,759*			
1985	*2,168*	*1,929*	*1,910*	*1,663*	*1,644*			
1990	*2,124*	*1,948*	*1,953*	*1,598*	*1,683*			
1990		1,835	1,532		1,498			1,583
1991		1,827	1,528	1,479	1,488	2,325		1,564
1992		1,826	1,515	1,488	1,491			1,560
1993		1,832	1,511	1,461	1,485	2,371		1,558
1994		1,843	1,523	1,454	1,484			1,575
1995	1,910	1,844	1,527	1,442	1,466	2,360		1,582
1996	1,919	1,844	1,532	1,423	1,463	2,371		1,576
1997	1,891	1,848	1,516	1,409	1,460	2,372		1,573
1998	1,871	1,845	1,538	1,401	1,452	2,353		1,569
1999	1,840	1,839	1,533	1,384	1,450	2,360		1,565
2000	1,853	1,832	1,521	1,360	1,430	2,360		1,557
2001	1,836	1,811	1,520	1,353	1,415	2,341		1,547
2002	1,825	1,806	1,508	1,345	1,387	2,330		1,542
2003	1,828	1,795	1,499	1,339	1,391	2,331		1,538
2004	1,816	1,799	1,485	1,335	1,414	2,340		1,540
2005	1,802	1,795	1,502	1,324	1,416	2,353		1,533
2006	1,811	1,797	1,498	1,344	1,400	2,351		1,533
2007	1,808	1,797	1,503	1,346	1,424	2,337		1,534
2008	1,792	1,793	1,484	1,340	1,433	2,344		1,532
2009	1,733	1,769	1,480	1,289	1,419	2,332		1,509
2010	1,754	1,781	1,469	1,310	1,428	2,337		1,519
2011	1,747	1,789	1,484	1,315	1,435	2,328	2,119	1,521
2012	1,765	1,790	1,501	1,301	1,429	2,325	2,098	1,511
2013	1,746	1,789	1,509	1,292	1,417	2,335	2,071	1,506
2014	1,741	1,790	1,515	1,299	1,412	2,337	2,047	1,504
2015	1,734	1,790	1,502	1,303	1,412	2,348	2,058	1,504
2016	1,724	1,786	1,515	1,298	1,420	2,348	2,033	1,506
2017	1,720	1,785	1,515	1,300		2,348	1,996	1,506
2018	1,706	1,792	1,513	1,305		2,347	1,967	

（注）1980, 85, 90年の斜体は製造業生産労働者．斜体ではない1990年以降は雇用者．
（出所）斜体はJILPT国際労働比較2007．斜体ではない1990年以降はOECD databaseのAverage annual hours actually worked per worker.

したように, 余暇時間と労働時間の和として定義される個人にとっての総可処分時間が一定であれば, 余暇の消費増大はそれだけ労働時間の減少となる.^(注2)

　個人の生活水準が先進国に追いついた1980年代から徐々に労働時間が減少している背景には, こうした余暇消費の増加傾向があったことは間違いない. ただしそれだけでは大幅な労働時間短縮は説明できない. もし所得増による余暇選好だけならば, 高度成長期以降同じようなペースで労働時間は短くなってきていなければおかしいはずである.

　そこで2つ目に大切なのが制度的な要因である. 労働時間短縮の減少をもたらした制度変革の出発点になったのが, いわゆる**前川レポート** (Maekawa Report) といわれるものである. 前川レポートとは, 1980年代の後半に日本経済の構造改革を進めるためのプランを作った, 元日本銀行総裁の前川春雄氏を座長にするプロジェクトチームの報告書である.

　1985年のプラザ合意は, 日本の国際競争力を為替レートで変更しようとしたものであった. 1980年代に入ってから急増した日本の貿易黒字を, 円高によって日本の輸出競争力を弱めることで減らそうというアイデアだ. この前川レポートはさらに, 国内のモノやサービスへの需要を増やすことなどで, 日本経済を輸出主導から内需中心の経済構造に転換するためのアクションプランを示したものである. この報告書の内容は多岐にわたるものだが, 労働時間短縮はその重要な柱の1つであった.

　この報告書の中で, 日本政府は日本の労働時間を1990年代半ばをメドに1800時間に短縮するということを内外に公約した. この約束を果たすため, 具体的には所定内労働時間 (あらかじめ決められた労働時間で, これ以上の労働

正常財 (normal goods)　所得の増加に伴って消費量も増えるような財のこと. 逆に所得増加に伴って消費量の減る財を劣等財という. 経済学の教科書等では, 歴史的にみた正常財の例として米, 劣等財の例としてヒエやアワなどの雑穀をあげている.

前川レポート (Maekawa Report)　元日本銀行総裁の前川春雄氏を座長とした, 日本の経済構造を変えるためのシナリオを示したレポート. この中で, 日本の年間労働時間を1990年代半ばに1800時間にするとした.

(注2)　正常財と劣等財の例でよく出されるのは, 米 (正常財) とヒエやアワ (劣等財) といった雑穀類である. 貧しい時代に食べられたヒエやアワは, 所得上昇によって米を多く食べるようになると消費量を減らされるので劣等財といわれる.

はいわゆる残業や休日出勤といった所定外労働時間になる）を例外なく週40時間にするという方策を進めた．またこの一環として，いわゆる週休2日制も急速に普及し，先進国型の週5日40時間労働が標準となった．

　1990年代には，少なくとも年間労働時間でみると，日本の労働時間はヨーロッパ諸国などと比べるとまだだいぶ長いものの，アメリカ，イギリスなどのアングロサクソン諸国とはほぼ同程度になった．先進国中できわだって長い労働時間の社会ではなくなったといってよい．

　2010年代になると，むしろ，アメリカやイギリスの平均年間労働時間が増加傾向にある中，日本の「平均」労働時間は短縮している．労働時間短縮の3つ目の要因は労働者の構成の変化である．1つ目，2つ目の要因は，労働者個人の労働時間の短縮であった．しかし，2000年代の日本の「平均」労働時間の短縮は，短時間労働者が増加したことによる．週間労働時間が34時間以下の労働者の割合は2013年以降，50％を超え，2016年は55％，2017年は52％である．(注3)さらに，1週間に60時間以上働く雇用者の割合も減少している．2010年ごろまでは1割ほどの者が60時間以上働き，短時間労働者と長時間労働者の二極化が起きていた．しかし，2012年以降は1割を切り，2017年は8％ほどである．(注4)

　しかしながら，年次有給休暇の取得率（取得日数÷付与日数×100（％））はあまり変わっていない．1984年には，年次有給休暇の取得率は55.6％であったが，徐々に低下し，2000年には5割を切り，2004年には46.6％とへと低下する．その後，2017年に再び5割を超え，51.1％である．後で述べる所定外労働時間の割増率や年次有給休暇の取得率といった点では，日本は他の先進国よりもまだ低い水準にとどまっている．そこで次に，こうしたことが労働時間短縮をどのように妨げているのかについて，数値例などをまじえて理論的に解説することにしよう．

3 ┃ 労働時間短縮のために

　先進国では，労働時間は所定内労働時間と所定外労働時間に分けられるのが

（注3）　総務省統計局「労働力調査」非農林業について．
（注4）　総務省統計局「労働力調査」非農林業について．

一般的である．**所定内労働時間**（scheduled working hours）というのはあらかじめ決められた労働時間であり，先進国では1日8時間や，週40時間が一般的で，先述のように日本でも週40時間と決められている．たとえば朝8時の始業から昼の休憩時間1時間をはさんで夕方5時までの1日8時間労働（8〜12時，1〜5時）といった形である．

これに対して所定外労働時間というのは，この所定内労働時間を超える労働を指す．たとえば夕方5時の終業時間を超えて6時まで残業する，あるいは土曜日も休日出勤する，といったあらかじめ決められた労働時間以外に追加的な労働をする場合である．

労働基準法（labor standards act）という法律（先進国には同じような法律が必ずある）では，この所定外労働時間については，所定内労働時間1時間当たりの賃金よりも割増しの賃金を支払わなければならないとしている．**所定外割増賃金**（overtime premium），あるいはいわゆる残業手当といわれるものだ．現在の法律では少なくとも25％増し（平日の残業で1カ月60時間以下の場合．休日出勤の場合は35％増し）の賃金を払わなければならない．

これは1つには，長時間働いてくれて御苦労様という長時間労働をする労働者に対する報奨の意味もある．しかしもう1つは企業に対して労働者を長時間働かせることのコストを高くするという意味もある．割高の賃金を払わなければならないから，従業員に残業や休日出勤はできるだけさせないようにしようという，長時間労働を抑止する効果である．

この効果を簡単な数値例で説明しよう．ある企業が時間当たり2000円の賃金で労働者を雇っている．ただし労働者を1人雇用すると，福利厚生などの固定

所定内労働時間（scheduled working hours）　あらかじめ定められた労働時間で，これを超える労働時間を所定外労働時間（残業，休日出勤）という．現在の労働基準法では，所定内労働時間は週40時間を超えてはならないものとされている．

労働基準法（labor standards act）　労働時間等労働条件の最低基準を定めた法律である．違反した場合には罰則規定のある強行法規で，その監視・監督は各地に設置されている労働基準監督署において，労働基準監督官が行っている．

所定外割増賃金（overtime premium）　所定内労働時間を超える残業，休日出勤などの労働時間に対して支払われる賃金の割増率．日本の現行の労働基準法では残業の場合最低でも25％増し，休日出勤の場合には最低でも35％増しにすることを定めている．

表6-2　時間外割増率の労働時間抑制効果

労働時間 労働費用細目	（ケースa） 8	（ケースb） 10	（ケースc） 8＋2＝10
賃金費用 （1日1人当たり）	2000円/時×8時間 ＝16000円	2000円/時×10時間 ＝20000円	2000円/時×8時間＋2000 円/時×1.25×2時間 ＝21000円
固定費用 （1日1人当たり）	4000円	4000円	4000円
総人件費 （1日1人当たり）	20000円	24000円	25000円
時間当たり労働費用 （1人時間当たり）	20000円÷8時間 ＝2500円/時	24000円÷10時間 ＝2400円/時	25000円÷10時間 ＝2500円/時

費で1日4000円かかるものとしよう．このとき企業の時間当たりのコストはど
うなるだろうか．

　表6-2はこれをみるための数値表である．表頭には労働時間，表側には労働
費用細目が示されている．まず1日1人8時間働いてもらうケース（ケースa）
では，1人当たり賃金費用は2000円/時×8時間＝16000円である．これに固定
費の4000円を足すと1人1日当たりの総人件費は20000円になる．これを1人
時間当たりに直すと，20000円÷8時間＝2500円/時，ということになる．

　次に労働時間を10時間に増やしたケース（ケースb）をみてみよう．1人当
たり賃金費用は2000円/時×10時間＝20000円で，これに固定費の4000円を足
すと1人1日当たりの総人件費は24000円となる．これを1人時間当たりに直す
と，24000円÷10時間＝2400円/時，となって，1日8時間働いてもらっていた
ときよりも1人時間当たりコストは低くなってしまう．つまりこのケースでは，
企業にとっては長時間働いてもらったほうが時間当たりコストでは得だという
ことになってしまうのである．

　そこで割増率が必要になる．10時間の労働時間を所定内労働時間の8時間と
所定外労働時間の2時間に分け，所定外労働には25％の割増賃金を支払うこと
にする．表6-2の8時間＋2時間のケース（ケースc）である．

　この場合には，1人当たり賃金費用は2000円/時×8時間＋2000円/時×1.25
×2時間＝16000円＋5000円＝21000円となる．これに1日当たりの固定費の
4000円を足すと1人1日当たりの総人件費は25000円となる．これを1人時間当

たりに直すと，25000円÷10時間=2500円/時になる．この数値例では，1人時間当たりコストはこれでやっと8時間労働の場合と同じになるので，少なくとも割増率は25％を超える水準でないと企業としては長時間労働がコスト高にはならない．

実は欧米ではこの割増率は50％が一般的であり，日本の2010年4月以前の何時間残業しても25％増しというのはかなり低かった．もちろんこれは法定の下限であって，これよりも高い割増率を労使で決めることは自由であるが，日本の実態をみるとこの法定割増率以上の率を定めている企業はまだまだ少ない．とくに固定費部分は労働時間が長いほど時間当たりで小さくなるから，固定費の高い常用労働者についていうと，日本の法定割増率が企業に長時間労働を思いとどまらせるだけの効果を持っているとはいいにくかった．

労働基準法の改正で平成22年（2010年）4月からは，1カ月に60時間を超える時間外労働については，割増賃金率がこれまでの25％から50％以上に引き上げられた．この引き上げ分は労使協定を結んだ場合，割増賃金の支払いに代えて，有給休暇を付与することができる．また，年次有給休暇は，労使協定を結んだ場合，1年に5日分を限度として時間単位で取得できるようになった．なお，この有給休暇による割増賃金の代替で，労働時間規制の適用除外を認める制度が創設された場合に，雇い主から働き方がこれまでと変わらないのに，割増賃金を支払いたくないので労働時間の規制を受けない働き方とされないか，といった労働者の懸念が減少した．

労働時間の規制は戦前の工場法をもとにしている．工場法では，年少者や女子の肉体の摩耗を防止することを目的としていた．戦後，1947年に労働基準法が制定された．企業が固定費を節約するだけでなく，労働者が残業代を稼ぎたい場合には，労働者も進んで長時間働く傾向もあった．近年では，健康被害を労働時間で防止するという考え方だけでなく（むしろ，時間規制による健康被害防止効果は限定的だとする考えもある），高齢者や育児・介護などと仕事を両立するために，ライフスタイルにあった労働時間を望む声や，**ワーク・ライフ・バランス**（work-life balance）を図ることで生産性を向上させようとする考え方などもある．ワーク・ライフ・バランスとは，やりがいを感じながら働き，同時に，家族や友人と過ごす時間や自己啓発，地域活動へ参加する時間を

持てることだ.

　日本の労働基準法では，労働時間に対して強い規制を設ける（違反に対して罰則や割増賃金に対して支払い義務と割増率が定められている，三六協定と行政官への届出の義務付け）一方で，労働時間の絶対的上限は2018年まではなかった（平成30年（2018年）7月の働き方改革を推進するための関係法律の整備に関する法律で時間外労働時間の上限が定められ，2019年4月より施行された）.

　他の国ではどのように労働時間が規制されているのだろうか. イギリス, ドイツ, フランスなど欧州では，労働時間は週単位で上限が定められていることが多い. 日本では1日と週の両方の定めがある. また，連続して11時間，週当たりでは24時間以上の休息を権利として認める国が多い. これに対し, アメリカでは，時間外労働の事由制限（特別な理由がある場合のみに時間外労働を認めるという制限）や上限規制はない. 罰則や労使協定および届け出などの義務もない. ただし，割増率は50％である. ホワイトカラー労働者に対して，労働時間規制を緩和する自律的労働時間制度があるが，そもそも規制自体が少ない.

　1節でみたように，企業への貢献度を労働時間では測れないという仕事もでてきた. そこで，平成30年（2018年）7月の働き方改革を推進するための関係法律の整備に関する法律で高度プロフェッショナル制度が創設された. ここでは，高度の専門的知識を必要とする等の業務に従事する場合に，職務の範囲が明確で一定の年収以上の労働者は，健康確保措置や，本人の同意があれば，労働時間，休日，深夜の割増賃金等の規定を適用除外とする.[注5] これまでにも，日本では，一律に労働時間を規制することが妥当ではない仕事に対応するような制度を作ってきたが，これらの利用は限定されていた. 厚生労働省の就労条件総合調査によると，2017年に事業場外みなし労働時間制,[注6] 専門業務型裁

ワーク・ライフ・バランス（work-life balance）　仕事と生活の調和. これが実現した社会とは，「国民1人ひとりがやりがいや充実感を感じながら働き，仕事上の責任を果たすとともに，家庭や地域生活などにおいても，子育て期, 中高年期といった人生の各段階に応じて多様な生き方が選択・実現できる社会」である.

（注5）　他に委員会の決議などを要件とする. 詳しくは厚生労働省HP.
https://www.mhlw.go.jp/stf/seisakunitsuite/bunya/0000148322.html

量労働制[注7]を採用している企業は14.32％，1.8％と少ない．年単位または月単位で変形労働時間制やフレックスタイム制[注8]を採用している企業も35.3％，22.3％，5.64％と多くはない．

4 労働時間と労働者数

　正確には，製品やサービスの生産に必要な労働量は，労働者数×労働者1人当たり労働時間，で定義される労働投入量である．もし不況などで生産が減退し，生産のために必要な労働投入量も減少させなければならないとき，企業には2つの選択肢がある．1つは労働者数を減らすこと，そしてもう1つは1人当たり労働時間を減らすことである．具体的には前者は労働者の解雇，あるいは採用抑制という形をとり，後者であれば残業の抑制，あるいは所定内労働時間以下への労働時間カットということになる．

　これを数値例を使って説明しよう．いま自動車を生産している企業があって，1日1000台の自動車を作るのに100人の労働者が1人当たり10時間ずつ働いてその作業を行っているとしよう．つまり自動車を1日に1000台生産するために必要な労働投入量は，100人×10時間＝1000人・時ということになる．

　この企業が不況に直面し，自動車販売が減少したので，自動車の生産も1日800台に減らさざるをえなくなった．生産のために必要な労働投入量は800人・時となる．もし，1人当たりの労働時間が10時間のままであれば，必要な労働者数は80人になり，20人を解雇しなければならなくなる．

　しかしここで，1人当たりの労働時間を10時間から8時間に短縮することによって，100人の労働者が働いても1日の労働投入量は800人・時に減らすことができる．この場合には100人という労働者数を減らす必要はないから，企業

（注6）　外勤の営業社員など，事業場外で業務に従事し，かつ，使用者の具体的な指揮・監督が及ばず，労働時間を算定することが困難な業務を遂行する場合に，所定労働時間，又は労使協定等により，その業務の遂行に通常必要とされる時間を労働したものとみなす制度．

（注7）　研究開発など，その業務の性質上その遂行の方法や時間配分の決定等に関し具体的な指示をすることが困難として定められている業務に就かせた場合に，あらかじめ定めた時間労働したものとみなすことを労使協定により定める制度．

（注8）　年単位または月単位の変形労働時間制やフレックスタイム制とは，一定の期間内で週40時間，1日8時間の労働時間の原則に対して例外を認める制度．

から解雇される労働者もいないということになる。

　所定内労働時間が8時間だとすれば，毎日2時間の残業をすることを常としておくことで，不況のときには残業時間をなくすことで雇用を守れることになる。企業にとっても，残業割増率のついた残業時間を減らすことは（上の3節で示したような時間当たりの労働費用が所定内労働時間の場合と少なくとも同じになるだけの割増率であるとすれば）残業時間を減らすことは，時間当たりの労働費用を増やすことにはならないので問題ない。そこでとくに忙しい時期でなくても一定時間の残業をしておくことは，不況時に労働時間を減らす「糊しろ」を持っておくことで労働者の雇用安定のためにも望ましいことになる。

　では，不況がさらに深刻になって，さらなる生産減となったらどうだろう。たとえば上で考えた数値例で，自動車の生産をさらに1日400台まで減産しなければならなくなったとしたらどうだろう。必要となる労働投入量も400人・時となり，100人の労働者数を維持しようとすれば，1人当たりの労働時間を4時間に短縮しなければならない。

　このように所定内労働時間から労働時間を減らして雇用を守るやりかたを，**ワークシェアリング**（work sharing）という。このケースでは4時間の短時間労働でワークシェアリングをするということである。問題はその場合，企業にとって時間当たり労働費用の増加となることだ。

　いま時間当たりの賃金が2000円で，1日当たりの労働の固定費が4000円というケースで考えてみよう。まず所定内労働時間の場合の時間当たり労働費用は，（2000円×8＋4000円）÷8で，2500円となる。しかしこれが4時間に短縮されると，（2000円×4＋4000円）÷4で，3000円となる。同じ賃金で所定内労働時間よりも長く働かせると企業にとって時間当たり労働費用が安くなったのとは逆に，所定内労働時間よりも短く働かせると企業にとって時間当たり労働費用は高くなるのである。

　この場合には，企業にとっての時間当たり労働費用が所定内労働時間の場合と同じになるためには，労働の固定費か時間当たり賃金を下げなければならな

ワークシェアリング（work sharing）　所定内労働時間から労働時間を減らして雇用を守るやりかたのこと。

い．通勤費や訓練費等の固定費は1日当たりの労働時間が何時間であろうとも基本的には同額必要なものであるから，時間当たりの賃金を下げなければならない．具体的には，$(w \times 4 + 4000 円) \div 4 = 2500 円$となるような$w$を求めることになり，計算すると$w$は1500円となる．

つまり労働者がワークシェアリングで雇用を守りたいと考えるならば，時間当たりの賃金を2000円から1500円に引き下げることを認めないと，企業としては受け入れ難いことを意味する．しかしこれは労働者にとって時間当たりでいえば500円の賃下げであり，1日当たりの収入でいえば，所定内労働時間分働いたときの$2000 円 \times 8 = 16000 円$から，$1500 円 \times 4 = 6000 円$という大幅減収となる．

同様に，今度は短時間労働者を多く雇うときを考えよう．たとえば上で考えた数値例で，自動車を1日に1000台生産するために必要な労働投入量は，$100 人 \times 10 時間 = 1000 人・時$であった．これを，極端ではあるが，1人当たり4時間の短時間労働ですべてまかなうには，企業は$250 人 \times 4 時間 = 1000 人・時$となるので250人を雇わなければならない．所定内労働時間働く労働者と同様に通勤費や訓練費を短時間労働者にかけるならば，所定内労働時間の場合の時間当たり労働費用は，$(2000 円 \times 8 + 4000 円) \div 8$で，2500円であったから，$(w \times 4 + 4000 円) \div 4 = 2500 円$となるような$w$は1500円となる．企業にとっては，職業訓練費をかけないなど労働者の待遇を変えて固定費用を下げるか（非正規雇用への人的資本投資の減少については第11章5節を参照），賃金を下げなければならない．さらに，すでに労働時間は4時間と短時間なので，不況になった際には，先述とは反対に，労働時間を減らす「糊しろ」はなく，労働者数で調整せざるをえない．つまり，労働者の雇用の安定性は低くなる．

労働者からみると，第2章の図2-9で学んだように，またこの後の第10章の4節でみるように最低限要求される労働時間が長いと，働かない場合の効用水準が働く場合の効用水準を上回ることがある．子育て中や介護中の人はこれに当てはまる場合が多い．反対に，働くには通勤用の洋服や化粧品を買うなど一定の負担がある場合，あまりにも短時間の仕事では，働かない場合の効用水準が働いた場合の効用水準を上回ることがある．

不況で雇用不安になるとワークシェアリングをしてはどうかということがよ

くいわれるが，総論としてはそのとおりであっても，各論になると労使双方とも大きな犠牲を払わなければならないので，なかなか合意形成が難しい．逆に長時間労働をなんとかしなくてはならないということもよくいわれるが，雇用の安定性とこれまでと変わらぬ待遇・賃金は同時には成り立たない．ワーク・ライフ・バランスが重要であるという国民的な合意を形成するためには，労使双方がその費用を負担しなければならないのである．

Column

労働時間と豊かさ

　労働時間と豊かさにはどんな関係があるだろうか．興味深い研究結果がある．ビック（A. Bick）らの研究によると，貧しい国，中所得国，豊かな国を比較すると，豊かな国ほどどの年齢階層も労働時間が短いという．[注9]これは，産業構造や学歴構成，年齢構成をアメリカのそれに合わせても成り立つそうだ．

　ビックらはまず，国別の（働いている人も働いていない人も含めた）大人1人当たりの労働時間を比較した．

　全体として，豊かな国のほうが大人1人当たりの労働時間は少ないことが確認できた．労働時間を減少させる原因は，その国の所得によって異なる．貧しい国から中所得国にかけては，労働力率が低下することで1人当たり労働時間が減少する．ちょうど，日本でも豊かになっていく過程で，サラリーマンの妻が専業主婦になっていったのと似通っているだろうか．さらに，中所得国から豊かな国では，働いている人の労働時間が短くなることで1人当たり労働時間が減少する．

　次に彼らは，個人別のデータを使って，賃金と働いている人の労働時間をみた．すると，賃金が低い人ほど長く働いている，つまり，国家間比較と同じ現象が観察された．彼らの分析対象となっている国に日本は含まれていないので，等しい手法ではないが，2019年の賃金構造基本統計調査で所得と労働時間の関係をみると，表6-3のとおり，所得が低いほど労働時間は長い．

　では貧しい国の人が長く働くのは，個人の所得が低いからなのか，貧し

表6-3　所得と労働時間

男性：35-39歳

| 企業規模 | 1000人以上 | | | | | 100～999人 | | | | | 10～99人 | | | | |
学歴	所定内実労働時間数	超過実労働時間数	合計労働時間	きまって支給する現金給与額	所定内給与額	所定内実労働時間数	超過実労働時間数	合計労働時間	きまって支給する現金給与額	所定内給与額	所定内実労働時間数	超過実労働時間数	合計労働時間	きまって支給する現金給与額	所定内給与額
中学卒	160	28	188	338.3	276.8	166	23	189	328.6	284.2	174	21	195	318.9	280.7
高校卒	157	25	182	370.8	305.4	164	22	186	321.4	273.3	173	18	191	311.2	277.4
高専・短大卒	156	22	178	362.6	309.5	162	15	177	329.9	294.7	169	14	183	321.0	291.5
大学・大学院卒	154	19	173	469.4	413.6	160	15	175	388.6	350.9	167	12	179	353.3	327.5

(注) 1カ月当たりの値で，労働時間の単位は時間，給与は1000円.
(出所) 厚生労働省（2019)「賃金構造基本統計調査」より作成.

い国に住んでいるからなのか，どちらだろうか．彼らの推計によると，長く働くのは，貧しい国に住んでいるからというよりも，個人の賃金が低いからだという．

さらに，個人の賃金に対する労働時間の弾力性（賃金が高くなったときにどのくらい労働時間をのばすか）を国際比較すると，貧しい国ではマイナス（つまり，賃金が上昇すると労働時間を減らす）で，中所得国の中で所得の高いほうの国では弾力性はゼロになりはじめ，豊かな国のいくつかにいたっては弾力性がポジティブ（つまり，賃金が上昇すると労働時間を増やす）になるという．つまり，豊かになると賃金上昇で労働時間は減り，さらに賃金が高くなると労働時間は増加する．この論文では，貧しい国と豊かな国の生産性および厚生の差は，人々が考えている以上に差があると指摘する．

(注9)　Bick, Alexander, Nicola Fuchs-Schündeln, and David Lagakos (2018) "How Do Hours Worked Vary with Income? Cross-Country Evidence and Implications," *American Economic Review*, Vol. 108, No. 1, pp. 170-199.

練習問題

①　日本の労働時間が短縮してきた要因を述べなさい.

② 所定外労働時間に支払われる割増率がどのように労働時間短縮に役立つかを数値例をあげて説明しなさい.

③ 長時間労働がなくならないことと, 雇用の安定性について説明しなさい.

④ 生産量を変えずに, 労働者1人当たりの労働時間を短くして, 労働者の人数を増やすと, 賃金または職業訓練などの待遇を変えなければならないことを, 数値例を用いて説明しなさい.

第**7**章

労働市場における
情報の役割

学習の手引き

　この章では，労働市場における情報の役割について考えます．労働市場は情報が不完全な市場の典型です．情報の不完全性は労働市場にどんな影響を及ぼすかを学びましょう．

　情報の不完全性は，個人，企業にとって必要な情報を探すのにコストがかかることを意味します．そのコストのために，企業の採用活動，個人の就職活動に特徴的な行動がみられます．それはどんな行動で，情報の不完全性とどのように関連しているのでしょうか．また情報の不完全性は賃金・雇用制度のありかたも特徴づけます．不完全な情報の下で，情報探索コストを節約するために，企業はどのような制度を作ったのかを，賃金や昇進制度といった面から説明しますので理解してください．

　また労働市場における情報は不完全なだけでなく歪みも持っています．そうした歪みはどんな問題を引き起こし，また企業はそれに対してどのような防衛手段を講じるでしょうか．これを考えてみましょう．

⌐ KEY WORD

■情報不完全市場
 (imperfect information market)

■情報探索コスト (search cost)

■機会費用 (opportunity cost)

■大企業志向
 (preference for large firms)

■既存情報の活用
 (utilization of existing information)

■銘柄大学志向
 (preference for prestigious universities)

■内部労働市場 (internal labor market)

■雇い入れ口 (port of entry)

■モニタリング (監視)・コスト
 (monitoring cost)

■供託金 (deposit)

■公共職業安定所
 (public employment service office)

1　情報不完全市場の典型である労働市場

　第1章で労働経済学における「経済学」とは，市場均衡と主体均衡という2つの均衡概念から成り立っていると説明した．この市場均衡成立には条件がある．すなわち完全競争と完全情報，つまり市場において売り手と買い手は自由に競争し，また価格や売買される商品・サービスの質などについての情報が競争参加者の間にいきわたっているという条件である．

　しかし実際にはこれらの条件は必ずしも満たされるとは限らない．とくに労働市場はこの2つの条件が両方とも満たされない市場の典型であるといえる．まず労働サービスの売り手である労働者と買い手である企業の間では，対等で自由な競争は難しい．また労働者は企業の実態等について必ずしも十分な情報を持たず，逆に企業も労働者の仕事能力等については完璧に知りえない．このように完全競争，完全情報の条件が満たされないままでは，理論どおりの市場均衡は成立しえない．

　労働市場をきちんと機能させるためには，こうした市場の不完全性を是正しなければならない．このうち労働者と企業の間の交渉上のポジションの格差を是正し，労使間での競争条件を均等化するということは，まさに労使関係の基本命題である．[注1] この点については後で労使関係について説明する第15章において詳しく述べることにして，ここでは情報の不完全性にしぼって考えてみることにしよう．労働市場は**情報不完全市場**（imperfect information market）の典型であるといえるが，労働市場において労使双方にとって情報は不完全であるというときに，労働者の側からみた情報とは，どこにどのような仕事があって，その労働条件はどのようなものかということである．また企業の側からみた情報とは，どこにどのような労働者がいて，その労働者の技能水準や知識

情報不完全市場（imperfect information market）　労働市場は情報が不完全な市場の典型である．労働者にとっての情報とはどこに仕事があって，その条件はどんなものかであり，企業にとっての情報とはどこに労働者がいて，その労働者の技能水準や知識はどんなものかである．とくに質に関する情報はよく調べないとわからない．

（注1）　この点を最も厳密に示したのは辻村江太郎（1977）『経済政策論（経済学全集17，第2版）』筑摩書房である．

はどれほどのものかである．こうした基本的な情報でさえ，座っているだけでたちどころにわかるというものではない．

　とくに，労働者や職場の質にかんする情報を得るのは容易ではない．たとえば労働者にとって，賃金や労働時間といった労働条件にかんする情報は比較的手に入れやすい．しかし職場での技能形成のチャンスであるとか，組織の風通しのよさだとか，あるいは自分の価値観や感性に合った「社風」かどうか，といったことは容易にはわからない．

　また企業にとっても，労働者の学歴や年齢，経験年数といった表面的な特性については比較的手に入れやすいが，より詳しい仕事能力などについてはよく調べなければわからない．また信頼性といった性格特性はさらにわかりにくいものである．

　こうした情報の不完全性はどのようにして克服すればいいのか．これは労働者と企業の双方にとって非常に重要なことである．以下この点について見てみることにしよう．

2 情報探索コスト

　市場において情報が不完全であるということは，情報を収集するための**情報探索コスト**（search cost）がかかるということである．もし情報が完全であれば，労働者も企業もただで必要な情報を瞬時に入手できる．しかし実際には情報は不完全なので，労使ともコストをかけて必要な情報を獲得しなければならない．

　情報探索コストは大きく分けると2つある．直接費用と機会費用である．

　このうち直接費用というのは，労働者や企業が求職や求人のために直接支出する費用である．労働者が職探しのために使う交通費や求人誌の購入費などがこれにあたる．また企業についていえば，求人広告の掲載料や仕事能力・適性を知るための検査費用，あるいは求人活動を行う人事部員の人件費やヘッドハ

情報探索コスト（search cost）　もし情報が完全であれば，労働者も企業もただで必要な情報を瞬時に入手できる．しかし実際には情報は不完全なので労使とも情報探索にコストをかけて必要な情報を獲得しなければならない．

ンティング会社に支払う顧問料などである.

　もう1つの**機会費用**（opportunity cost）というのは，求職，求人活動のために犠牲にした時間コストのことである. たとえば労働者が仕事を休んで職探しをすれば，有給休暇を使うのでなければその間の給与を失う. また学生であれば就職活動の間は授業に出られず，その分だけ貴重な知識や能力形成の機会を失うことになる.

　また企業としても，採用活動に経営者や社員が駆り出されることになると，その間は本来の仕事ができない. それらの人々が採用活動のために使った時間を本来業務のために使ったら得られたであろう生産量が機会費用となる.

　こうした情報探索コストはけっして安くはない. もし労働者がより良い雇用機会を求めて現在の仕事を辞め，フルタイムで職探しをするというようなことになれば，そのコストは莫大なものとなる. しかしそれだけのコストをかけるのは，それに見合った収益が得られるからだと考えなければならない. つまり労働者や企業の情報探索は，情報探索コストという費用をかけて，より良い職場やより良い労働者という収益を獲得する投資活動だと考えられる. 実際，経済学者の中には失業というものを，フルタイムの職探しコストをかけた投資である，ととらえる人もいるほどなのである. 情報探索が投資であるなら，できるだけ高い収益率を求めるのは当然である. この場合，もし希望の職場，必要とする労働者の獲得という形で目標とする収益が決まっているなら，できるだけ安い費用でそれを実現できるほど収益率は高くなる.

3　既存情報の活用

　そこで，労働者も企業もできるだけ情報探索コストを軽減しようとする. そのうち最も効果的なやり方の1つは，過去においてすでに収集済みの情報を使うということである. すなわち，新たなコストをかけずに既存情報を使って情報の不確実性に対処するという行動である. たとえば，学生の就職活動におけ

機会費用（opportunity cost）　言葉の定義は第11章243ページ脚注を参照のこと. この場合の機会費用は，個人にとって求職活動のため費やした時間に働けば得られたであろう収入，企業にとって求人活動のために経営者や社員の費やした時間に仕事をすれば稼げたであろう収入ということになる.

る**大企業志向**（preference for large firms）も，**既存情報の活用**（utilization of existing information）という意味では合理的であるといえる．大学の教師や就職部などが，中小企業にも良い会社は多いのだから大企業にばかりこだわらないように，と指導しても学生たちの大企業志向はなくならない．なぜなら，学生たちはコストをかけて自分たちにとって良い就職先を探索しなければならないが，そのとき大企業を中心に情報探索をすれば情報探索コストを節約できると考えるからである．

このことを図7-1を使って考えてみよう．図7-1の横軸は良い会社の程度を表す指標であり，右にいくほど良い会社であることを示すものとする．また縦軸はその相対頻度（％）である．ここで，これまでの観察や経験などから，良い企業であること（企業の質）の分布は，大企業と中小企業では図7-1に描かれてあるように異なることがわかっているとしよう．分布の形は，いずれも平均値q^l, q^sで，図のような正規分布をしているものとしよう．

この分布をみればわかるように，大企業にも素晴らしく良い会社（たとえばq_g^lに対応する会社）もあれば，良くない会社（たとえばq_b^lに対応する会社）もある．同様に中小企業にも素晴らしい会社（たとえばq_g^sに対応する会社）もあればとんでもない会社（たとえばq_b^sに対応する会社）もある．

しかしポイントは，2つの分布に差があるということである．たしかに大企業の分布の左端付近には中小企業の平均よりも良くない会社が存在する．また中小企業の右端付近には大企業の平均よりも良い会社がある．しかし大企業と中小企業の平均値を比べると明らかに大企業のほうが高い．中小企業の平均値よりも良くない大企業や，大企業の平均値よりも良い中小企業の相対頻度はどちらも低い．

いま，学生は図のp以上の質の企業を就職先として探しているとしよう．大企業をまわれば，図7-1で右上がりの斜線▨部分の確率（斜線部分の面積／大

大企業志向（preference for large firms）　学生はより少ないコスト，すなわちより少ない企業訪問で就職してもよいと考える質の企業を見つけるために大企業中心の就職活動をする．これは平均的にみて大企業の労働条件が良いことがわかっている時代には合理的な行動である．
既存情報の活用（utilization of existing information）　労働者や企業が情報探索コストを軽減するために最も効果的なやり方の1つは，過去すでに収集済みの情報を使うことである．これによって新たなコストをかけずに既存情報を使って情報の不確実性に対処することが可能となる．

図7-1　学生からみた良い企業の分布

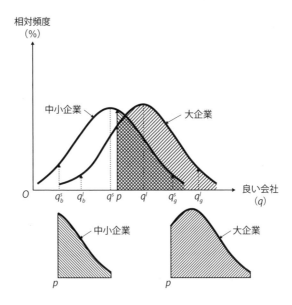

企業の分布全体の面積）で希望の企業に行き当たることになる．他方，中小企業をまわると，図7-1で右下がりの斜線📉部分の確率でしか希望の企業に行き当たることはない．学生にとってより少ないコスト，すなわちより少ない企業訪問で就職してもよいと考える質の企業を見つけるためには，大企業中心の就職活動になることは，その意味でやむをえない面を持っている．つまり学生は就職活動において，「良い企業は中小企業よりも大企業に相対的に多い」という既存情報を利用することで，情報探索コストを軽減できるのである．

　企業もまた，こうした既存情報を使って情報探索コストを引き下げようとする．企業が学生の採用活動をするときの**銘柄大学志向**（preference for prestigious universities），たとえばかつて存在した悪名高き指定校制などはその例である．もちろん企業の人事担当者は，有名大学の学生にもピンからキリまでいることを知っているし，非有名大学の学生にも光るものを持っている人がいる

銘柄大学志向（preference for prestigious universities）　企業はより少ないコスト，すなわちより少ない採用活動で採用してもよいと考える質の学生を見つけるために銘柄大学中心の採用活動をする．これは平均的にみて銘柄大学の卒業生の能力が高いことがわかっている時代には合理的な行動である．

図7-2 企業からみた良い学生の分布

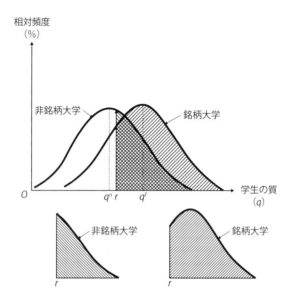

ことは知っている.

　だがこれまで学生を雇った経験などから，良い学生であることの分布は，銘柄大学の学生と非銘柄大学の学生とでは異なることがわかっており，それは図7-2のように描けるものとしよう．ただしここで横軸は学生の質，縦軸は相対頻度を示し，分布の形は，いずれも平均値がそれぞれq^f, q^nで図のような正規分布をしているものとする.

　ここでも，銘柄大学学生の分布の左端付近には非銘柄大学学生の平均よりも良くない学生はいるし，逆に非銘柄大学学生の分布の右端付近には銘柄大学学生の平均よりも良い学生がいる．しかし銘柄大学学生と非銘柄大学学生の質の平均値を比べると銘柄大学学生のほうが高い．非銘柄大学学生の平均値よりも良くない銘柄大学学生や，銘柄大学学生の平均値よりも良い非銘柄大学学生の相対頻度はどちらも低い.

　企業はいま，図のr以上の質の学生なら採用しようと考えているとしよう．銘柄大学の学生だけを募集対象とすれば，図7-2で右上がりの斜線▨部分の確率（斜線部分の面積／銘柄大学学生の分布全体の面積）で採用水準を満たした

図7-3　政府からみた助けるべき労働者の分布

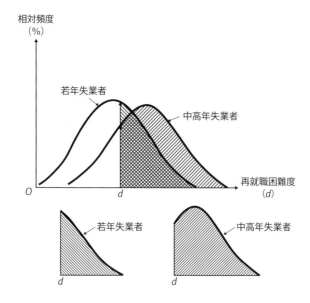

学生に会えることになる．他方，非銘柄大学の学生を対象にすると図7-2で右下がりの斜線░部分の確率でしか採用基準を満たした学生には会えない．企業にとってより少ないコスト，すなわちより少ない採用活動で採用してもよいと考える質の学生を見つけるためには，銘柄大学中心の採用活動になることもやむをえない面はあるのである．

　このような労働市場における情報探索コストを削減しようという行動は，労働者や企業ばかりではなく，政府の雇用政策などにもみられる．典型的には，中高年の失業者に絞った再就職支援プログラムなど，対象グループを特定化した雇用政策である．中高年失業者は再就職困難であるからこれをとくに助けようという政策だ．

　しかし実際には，中高年失業者よりも再就職困難な若年失業者はいるし，中高年失業者でもらくらくと次の就職先を決めてくる者もいる．しかしここでもまた分布があるのである．図7-3で横軸は再就職の困難度を示し，縦軸はその相対頻度を示すものとすると，中高年失業者と若年失業者の分布は図7-3のように異なることを政府はすでに知っているのである．

　個人の再就職困難度をいちいち調べるのはたいへんなコストがかかる．もし政府は再就職困難度d以上の失業者を対象に再就職援助をすると決めているなら，中高年失業者の中から適用対象者を探すことで，対象者に行き当たる確率を高められるであろう．

　このように，労働者や企業，そして政府も，労働市場における情報探索コストを軽減するために既存情報を活用しようとする行動を示すのである．ただし，これはそうした既存情報が正しく実態を反映している場合に限られる．企業の規模や大学の銘柄は，経済の構造変化の中で必ずしも企業や学生の質を反映するものではなくなってきているということにも留意すべきであろう．

4 内部労働市場

　企業にとって利用しうる既存情報の最たるものは，すでに雇っている従業員に関する情報である．企業には，長年にわたって従業員の働きぶりを観察した結果である，仕事能力の評価や信頼性などの情報が多く蓄積されている．すでに雇っている従業員にかんする既存情報を活用しようという企業の行動が表れたものに，**内部労働市場**（internal labor market）と呼ばれるものがある．[注2]

　内部労働市場というのは，いわゆる内部昇進の仕組みを基本とする企業組織のことである．図7-4のような組織ピラミッドを考えてみよう．トップ経営者・役員とひら社員の間に中間管理職の部長や課長，そして係長などがいる．入り口はひら社員のところで，そこから係長，課長，部長，経営者と上っていく形だ．伝統的な日本企業などでごく一般的にみられる組織のあり方である．

　いま部長の1人が定年退職したとしよう．企業としてはその後任を探さねばならない．理想的には日本中（あるいは世界中）からその部長のポジション（たとえば営業部長）にふさわしい人材を探してきて，最も適任であると思われる

内部労働市場（internal labor market）　内部昇進の仕組みを基本とする企業組織のことで，入り口はひら社員のところに限られ，その中から係長，課長，部長，経営者とより上位の職位に昇進する者を選んでいく．これによって上位職位に就く者を選ぶための情報探索コストを節約できる．

（注2）　この概念は，Doeringer, P. B. and M. Piore（1971）*Internal Labor Markets and Manpower Analysis*, Lexington, Mass., D.C. Health and Co. による．

図7-4　内部労働市場の構造

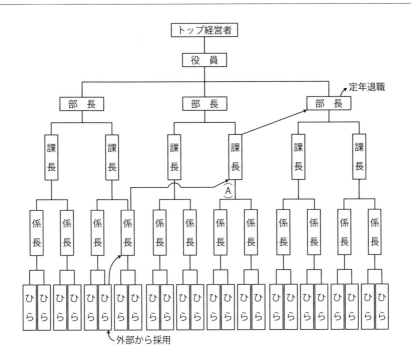

人をその後任に据えるのがよい.

　しかし日本中から部長適任者を探してくるのはたいへんな探索コストがかかる.しかも会社の部長といった高い責任を伴うポジションにつけるには,仕事能力だけでなく,信頼性といった,得ることがより難しい情報も必要である.この情報を得るにはきわめてコストがかかる.

　そこで次善の策として,企業内で部長職のすぐ下のランクにいる課長の中から,空席になった部長の後任を探すことにする.この課長たちは入社以来20年前後たっており,信頼性も含めて各自についての情報はすでに十分に蓄積されているからである.

　もちろん,この課長たちの仕事能力に関する情報は,上司による査定などによって収集されているのであり,それにはコスト(上司はそのために本来の仕事時間の一部を犠牲にするといった機会費用)がかかっている.しかし部下の

情報収集は部長の後任を探すためだけに必要なのではなく，日々の人事管理の
ために必要であり，いずれにしてもしなければならないことである．つまり，
日本中から部長の適任者を探すのではなく，その企業の課長の中から適任者を
探すことにすれば，少なくとも部長の空席を埋めるための新たな情報探索コス
トは要らないのである．

　さてこのようにして課長の中から適任者を探した結果，図7-4ではAという
課長が，空席になっていた部長職を埋めたとしよう．そこで次に問題になるの
はAの後任をどのように探すかだ．再び理想的には日本中（あるいは世界中）
からその課長のポジションにふさわしい人材を探してきて，最も適任であると
思われる人をその後任に据えるのがよい．しかし日本中から課長適任者を探し
てくるのはたいへんな探索コストがかかる．そこで次善の策として，企業内で
課長職のすぐ下のランクにいる係長の中から，空席になった課長の後任を探す
ことにするのである．この係長たちも，入社から10年前後たっていて，その仕
事能力や信頼性等についての情報は十分に蓄積されているから，新たな情報探
索コストは要らないのである．

　このようにして係長の後任も，その下のランクにいるひら社員の中から探
す．ひら社員についても，少なくとも数年間の観察で情報はかなり蓄積されて
いるはずであるから，外から係長の適任者を探してくるよりもずっと安い情報
探索コストで係長の空席を埋められることになる．

　そしていよいよ最後に，この係長のポジションを埋めたひら社員の後任を外
から雇い入れることになるのである．これを内部労働市場の**雇い入れ口**（port
of entry）という．この雇い入れ口では，企業外から人を雇うわけであるから，
企業内に蓄積された既存情報を使って適任者を選ぶことはできない．そこで新
規採用にかんしては，情報探索コストを集中的に使うのである．逆にいえば，
ここで集中的に情報探索コストを使っておけば，あとは日々の働きぶりを観察
しておくことで，係長以上のポジションの採用にかんするコストを軽減できる
わけだ．

雇い入れ口（port of entry）　内部労働市場の最も下の地位で従業員を雇い入れる入り口．ここでは企業外から人を雇うわけであるから，企業内に蓄積された既存情報をただで使うことはできないので，この新規採用のときに情報探索コストを集中的に使うのである．

こうした，入り口をひら社員のところに限定し，後は内部から上位職位の人材を探して任用する仕組みを内部労働市場というのである．もちろんこのやり方は，日本中から適任者を探し出す場合に比べて，ずっと狭い範囲からしか選択できないので，ほかにもっと適任の人がいるのに見逃してしまうという問題はある．しかしその代わり情報探索コストはうんと節約できる．

企業はこれまで，もっと優秀な適任者を見逃してしまうデメリットと，情報探索コストを節約できるメリットを天秤にかけて，内部労働市場がよいという判断でやってきたのであろう．しかし今後企業が厳しい市場競争を迫られるようになると，事情は変わってくるかもしれない．多少情報探索コストはかかっても，企業の外にいる人材も含めて適任者を探すほうがよいというケースも出てくるだろう．

5 モニタリング・コストの軽減

こうした情報コストは，外部の労働市場だけでなく企業内においてももちろん存在する．たとえば，きちんと監督しておかないと従業員は手を抜いて本来の仕事能力を十分に発揮しない可能性がある．そうなると企業は，採用のときに調査した従業員の能力どおりの仕事をしているかどうかを監督しなければならない．それには**モニタリング（監視）・コスト**（monitoring cost）がかかる．

実は企業が年功的な給与体系をとるのは，このモニタリング・コストを軽減するためだとも考えられる．図7-5はこうした年功賃金の持つ性格を説明する先に第5章でも紹介したラジアー（E. P. Lazear）の理論を図式化したものである．[注3] 縦軸にはその賃金と限界生産力（個人の企業への貢献度），横軸には年齢をとっており，実線*AB*はある労働者の年功給与カーブを，点線*CD*はその限界生産力カーブを示すものとする．労働者は原点*O*（たとえば大卒なら22歳）

モニタリング（監視）・コスト（monitoring cost）　企業は，採用時に調査した従業員の能力どおりの仕事をしているかどうかを監督しなければならない．企業が賃金を年功的にする1つの理由は，このモニタリング・コストを軽減するためである．

（注3）　詳しくは以下の論文を参照されたい．Lazear, E. P. (1979) "Why Is There Mandatory Retirement?" *Journal of Political Economy*, Vol. 87, No. 6.

図7-5 年功給与制度の性格

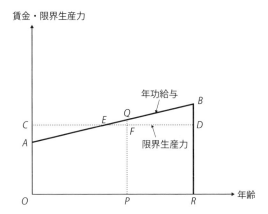

で入社し，R（たとえば60歳）で定年になるものとしよう．

図7-5からわかるように，年功給与体系というのは，若いときに企業への貢献よりも安い給料（賃金のAEの部分）をもらい，その代わり中高年になったら貢献よりも高い給料（年功賃金のEBの部分）をもらうという仕組みである．ラジアーは△ACEで企業に供託金を預け，それを△EBDで引き出す仕組みであると説明している．この供託金がモニタリング・コストを下げるミソなのである．

このような**供託金**（deposit）を企業に預けた労働者は，もしさぼっていることを見つけられて途中でクビになると，この供託金の一部を回収できなくなってしまう．図7-5からわかるように，供託金は定年まで勤めてはじめて全額返済されるからである．たとえばPの時点で解雇されると，□FQBD分の供託金は返ってこないことになる．

もしこうした供託金がない給与体系，たとえば企業への貢献度を示すCDの水準にちょうど一致する給与をもらっていたらどうだろうか．万一さぼっていることを発見されて解雇されても，別のところでまた働ければ失うものはな

供託金（deposit） 年功賃金体系の下で，雇用期間の前半に従業員はそのときの限界生産力よりも安い賃金で働く．このときの限界生産力と賃金の差が企業への供託金となり，従業員は雇用期間の後半に高い賃金を受け取り，さらに退職金など，定年まで勤め上げることによってこれを回収する．

い.

こうした年功的な給与と同じ効果をもたらすものとして，定年退職のときに払われる多額の退職金がある．退職金は給与の後払いであるから，途中で解雇されて定年まで無事勤められないともらえない．しばしば無事に定年まで「勤め上げる」といった表現を使うのはこのことを表している．

いずれにしてもこうした供託金を預けた労働者は，万一さぼっているところを発見されて解雇されたら大損であるから，真面目に働こうとする．企業としてはときどき抜き打ち的に監視をすればよいから，モニタリング・コストはかなり節約できる．

もちろんこうした仕組みは，入社から定年までの長期雇用が維持されるのでなければ従業員の合意は得られない．つまり，長期雇用慣行を維持できなくなれば，こうしたやり方でモニタリング・コストを低下させることは難しくなる．

6 労働市場機能の充実

これまで述べてきたように，労働市場は典型的な情報不完全市場である．これまでは企業側や労働者側の対応策を述べてきたが，当然，社会全体としても情報の不完全性を減らすような政策対応をとっている．その1つは公的に雇用情報を提供するということである．

労働者と企業にとっての情報の不完全性を改善して，労働市場機能を働かせるようにすることは，人的資源の有効な活用を促進するという意味で社会全体の利益にもかなうことである．したがって労働市場において労働者と企業の必要としている情報を公的費用負担によって提供する事業は，政策的な合理性を持っている．具体的にこの事業を行っているのが**公共職業安定所**（public employment service office）である．税や雇用保険料からの費用負担で，求職活動をする労働者や求人活動をする企業が必要とする情報の一部を無料で提供して，労働者と企業の情報探索コストを軽減している．

公共職業安定所（public employment service office）　税や雇用保険料からの費用負担で，求職活動をする労働者，求人活動をする企業が必要とする情報の一部を無料で提供する公的施設．これによって，労働者と企業の情報探索コストを軽減することができる．

　もちろん先に述べたように，求職・求人活動は，情報探索にコストをかけることによって，労働者はより良い雇用機会に就職し，企業はより良い人材を採用できるという投資の側面を持っている．つまり，求職・求人活動は，より高い給与やより能率的な労働者を獲得するという利益を，労働者や企業にもたらすものである．高い報酬を得られる仕事，高度な仕事能力を持った人材を探すにはそれだけコストも多くかかるから，そこまで公的な費用で面倒をみることはできない．経営層や高度なプロフェッショナルの就職・採用活動には，情報探索コストを料金としてとる民間職業紹介機関が必要になる．

　産業高度化の進展に伴い，こうした民間職業紹介の仲介すべき高度な仕事も増え，1999年頃まではかなり厳しく規制されていた民間職業紹介にかんする規制緩和が進められた．さらに，2001年には，求職者が公共職業安定所，民間の人材紹介会社，求人誌などの国内の大半の求人情報を一度にインターネット上で検索できるシステム「しごと情報ネット」が開設された（その後，公共職業安定所で受理した求人情報の民間開放や，機能の充実した民間サイトが増えたため2016年に閉鎖）．求職者側からの検索だけでなく，2016年からは希望する求職者に限り，求職情報を地方自治体・地方版ハローワーク（地方自治体が自ら実施する無料職業紹介）や民間職業紹介事業者などに提供するサービスを開始し，求職者の情報探索コストが少なくなるように工夫されている．

　労働市場全体で情報の不完全性を軽減させるために有効と考えられるもう1つの方法は，労働者の仕事能力を外部からみやすくするための工夫である．これは自分を売り込みたい労働者と，人材を見つけたい企業双方にとって有効なことである．

　その典型は，一定の専門能力を習得したことを証明する学位である．具体的には経営管理の専門能力の習得を示すMBA（経営学修士号），あるいはその他の個別技術の水準を示す修士号といったものがそれである．もちろんそうした学位が仕事能力の適切な指標となるには，教育カリキュラム自体も仕事能力に直結したものになっていなければならないことはいうまでもない．

　あるいは弁護士や公認会計士といった職業資格もそうした機能を持っている．そこまで高度な資格でなくともさまざまな技能資格や語学資格などは，労働者の仕事能力の一部を示すものである．これからの個人の雇用を守るのはそ

の個人の持っている市場価値であるから，この動きは当然といえる．

　こうした仕事能力認定は，これまで政府（公的資格），大学（学位），職業団体（職業資格認定）などが行ってきた．加えて最近では，労働組合などにも，同じ産業で働く労働者の技能資格を労働組合として認定しようという動きもみられる．このようにさまざまな主体による仕事能力の目安設定があるのはよいことだろう．

　さらに企業の職場情報を外部から見やすくするための工夫もある．これは特に中小企業など自社を売り込みたい企業と，適した職場を見つけたい労働者の双方にとって有効なことである．例えば，ユースエールは，若者の採用・育成に積極的で，若者の雇用管理の状況などが優良な中小企業を厚生労働大臣が認定する制度で，これらの企業と若者とのマッチングの向上を図っている．また，くるみんマークは，「子育てサポート企業」の証として，厚生労働大臣が認定している．企業は従業員の仕事と家庭の両立支援へ積極的に取り組んでいることをアピールし，優秀な人材の採用や定着につなげ，学生や求職者は企業研究の指標として活用することを目指している．

　後に第8章の経済の構造変化のところで議論するように，これからの労働市場においては雇用の流動化，すなわち労働者の企業間・産業間移動は増えざるをえない．このとき何より大切なのは労働市場の機能向上ということであり，その鍵となるのは情報不完全性の克服なのである．

Column

レモンの理論

　情報の不完全性というのは，労働者や企業に必要な情報が瞬時に無料では得られないという，情報の不十分性だけを指すのではない．もう1つの重要な側面に，労働者と企業のどちらかには十分な情報があるのに，他方には十分な情報がないという情報の非対称性がある．こうした情報の非対称性については，アカロフ（G. Akerlof）という経済学者のとなえた有名な「レモンの理論」というのがある．

　ここでレモンというのは「ハズレの中古車」のことである．中古車を売買するとき，売り手はその車にさんざん乗ってきたのだから，その車がど

のくらい良い車なのかを熟知している．他方，買い手はその車の質につい
てはよく知らないため，売り手の売り値がその車の質を正しく反映したも
のであるかどうかもわからないのである．

　買い手は質がわからないわけだから，万一ハズレの中古車をつかまされ
ても損のない程度の価格でしか買おうとしない．当然，質の高い良い車の
持ち主は，その質に見合わない低価格では車を売ろうとはしないだろう．
すると，中古車市場に出てくるのは，売り手が安い価格で売っても損はな
いと思うような質の悪い中古車だけ，ということになってしまう，という
のがレモンの理論の帰結だ．

　実はこれと似通ったことが労働市場にもありうる．企業が中途採用をし
ようとする場合である．労働力の売り手である労働者はすでに他社で仕事
を経験しており，自分がどのくらい使える労働者であるかをわかってい
る．しかし買い手である企業は自分のところで雇っていたわけではないの
で，その労働者が使える労働者であるかどうかはよくわからないのであ
る．すると中古車の場合と同じように，情報の非対称性によって企業は万
一能力の低い労働者を雇ったとしても損害の少ない程度の給料でしか中途
採用をしない可能性がある．実際これまでは，中途採用者の雇用時の給料
は，学卒後その企業にずっと雇われていた同年齢・同勤続年数の社員の平
均に比べて低い水準に設定される傾向があったのである．

　すると中途採用市場に出てくる労働者は，自分の能力からいって安い賃
金でもしかたがないと考える者だけになってしまうおそれがある．ただし
この状況についても，最近はかなり変わりつつある．ヘッドハンティング
会社など外部の労働者の仕事能力などについての情報を的確に調査してく
れる職業紹介機関も発達してきた．とくに高い仕事能力を持つ人材を獲得
しようとする場合には，たとえ民間の職業紹介機関に高い料金を払っても
ペイしうる．事実，中途採用者で，もともとその企業にいた同年齢，同勤
続年数の社員よりも高い給料を受け取る者も出てきているのである．

（出所）　Akerlof, G.（1970）"The Market for 'Lemons': Quality Uncertainty and the Market Mechanism," *Quarterly Journal of Economics*, Vol. 84, No. 3.

練習問題

① 情報探索コストを減らすためにはどうしたらよいか述べなさい.

② 内部労働市場が不要になるためにはどのような条件が必要か述べなさい.

③ モニタリング・コストを節約するにはどうしたらよいか述べなさい.

第 **II** 部

応用編

第 8 章

経済の構造変化と
雇用・労働市場

学習の手引き

　この章では，雇用や労働市場のあり方は，外部状況の変化に依存することを概説します．1つ目は人口の構造変化です．人口の少子高齢化の特徴とその就労，雇用，社会保障制度などに与える影響について理解してください．

　2つ目は技術の構造変化です．従来の産業革命と雇用の関係，第4次産業革命ともいわれる最近の技術変化の影響について，その特徴と働き方などへの影響について理解してください．

　3つ目は競争構造の変化です．その最も重要な点は市場のグローバル化です．とくに冷戦崩壊後，社会主義国や発展途上国の国際競争参加による競争激化について，またそれによる先進国の雇用や労働市場への影響を理解してください．

　こうした高齢化，技術進歩，経済のグローバル化は，生活水準の上昇，科学の発展，世界平和の進展といった，人類社会の成功の結果でもあります．それを真に喜べるようにするために必要なのは人的資本投資であること，また日本の雇用制度で変えてはならないものは何かについても理解してください．

⚷ KEY WORD

- ■高齢化社会 (aging society)
- ■高齢社会 (aged society)
- ■第4次産業革命 (the 4th Industrial Revolution)
- ■社会主義国 (socialist country)
- ■市場競争 (market competition)
- ■ブロック経済 (block economy)
- ■成人力 (adult competency)
- ■新規学卒一括採用制度 (simultaneous recruiting of new graduates)

1 　経済の構造変化

　ここまでの章では，労働経済学の基礎的な枠組みについて理解を進めてきた．ここからは，労働経済学で分析すべき現実の雇用制度や労働市場についてみていくことにしよう．つまり，労働にかんして日々のニュースなどにみられる現象である．

　いうまでもなく，雇用や労働市場のあり方は，個人や企業にとってとても大切なものである．雇用の安定や賃金の上昇は個人の生活を豊かにするために不可欠のものだ．また競争に勝ち残るために必要な人材を獲得し，その能力を十分に発揮してもらえるかどうかは，企業の存立にかかわるものである．個人や企業がこれに強い関心を抱くのは当然である．

　それはまた政府にとっても最大の関心事の1つだ．政府の目的，とくに経済政策の目的は，国民生活の向上，それをもたらす経済の発展成長である．雇用の安定，所得の増加，企業の成長といった事柄は，一国の経済政策の成否を示す指標である．

　しかし同時に，そのように大切な雇用や労働市場のあり様も，社会・経済全体の一部分であるということも事実である．雇用や労働市場を取り巻く状況の変化に応じて，そのあり様は変化する．言い換えれば，どんなに雇用は大切だといっても，雇用の都合だけでそれを取り巻く大きな経済，社会状況を変えることはできないということだ．

　もちろん社会や経済の構造変化による雇用や労働市場の変化は宿命ではなく，そうした変化の中でより良い雇用，労働市場を目指すことは大切である．[注1] しかし雇用や労働市場の大きな方向性は，そうした構造変化によって規定されている．そして今日私たちは大きな構造変化を経験しつつあるのである．

（注1）　この章のコラムにあるように，ILO（国際労働機関）の仕事の未来世界委員会はそのような立場を強調している．

2   人口の構造変化

1つは人口の構造変化である．雇用者となるのはその社会にいる人口であるから，雇用のあり方や労働市場の需給バランスなどは，人口の状況によって決定的に左右される．とくに日本は図8-1に示す65歳以上の高齢人口比率からわかるように，世界に類をみない少子高齢化を経験しつつある．

まずは高齢化の水準の高さである．図8-1では，日本と，日本よりも先に高齢化の進んだヨーロッパのドイツ，フランスの高齢人口比率，つまり総人口に占める65歳以上の人口の比率を時系列的に示している．すでに日本の高齢人口比率は2020年には28％を超え，世界のどんな国よりも高い水準となっている．しかもこれは図8-1からもわかるように途中経過であって，2035年ごろには総人口の3分の1，2060年ごろには総人口の5分の2に達すると予想されている．

2つ目の特徴は，高齢化の速度である．図8-1の折線グラフの傾きからわかるように，日本の高齢化のスピードは際立っている．高齢化の速度は，65歳以上の高齢人口比率が7％に達した時点から，その倍の14％に達するのに何年かかるかで測られる．ちなみに，高齢人口比率が7％になると**高齢化社会**（aging society），14％になると**高齢社会**（aged society）と呼ばれることになっている．日本は1970年に高齢人口比率が7％に達し，24年後の1994年には14％に達した．一足先に14％に達して高齢社会になっていたヨーロッパ諸国などではこれに50～100年の期間を要しているから，日本の高齢化のスピードはヨーロッパ諸国の2～4倍ということになる．[注2]

特徴の3つ目は，とくにここ10年くらいの間に起きる顕著な変化として，相

高齢化社会（aging society）　現在，国際連合の定義により，総人口に占める65歳以上の人口比率を高齢人口比率という．この比率が7％を超えた社会を高齢化社会といい，日本では1970年，ちょうど大阪で万国博覧会のあった年に高齢化社会となっている．

高齢社会（aged society）　65歳以上人口比率が14％を超えるとその社会はもはや高齢化社会ではなく，高齢になったという意味で高齢社会という．日本では1994年に高齢社会になっており，1970年に高齢化社会になってからたった四半世紀で高齢社会に突入した．

（注2）　この期間の最も長い国はフランスで，1864年から1979年まで114年を要しているから，日本の高齢化速度はフランスの4倍以上となる．

図8-1 65歳以上人口割合の変化

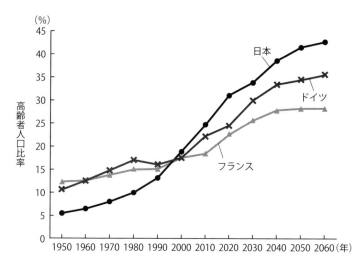

(出所) 国立社会保障・人口問題研究所「人口統計資料集」.

対的に高齢者の中でもさらに高齢な人たちの人口比率が増加するという意味での, 高齢化の奥行の深まりである. 図8-2に示されているのは, 65歳以上の高齢者の中で, (相対的に若い) 65-74歳の人口を1としたとき, (より高齢の) 75歳以上の人口の割合である. 2015年にほぼ1:1だったその比率は, 2025年には1:1.5となる. これは, 1947年から1949年 (ないしは1950年生まれまで含む) の団塊の世代の人たちが, すべて75歳以上になるからだ.

こうした人口の構造変化は雇用制度のありかたを大きく変えていくだろう. 少子高齢化とその原因でもある長寿化は, 個人にとっての生涯の就業期間を延ばすことになる. 個人は従来の引退時期を超えてもっと長く働き続けることになるだろう.

企業としては, 数の少なくなる若者を無理に奪い合うよりも, 数も豊富で経験や能力の蓄積されたベテランの中高年・高齢者を人材として活用することの合理性が高まってくる. そのため高齢従業員に能力を発揮してもらいやすい処遇制度, あるいは高齢者を多く雇ってもコスト高にならないような賃金制度などを工夫する動機を強く持つようになる.

図8-2　65-74歳人口を1とした場合の75歳以上人口比率

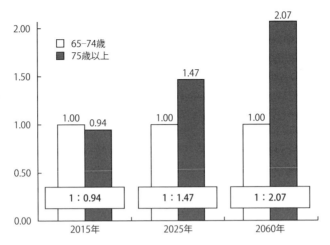

（出所）国立社会保障・人口問題研究所「人口統計資料集」.

　また人口高齢化は，労使の分配交渉のあり方も大きく変える．これまで，た
とえば春闘などの交渉の場においては，その企業の生産性向上分をどのように
労使で分けるか，という比較的単純な分配交渉が行われていた．しかし，人口
高齢化の進展に伴って，年金や医療などの社会保障制度を支えるための保険料
の増加は避けられず，生産性向上分は現役労働者の賃金だけでなく，引退した
労働者への社会保障給付をまかなうためにこれまでより多く分配されることに
なる．なおこうした高齢化の雇用や労働市場への影響については第9章で詳し
く論じることにしよう．

3 　技術の構造変化

　雇用や労働市場に大きな影響を与えるもう1つの外生変数は技術の構造であ
る．仕事は一定の技術を前提に行われるからで，その技術に合致した仕事能力
が求められる．農耕社会では天候の知識や農機具を扱う技術，工業社会では機
械を操作する熟練，情報社会ではソフトウエアの知識や情報通信機器を扱う技
術などである．

　そして技術の進歩は，一般的には労働節約的，つまり労働が機械に置き換えられるような方向のものであった．もちろん歴史的に最も大きな出来事は，18世紀後半から19世紀初頭のイギリスで始まった産業革命で，それまで，人力や畜力などによって行われていた生産活動が，蒸気機関などによって動く機械に取って代わられたのである．

　そして今，私たちの社会は，**第4次産業革命**（the 4th Industrial Revolution）ともいわれる大きな技術構造の変化を経験しつつある．[注3] 情報通信（ICT），人工知能(AI)，自律的ロボット，生命科学などに代表されるこれまでの延長線上にはない飛躍的な技術進歩である．

　第4次産業革命は，従来の新技術が主として工場労働などを代替してきたのに対して，ホワイトカラーの仕事も奪うのではないかと心配されている．たとえば表8-1はこの問題に関してよく引用されるオックスフォード大学の調査研究結果の要約を示したものである．現在のアメリカの702の職種のうち，47％はここ10〜20年のうちに新技術に取って代わられるリスクの高い職種であるとされている．そこには多くのホワイトカラー職種も含まれている．

　もちろんこれまでも新技術は雇用のあり方を大きく変えてきた．そもそも企業などに雇われて働く「雇用」という形態自体，19世紀の産業革命で一般的になったものだ．それまで多くの人は農民，職人，商人など自営業の形態で働いていた．産業革命時，工場の機械に仕事を奪われたイギリスの手工業者，職人などが，それに抵抗して「ラッダイト運動」という機械打毀し運動を展開したのは歴史的にも有名な出来事であった．しかし結果的には，産業革命による生産性向上は，製品価格の低下を通じて製品需要の増加をもたらしたので，生産

第4次産業革命（the 4th Industrial Revolution）　18世紀半ばから19世紀にかけての蒸気機関を動力とした工場生産を行うようになった第1次産業革命，20世紀初頭の石油や電力による大量生産の第2次産業革命，1970年代の「事前に」プログラミングされたロボットやソフトウエアによるコンピュータを使った作業革命である第3次産業革命につづく，自律的に動くロボットやビッグデータを自ら分析できる人工知能（AI），工場の稼働状況や交通，気象などさまざまな情報がデータ化され，それらをネットワークでつなげて解析・利用するIoT，さらには再生医療などの医学・生命科学分野での技術革新などを指す．

（注3）　クラウス・シュワブ『第四次産業革命』（世界経済フォーラム訳，日本経済新聞出版社，2016年）などを参照のこと．

表8-1　第4次産業革命の雇用への影響予測

新技術に代替されるリスクの大きい職種
Office and Administrative Support（事務職）
Service（単純なサービス職）
Sales and Related（販売職）
Production（製造職）
Farming, Fishing, and Forestry（農林水産職）
Transportation and Material Moving（運輸職）
新技術に代替されるリスクの小さい職種
Education, Legal, Community Service, Arts and Media（教育・法務・行政・芸術・メディア職）
Management, Business and Financial（経営管理・財務職）
Healthcare Practitioners and Technical（医療職）
Computer, Engineering, and Science（コンピュータ・科学・技術職）
Service（高度なサービス職）

（出所）Frey, Carl Benedikt and Michael A. Osborne（2013）*The Future of Employment: How Susceptible are Jobs to Computerisation?* Oxford Martin Programme on the Impact of Future Technology.

からの派生需要である雇用も増加し，技術進歩は社会全体では雇用総量を増やしたのである．

　もちろん，第4次産業革命の雇用への最終的な影響についてはまだわからない．新技術による生産性向上が省力化を大きく進めれば，雇用も減っていくかもしれない．しかし従来の技術進歩のように生産性向上が価格低下を通じて製品やサービスへの需要を増やせば，製品やサービスの生産からの派生需要としての雇用も増える可能性もある．確かなことは，いずれにしても仕事のあり方は大きく変化するだろうということだ．

　人間のしてきた仕事はますます機械等に置き換えられていく．人間はこれまで以上に人にしかできない仕事に特化していくことになるだろう．この点については後の第12章で詳しく論じることにしよう．

4　競争の構造変化

　以上のように，雇用や労働市場のあり方は，労働者の源泉である人口の構造変化と，仕事をするうえでの前提である技術の構造変化によって基本的に規定される．前者は労働供給側の構造変化の影響，後者は労働需要側の構造変化の影響ということもできるだろう．さらにここで，労働需要側の構造変化としてもう1つ無視できないのが，企業をとりまく競争構造の変化だ．本書では何度も繰り返しているように，雇用は生産からの派生需要であるから，生産する製品やサービスが取引される市場競争の状況は，雇用や労働市場に影響を与えずにはおかない．

　今日その最も大きな変化は，市場のグローバル化である．もちろん日本は貿易立国としてこれまでもずっと国際的な市場競争の中にいた．しかしその状況は，1990年前後の東西冷戦崩壊とともに大きく変化したのである．

　冷戦期において，**社会主義国**（socialist country）は国際的な競争には参加していなかった．社会主義国で生産される製品やサービスは，国際競争力を持っていなかったからである．それらは，買い手である消費者のニーズに合わせて生産されるのではなく，国家の計画に従って生産され，消費者はその配給を受けるという仕組みだったからだ．

　そうした社会主義圏の人口は世界人口のほぼ3分の1を占めていた．つまり地球上の人口のほぼ3分の1は**市場競争**（market competition）に参加していなかったのである．

　しかしその人たちは，冷戦崩壊によって国が社会主義から市場経済体制に移

社会主義国（socialist country）　マルクス・レーニン主義の思想に基づく共産党（ないしはその類似政党）による一党独裁の政治体制の国家．私有財産，市場経済を否定し，国は計画にそった生産を行い，国民はそこから必要物資の配給を受けた．1917年のロシア革命で成立したソビエトに始まり，第2次世界大戦後はヨーロッパでは東欧諸国，アジアでは中国，ベトナム，ラオス，北朝鮮など，さらに中米やアフリカ諸国にも拡大した．

市場競争（market competition）　品質や価格によって消費者が自由に製品やサービスを選択し，企業はそれらの製品やサービスを生産して自由に市場に参入する．そうした製品やサービスの需給で価格や取引量も決まる．

表8-2　名目GDPトップ10の変化　　　　　　　　　　　　　（実質値の単位：100万ドル）

国名	2017年順位（実質値）	2000年順位	1990年順位
アメリカ	1位（19,485,400）→	1位→	1位
中国	2位（12,014,610）↑	6位↑	11位
日本	3位　（4,873,202）↓	2位→	2位
ドイツ	4位　（3,700,613）↓	3位→	3位
イギリス	5位　（2,628,410）↓	4位↑	5位
インド	6位　（2,602,309）↑	13位↓	12位
フランス	7位　（2,587,682）↓	5位↓	4位
ブラジル	8位　（2,055,143）↑	10位→	10位
イタリア	9位　（1,938,679）↓	7位↓	6位
カナダ	10位　（1,653,043）↓	8位↓	7位

（出所）国際通貨基金.

行するとともに，グローバルな市場競争に参加するようになった．中国など
は，国の政治体制は社会主義のままで，「開放政策」によって経済体制だけは
市場経済化したのである．もちろん当初はその生産する製品，サービスに国際
競争力はなかったが，低賃金を背景にしだいに競争力をつけ，とくに安価な製
品を大量生産するような分野では，先進国を脅かすようになった．

　世界の人口の3分の1が低賃金で国際競争に参加してきたため，市場競争は
文字どおりグローバル（地球全体）に展開されるようになった．とくに相対的
に賃金の高い先進国は，かつてない人件費圧縮圧力を受けるようになった．先
進国における雇用空洞化，失業増加，非正規化，賃金の伸び悩みといった問題
の原因の1つはここにあると考えられている．その結果，表8-2にみられるよ
うに，国内総生産高でみた経済力の国際ランキングでも発展途上国の地位は上
昇し，このことは，単に経済的な問題だけでなく，アメリカやヨーロッパで保
護主義的な政治勢力の台頭を招くなど，政治的，社会的な問題にもなってきて
いる．[注4]

（注4）　アメリカでトランプ大統領を支持するラストベルト（錆び付いた製造業中心地域）の労働者
などは，そうした意識を強く持っていることが，同大統領の保護貿易主義的な政策の背景となってい
ると言われている．

5 成功の結果としての構造変化

　人口，技術，市場などの構造変化は，雇用や労働市場に大きな変化をもたらす．個人や企業は，少なくとも過渡的に厳しい制度改革などを強いられることになるかもしれない．しかし忘れてはならないのは，そうした構造変化は成功の結果だということだ．

　日本における人口の少子高齢化はその典型である．高齢化をもたらす要因の1つは長寿化だ．日本では多くの人が65歳を超えて生きるようになったからこそ，65歳以上人口もこれほど増えることになったのである．そしてこのような長寿化は，生活水準の向上なしには起こりえない現象であった．

　実際，日本人の平均寿命（正確にはゼロ歳児平均余命）は，日本が貧しかった終戦直後には，男性50歳，女性54歳であった．これはとくに乳児死亡率が高かったからである．しかしその後，経済発展の結果，日本人の寿命を短くしていた栄養状態，衛生環境，住居事情，そして医療水準などにおいて，めざましい改善があり，今日，日本人の平均寿命は男性81歳，女性87歳とどちらも世界のトップレベルに達している．(注5)

　技術の構造変化に関しても同様である．経済の発展は科学技術の発展の結果であり，また経済発展によって新技術開発の余力も生まれた．そうした新技術によって企業の生産性は高まり，その結果，賃金も上昇して個人の生活も豊かになる．そして技術の進歩はまた，つらい労働を機械に任せることで労働をより楽にもしてきたのである．

　経済のグローバル化は世界平和の帰結でもある．各国が**ブロック経済**（block economy）を作り，グローバル化に背を向けて一国中心主義になった1930年代の反省から国際貿易体制が生まれた．(注6) 開かれた国際貿易を前提として世界全

ブロック経済（block economy）　1930年代に英仏などのヨーロッパの有力国が，植民地や同一通貨圏内で排他的な貿易経済圏を形成した．

（注5）　WHO（世界保健機関）の2016年の国別比較によると，日本人男女の平均寿命は84.2歳で1位（2位はスイスの83.3歳），男女別では日本男性は81.1歳で2位（1位はスイスの81.2歳），日本人女性は87.1歳で1位（2位はフランスの85.7歳）であった．

体の経済発展を希求した戦後経済体制であり，日本はその恩恵を最も受けた国の1つである．

　高齢化も，技術革新も，そしてグローバル化も，いずれも経済の発展成長の結果である．したがってわれわれはこれを前向きに受け止め，その構造変化の下で，さらに豊かな社会を実現できるようにしなければならない．つまり社会や経済の構造変化に対応する変革は，成功の結果を喜べるように，その成功に伴って起こる問題を克服すべく，既存の制度や行動様式を変革するということなのである．

6　鍵を握る人的資本投資の充実

　そうした変革はさまざまであるが，共通に求められることもある．その1つは教育や訓練などの，「人的資本投資」の充実である．

　たとえば少子高齢化への対応策である．少子化で働く人が減ってくるということは，それだけ1人ひとりの能力を高めていかなければならないということである．つまり量の減少を質の向上で補わなければならないから，その意味でも教育や訓練の重要性はますます高まるのである．また高齢化に伴い，高齢になっても働き続けることが求められるようになるということは，高齢になっても仕事能力を維持・向上させなければならないということである．このことは当然，生涯にわたる能力開発を必要とする．

　急速な技術進歩への対応策についても同様だ．技術の進歩に伴い，仕事の内容も高度化するから，それに対応してより高い仕事能力を求められる．AIやロボット等にできる仕事はそれに任せ，人間は人にしかできない仕事に集中するということになれば，新しいものを生み出す創造性，人々のニーズを洞察する想像力や共感力，人の潜在能力ややる気を引き出すマネジメント能力などがますます求められるようになる．単なる知識，技能だけでなく，総合的な人間力の開発も大切となる．

（注6）　こうした世界の自由貿易体制は，現在ではWTO（世界貿易機関）によって国際的に維持されており，冷戦崩壊以前の自由主義国家間の自由貿易は，第2次世界大戦後に作られたGATT（関税および貿易に関する一般協定）によっていた．

　そしてグローバル化への対応も人的資本投資の重要性を増す．たとえば日本のような先進国は，国際分業の中で，先進国でしか生み出せないような付加価値の高い製品やサービスを生産する仕事に特化するようになる．つまり，そうした高い付加価値を創造し，それをきちんと生産し，提供しうるような能力がますます求められるようになるのである．

　そうした中で，日本は1つ優位性を持っている．従来から教育熱心な国柄で，教育機関の水準も高い．また特筆すべきは企業におけるOJT（職場訓練）を含む教育訓練が充実していることだ．その結果，OECD加盟国の中でも，**成人力**（adult competency）は常にトップの水準を維持してきた．[注7]

　もちろん高齢化，技術革新，グローバル化の進展に対しては，これからさらに人的資本投資を充実していかなければならない．この人的資本投資の充実を図るためにどうしたらよいか．それはまた後の第11章で詳しく論じることにしよう．

7　守るべきことと変えるべきこと

　この章で述べてきたように，人口，技術，市場などの構造変化に対応して雇用のあり方を変革することは必要だ．ただし，そのために日本の雇用制度，労働市場の持っていた強みをなくすことになっては元も子もない．守るべきこと

成人力（adult competency）　16歳から65歳の成人を対象として，社会生活において成人に求められる能力のうち，読解力，数的思考力，ITを活用した問題解決能力の3分野のスキルの習熟度が調査されている．読解力とは「社会に参加し，自らの目標を達成し，自らの知識と可能性を発展させるために，書かれたテキストを理解し，評価し，利用し，これに取り組む能力」である．たとえば，ホテルなどにある電話のかけ方の説明を読んで，指定された相手に電話をする，などである．数的思考力とは，「成人の生活において，さまざまな状況の下での数学的な必要性に関わり，対処していくために数学的な情報や概念にアクセスし，利用し，解釈し，伝達する能力」である．たとえば，食品の成分表示を見て，その食品の1日の許容摂取量を答える，などである．ITを活用した問題解決能力とは，「情報を獲得・評価し，他者とコミュニケーションをし，実際的なタスクを遂行するために，デジタル技術，コミュニケーションツール及びネットワークを活用する能力」である．たとえば，指定された条件を満たす商品をインターネットで購入する，などである．

（注7）　OECD「国際成人力調査」は，OECD加盟の22ヵ国にロシア，キプロスを加えた24ヵ国について，成人の読解力，数的思考力，ITを活用した問題解決能力を調査したもので，日本人の平均得点は，いずれの分野でも第1位であった．

図8-3　先進国の若年（15-24歳）失業率（2018年）

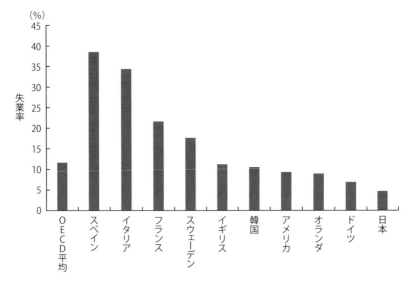

（出所）OECD Stat（May 13, 2019）.

と，変えるべきことを区別する必要がある．守るべきことの筆頭は人を大切に
する仕組みである．

　とくに雇用の保障を大切にし，従業員をしっかりと育てる日本企業の特性は
世界に冠たるものである．雇用の保障を大切にする特徴は，個人の雇用人生の
最初からみられるものだ．学校を卒業した若者を，失業を経ず直ちに採用する
新規学卒一括採用制度（simultaneous recruiting of new graduates）がそれであ
る．

　ヨーロッパなどでは若者は学校卒業後に就職活動をするので，卒業と就職の
間は定義的に失業者となる．しかも採用は一般に，辞めた人の後の空席を埋め
るという形をとるため，前任者の仕事をすぐに遂行できるような経験者を優先

新規学卒一括採用制度（simultaneous recruiting of new graduates）　企業などが学校を卒業したばか
りの人材（新規学卒者）を，卒業時点でのみ一括して労働者として採用し雇用する制度．高度経済成
長期に定着したと考えられ，卒業前に採用活動がはじまり，失業期間を経ずに，学校卒業後，直ちに
就業者となる．

図8-4　大学生の就職（内定）率

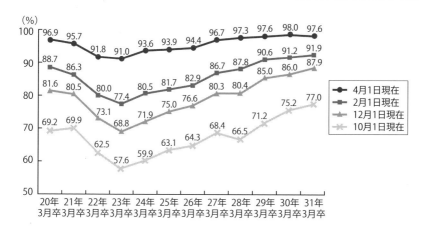

（出所）文部科学省（2019）「平成30年度大学等卒業者の就職状況調査（4月1日現在）」.

的に採用することになる．仕事の経験のない，学校を卒業したばかりの若者は後回しになってしまうのである．図8-3にあるように，今日ヨーロッパなどで，若者の失業率が2ケタということも珍しくないのはこのためであり，そのことは経済だけでなく，社会にも大きな不安定をもたらしている．これに対して日本はこの図からわかるように先進国の中で最も若年失業率の低い国となっている．

　これは日本では，若者は在学中に就職活動を行い，卒業前には就職先を決めているので，卒業後，失業を経ず直ちに就職できるからである．また企業も職業経験のない若者を採用し，職場において仕事能力を一から教える体制を整えているので，仕事経験のない若者が後回しにされるということもない．

　高校生，大学生で就職を希望する若者のほとんどはこうした新規学卒一括採用によって失業を経ずに就職していく．図8-4は最近の大学生の就職率であるが，4月時点では97％という高い内定率となっており，リーマンショック直後でさえ9割を超えていた．このことが，日本の社会に高い安定性をもたらしていることは間違いなく，逆に若者の失業が社会混乱を生み出している例は世界中に枚挙にいとまがない．

　しかもこの仕組みによって，若者は職業人生の初期にしっかりとした仕事能

力を形成できる．企業は教育訓練した従業員には，コストをかけて行った教育訓練の成果として高まった能力を，その後長くその企業で発揮してもらうことで，投資コストを回収し，さらにお釣の出るほどの収益を獲得する．新規学卒一括採用と長期雇用は，人的資本投資という観点からきわめて合理性のある組み合わせだということは，後の第11章で詳しく説明する人的資本投資の理論からも明らかなのである．

　もちろんこうした仕組みにも欠点はある．たとえば新規学卒一括採用制度は低い失業率や若者の能力開発という面では大きなメリットがあるが，そのことは，新卒のときに就職に失敗するとそうしたラインに乗れなくなってしまうという問題でもある．また就職が，いわゆる「一発勝負」になるため，学卒時に不本意な就職をした者の離職率も高くなるという問題も無視できない．

　しかしだからといって，新規学卒一括採用をやめるというのは乱暴な議論といわざるをえない．それは新規学卒一括採用でうまく就職できた人たちを，そうできなかった人たちと同じ境遇にするというだけのことで，問題を解決するどころか拡散することになる．むしろ新規学卒一括採用で就職できる人の比率をできるだけ高め，かつ初期にやり直せるような変革が望ましい．たとえば，卒業後3年くらいは，新規学卒一括採用として採用するように範囲を拡大するといったことである．

　結婚や子育てのために長期雇用のレールから外れやすい女性の問題もある．そのために新規学卒一括採用就職市場で女性が不利になったり，十分に人的資本投資を受けられないという傾向もある．しかしこれも，長期の雇用を短くすることで解決するというのは短絡的であろう．それでは長期雇用の大きなメリットが消えてしまう．

　解決策はむしろそうではなく，女性も長期雇用を実現できるように，働き方改革を進めるということだ．具体的には柔軟な労働時間体制を工夫し，育児や保育の体制整備を図ることである．これも後の第10章で詳しく論じる．

　雇用制度変革を，これまでの良いところを守り伸ばしつつ，変えるべきところをどう変えていくか．これからの各章ではそのことを意識して学んでほしい．

Column

ILO「仕事の未来世界委員会」

　ILO（国際労働機関）は，2019年6月に設立100周年を迎えた．1919年6月の設立は，第1次世界大戦とロシア革命の直後のことである．戦争や社会分断を防げなかったことへの反省に立って創設された国際機関であり，そのことは「労働条件改善を通じて，社会正義を基礎とする世界の恒久平和」を希求するという設立趣旨に明らかだ．

　そのILOが，創立100周年を記念した報告書を作成するために，世界から20名あまりの専門家を召集して「仕事の未来世界委員会」を設置した．著者の1人（清家）も委員として参加し，2017年から2018年にかけての4回にわたる会議で，人口，技術，国際競争，気候変動といった構造変化の下で，仕事のあり方はどう変化するかを議論した．ときに熱い議論を闘わせながらも，委員間で共有されていたのは，仕事の未来は変化するとしても，それは宿命ではなく，選択可能なものである，という認識だった．

　報告書は表8-3にあるように3つの「投資拡充」を提言している．1つ目は人間の潜在能力への投資拡充だ．とくに強調しているのは，老若男女の働く意思と仕事能力をフルに実現する生涯現役社会と，そのための生涯にわたる能力開発の重要性である．

　2つ目は，労働基準や労使関係など，仕事にかかわる制度への投資拡充である．そうした制度の充実を通じて，仕事に人間がコントロールされるのではなく，人間が仕事をコントロールするということの重要性を強調している．それを象徴する概念が，働く者の時間主権という考え方だ．

　3つ目はディーセントで持続可能な仕事への投資の拡充である．そのためには，短期的な利益追求ではなく，企業，労働者，社会の長期的な利益を最大化するような投資を促進すべきであることを強調している．

　これらの提言は日本にも大きな含意を持っている．まず提言の第1に関して言えば，生涯現役社会や生涯にわたる能力開発などは日本の得意分野といってよい．高齢者の就労率は高いし，若者の多くは失業を経ることなく企業に就職し，企業内で能力を高めていっている．

　第2の提言に関しては，日本の学ぶべきことも多い．その1つが長時間

表8-3 ILO「仕事の未来世界委員会」報告書目次

（出所）ILO（2018）「輝かしい未来と仕事」ILO仕事の未来世界委員会報告.

労働の解決だ．いま進められている働き方改革は，個人の時間主権を確立するための改革ともいえる．長時間労働の防止，柔軟な労働時間選択の拡大は必須条件だ．

　一方，ディーセントで持続可能な仕事という面で日本は，従来から長期の雇用や取引関係などを重視してきた．ただ最近，短期的な利益追求の風潮が見られないではない．その意味で日本は，改めて長期的視野に立った投資の大切さを再認識すべきなのかもしれない．

　報告書の提言実現のために，日本の良き事例を世界と共有することは大きな国際貢献となる．同時にその提言は，働き方改革を進める日本の指針ともなる．そのような報告書作成に参加できたことはまことに幸せなことであった．

練習問題

① 日本の少子高齢化の特徴を3つあげて説明しなさい.

② 第4次産業革命が雇用に与える影響について, どのような変化がどのように影響するか説明しなさい.

③ 新規学卒一括採用の利点と欠点を述べなさい.

第9章

高齢者雇用の
経済分析

学習の手引き

　この章では，これからの日本の最も確実で大きな構造変化である人口の少子高齢化によって，労働市場や企業の雇用制度がどのように変わっていくかを考えます．

　まず高齢社会における高齢者雇用の重要性を確認したうえで，そもそも高齢者はどのくらい働こうとしているのかを統計で観察します．そしてその高齢者の就業行動を，先に労働供給の章（第2章）で学んだ理論的枠組みに従って整理しますので，それを理解してください．

　一方，高齢者に対する労働需要の実態も統計で観察しましょう．そしてこれについても，先に労働需要の章（第3章）で学んだ理論的枠組みにそって説明できるようにしてみましょう．

　さらにこうした高齢者の就業・雇用を進めるためには，政策的な対応も必要です．公的年金制度の改革や，年齢差別を禁止するような法制度の整備も必要です．これらについても学んでください．

🔑 KEY WORD

■自営業就業者の減少
　（declining trend of the numbers of self-employed）

■公的年金の充実
　（increasing trend of public pension benefit）

■高齢者の労働供給の決定要因
　（the determinants of labor supply of older people）

■定年退職制度
　（mandatory retirement）

■再雇用，雇用延長制度
　（rehiring, employment continuation）

■年功的な昇進制度
　（seniority-based promotion）

■給付の収入制限（earnings test）

1　高齢者の就業と雇用

これから日本経済は人口の少子高齢化に備えて高齢者の就業・雇用を促進しなければならない．高齢社会の負担を平準化するためにも，また若年労働力の激減する中で人材を確保するためにも，働く意思と仕事能力のある高齢者ができるだけ働きつづけられる環境づくりは不可欠だ．このことはすでに第8章で述べたとおりである．

問題はその実現可能性，あるいはそれをどう実現していくかである．そのためには高齢者自身の就業行動と企業の高齢者雇用動向を正確に把握しなければならない．それには科学的な分析が不可欠である．ここでこれまで学んできた労働経済学が役立つ．

高齢者の就業を促進するときにまず大切なのは，高齢者の就業を規定する要因は何かを知ることだ．つまり高齢者の就業意思を高める要素は何で，またそれを阻害する要素は何であるかを確認することである．これを知るためには労働経済学の労働供給分析が有用である．

同様に，高齢者雇用を促進するときに大切なのは，企業による高齢者雇用を規定する要因を知ることである．高齢者の雇用を阻んでいる要素は何か，逆に企業にとって高齢者を雇用したくなるような要因は何かを確認することである．これを知るためには労働経済学の労働需要分析が有用だ．

そうした分析をもとに，企業や社会全体の制度を高齢者の就業・雇用を促進するような形に変えるための方策を考えることができる．すなわち，就業を促進する要因を刺激し，就業を抑制する要因を制御すれば，高齢者の就業は促進されるし，企業の高齢者雇用を促進する要因を刺激し，これを抑制する要因を取り除くことで，高齢者の雇用は促進される．

そこで高齢者の就業・雇用の促進という問題を，これまで本書で学んできた労働経済学の知識，とくに労働供給や労働需要の理論枠組みを使って考えていくことにしよう．

2 | 高齢者の労働力率のトレンド

　まず高齢者の就業について事実関係を確認しておこう．第2章でも述べたように，労働供給にかんする集計データは労働力率である．高齢者の就業，すなわち労働供給もその労働力率によって観測される．

　国際的にみると，日本の高齢者の労働力率はきわだって高い．しかし将来の高齢社会における高齢者の就業促進を考える際には，この高い労働力率（労働供給）が維持されるかどうかがより重要である．実はこの点で，高齢者の労働力率は2000年代初頭までは，趨勢的に低下してきたのである．図9-1は日本の60歳代前半の男性の労働力率を1960年代から長期に観測したものである．

　大きな流れでみると，高齢者の労働力率は1960年代から趨勢的に低下している．すなわち1960年代後半から1970年代初めにかけてゆっくりと低下し，その後1970年代中盤から1980年代後半にかけて低下のスピードは加速し，この間に10ポイント近く低下している．

　こうした高齢者の労働力率低下の背景要因は，大きく分けると2つある．1つは労働力構成上の問題で，もともと年をとっても働きつづけるようなタイプの労働力が減ってきたということである．もう1つは労働者の就業行動そのものの変化，すなわち高齢者の労働供給そのものが減退したということだ．

　このうち構成上の変化というのは，具体的には農業を中心とした**自営業就業者の減少**（declining trend of the numbers of self-employed）である．自営業はもともと定年もなく，高齢になっても働きつづける傾向の強い就業形態であるが，この自営業そのものがとくに高度成長期に減少した．

　高齢者の労働力率の趨勢的な低下のうち，1960年代から1970年代初めにかけてのゆっくりとした低下は，主として農業など自営業の減少によるものと考えられる．ちなみに自営業は女性も働く（たとえば農家や商店の家族労働者と

自営業就業者の減少（declining trend of the numbers of self-employed）　農業に代表される自営業就業者は，もともと定年もないために高齢になっても働き続ける確率が高い．またその多くは基礎年金の受給権を持つだけで年金の水準も低い．したがって人口に占めるこうした自営業就業者の減少は，自動的に高齢者の労働力率を低下させることになる．

図9-1　男性高齢者（60-64歳）の労働力率の趨勢

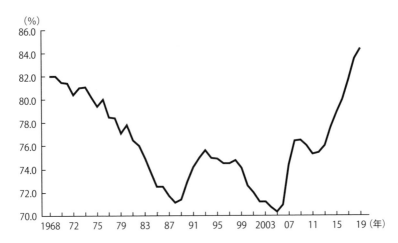

（出所）総務省「労働力統計年報」より作成.

して）ことが多いので，自営業の比率低下は女性の労働力率低下にも結び付く．このため1960年代まで女性の労働力率は日本では低下しつづけたのである．

　しかし1970年代中盤以降の高齢者の労働力率の低下は，むしろ高齢者の就業行動そのものの変化，具体的にはサラリーマンとして働いていた雇用者の引退促進によるものである．これを可能にしたのが**公的年金の充実**（increasing trend of public pension benefit）である．1973年の厚生年金法改正によって，日本の年金水準は急速に充実し，サラリーマンにとって年金で引退生活のできる可能性も高まった．

　図9-2はその実態を示したものである．1970年代中盤以降，1980年代前半にかけて厚生年金の1人当たり受給額は飛躍的に上昇し，その後2000年代初頭までは，上昇している．これが雇用者の引退可能性を高め，労働力率を下げたのである．

　第2章で学んだ用語を使って説明すれば，年金という非勤労所得の上昇によ

公的年金の充実（increasing trend of public pension benefit）　1973年の厚生年金法改正などを経て，公的年金の給付水準は飛躍的に充実してきた．こうした公的年金の充実によって，引退生活が可能になったため，高齢者の労働力率は1970年代から1980年代にかけて低下した．

図9-2 年金受給額の増加と高齢者労働力率の上昇

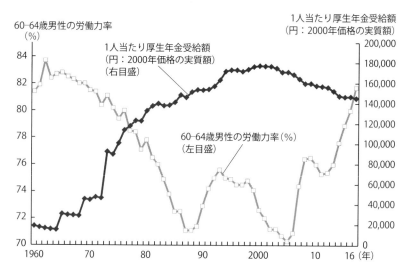

（出所）総務省統計局「労働力調査年報」，社会保険庁「事業年報」，厚生労働省「厚生年金保険・国民年金事業統計」，総務省統計局「消費者物価指数」各年版．

って，高齢者は引退生活という余暇の消費を増やしたことになる．この高齢者の労働力率はバブル期に一時的に反転し，その後再び減少傾向にあった．

　しかし図9-1や図9-2からわかるように，2000年代半ば以降，より正確には2006年あたりを底に，高齢者の労働力率ははっきりと上昇トレンドに転換した．この背景には大きく2つの制度変革がある．

　1つは2006年の高年齢者雇用安定法の改正施行である．この改正によって雇用主は，労働者の希望する場合（厚生年金の支給開始年齢の引き上げに対応して）65歳までの雇用を確保する義務を負うことになった．その効果はまことに顕著で，60歳代前半の労働力率は，この改正法施行を境に明らかに上昇に転じた．2007年から急激に上昇傾向を強めたのは間違いなくこの改正法の影響である．

　もう1つはこの高年齢者雇用安定法改正の背景にもあった公的年金制度の改正である．まず高齢者の就業に大きな影響を与えるのが公的年金の支給開始年齢の引き上げだ．公的年金給付のうち現役時代の報酬とは関係なく支給される

定額部分の支給開始年齢について，男性は2001年から2013年にかけて，女性は2006年から2018年にかけて，それまでの60歳から65歳に段階的に引き上げられた．また雇用者が働いていたときの勤労収入に応じて年金額が決まる報酬比例部分についても，男性は2013から25年にかけて，女性は2018から30年にかけて，これまでの60歳から65歳へと段階的に引き上げられている．

さらに2004年の国民年金法等の改正で，将来の給付水準を抑制するため，いわゆるマクロ経済スライド制も導入された．これによって，年金給付額は，その名目額で物価上昇率以下にしか上昇しないことになり，結果的に実質額は受給開始時から逓減していくことになる．これはまだ始まったばかりであるので，これからの高齢者の労働力率への影響を注視すべきであろう．

このように，高年齢者雇用安定法による企業の高齢者雇用動機の高まり，年金支給開始年齢引き上げによる個人の就労動機の高まり，この2つの相乗効果で，高齢者の労働力率はこのところはっきりと上昇トレンドに転換した．さらに2010年代半ば以降，有効求人倍率も大幅に上昇するなど人手不足の状態になったことも，企業の高齢者雇用意欲を大いに高めることになっている．

この長期の上昇トレンドはこれからも続くのか，さらに60歳代後半や70歳代の労働力率も上昇するのかが，これからの高齢者の就業を占う鍵となる．これを知るためには，より厳密な労働供給分析が必要となる．

3 高齢者の労働供給の決定要因

ここで，**高齢者の労働供給の決定要因**（the determinants of labor supply of older people）は何かをもう1度考えてみよう．それは基本的には労働経済学の労働供給理論から導出される．第2章で学んだことを思い出してほしい．

個人の労働供給を規定する要因は大きく分けると4つある．（1）所得と余暇のどちらをより重視するかという所得・余暇選好，（2）働く場合に得られる賃

高齢者の労働供給の決定要因（the determinants of labor supply of older people）　高齢者の労働供給の決定要因は，所得と余暇のどちらをより重視するかの所得・余暇選好，働く場合に得られる賃金水準，働かなくても得られる非勤労所得，とくに年金給付，そして定年退職制度のような企業の雇用制度である．

金水準，（3）働かなくても得られる非勤労所得，（4）定年や労働時間の自由度といった賃金以外の，労働需要側の提示する雇用制度要因である．

　労働経済学ではこうした理論にもとづいて高齢者の就業確率を説明する労働供給関数を計測してきた．[注1] そしてこれまでの労働経済学の実証分析では，（1）の所得・余暇選好を代表する変数としては，健康状態や学歴などが就業確率に対して統計的にはっきりとした影響を与えることがわかっている．つまり健康状態が良いほど就業を好むようになるということ，そして教育程度の高い人ほど過去の教育投資を回収するために働いて所得を獲得することを選好するというものである．

　一方，（2）の賃金水準も健康状態や学歴といった要因と深く結び付いている．なぜなら個人の得られる賃金水準は，その個人の持っている人的資本の量に依存すると考えられるが，個人の人的資本とはその個人の身体的，知的能力にほかならず，それらは具体的には個人の健康状態や学歴などで説明されるからである．

　第5章の図5-5でみたように，個人の賃金水準を決める企業への貢献度（限界生産力）そのものは，学歴などの個人の人的資本で決まると考えられる．同時に図5-5は，定年制度などの雇用制度も賃金水準の決定に影響を及ぼすことを示している．つまり賃金は就業行動に影響を与えるのだが，その賃金自体を説明する変数と就業行動を説明する賃金以外の変数はかなり重なり合っている．こうした賃金を説明する式を，就業確率説明と同時に計測するテクニックが労働経済学では確立している．これを確立したのが2000年ノーベル経済学賞を受賞したジェームズ・ヘックマン（James J. Heckman）教授である．[注2]

　（3）の非勤労所得の変数として，高齢者にとって最も重要なのは年金所得である．これまでの労働経済学の実証分析では，年金所得あるいは年金の受給資格を取得することが，就業確率を低下させることを繰り返し確認している．この年金の効果には，所得効果だけでなく，働いて勤労収入があると年金額を減額されてしまうため，それを避けるために労働供給を減らすという行動の影響

（注1）　これらの研究について詳しくは清家篤（1993）『高齢化社会の労働市場』東洋経済新報社，清家篤・山田篤裕（2004）『高齢者就業の経済学』日本経済新聞社を参照されたい．
（注2）　この手法はHeckit modelといわれ，現在では代表的な経済分析用ソフトに装備されている．

表9-1　高齢者の就業に影響を与える変数とその変化の方向

説明変数	就業への影響	賃金への影響	変数のこれからの変化方向
健康	＋	＋	↑
学歴	＋	＋	↑
都市居住	＋	＋	↑
公的年金	－		↓
定年経験	－	－	↓

（出所）清家篤（1993）『高齢化社会の労働市場』東洋経済新報社等より作成.

も含まれている.

　また（4）の労働需要側の提示する要因で高齢者の就業確率に影響すること
が確認されているのは，定年退職の経験と大都市圏居住である．定年退職経験
をきっかけに就業そのものをやめてしまう人は少なくない．また働く場合の職
種や労働条件などの選択が容易であればあるほど就業する確率も高くなる．こ
うした選択は雇用機会の多い大都市圏に住んでいるほど容易になる．

　高齢者の労働供給にかんするこれまでの労働経済学の実証研究の結果を図示
すると表9-1のようになる．表側の変数は高齢者の就業確率や賃金率に影響
し，それを説明する変数であるため説明変数と呼ばれる．プラスの符号のつい
たものは就業確率を高め，マイナスの符号のついたものはそれを減らすことを
意味している.

　表9-1の第3欄の矢印は，それらの説明変数がこれからどのように変化して
いくかを予想したものだ．高齢者の就業確率や賃金率を増やす変数（＋）の増
加（↑）とそれらを減らす変数（－）の減少（↓）は将来の就業確率を高める
ことになる．逆に就業確率や賃金を増やす変数（＋）の減少（↓）とそれらを
減らす変数（－）の増加（↑）は将来の高齢者の就業確率を低下させる．これ
によって高齢者の就業確率の将来を予測するとどうなるだろうか.

　まず高齢者の健康状態については，平均寿命の延びなどから考える限りさら
に向上していくと考えられる．また進学率も一貫して上昇していることから，
これからの高齢者の学歴が高まることも間違いない．さらに人口の都市集中も
進んでいるから高齢者に占める都市居住者の比率も高まるだろう．これらはい

ずれも高齢者の就業確率を高める変数の増加，つまり表9−1でいえば（＋）と
（↑）の組み合わせである．また，健康，学歴，都市居住などのアップは高齢
者の賃金を高めるという意味でも就業確率を高めることになる．

　一方，公的年金については，支給開始年齢をさらに引き上げるのであれば，
年金についての将来予測は減少（↓）である．年金はもともと就業確率を減ら
す変数（−）であったから，表9−1でいえば，（−）と（↓）の組み合わせでこ
れも高齢者の就業確率を高めることになる．

　定年経験については，定年が廃止または延長されれば就業確率を低下させる
要因（−）の減少（↓）ということで就業確率を高める．これは現在の定年年
齢以降の人たちの賃金率を押し下げている要因がなくなることも意味する．こ
の点については次の労働需要分析の節でも改めてみてみることにしよう．

4　高齢者への労働需要の実態

　次に高齢者の労働需要を規定する要因は何かを考えてみよう．日本の企業の
高齢者雇用に対する意欲を端的に表しているのが定年退職制度である．

　定年退職制度（mandatory retirement）は，本人にどんなに就業意思があっ
ても年齢だけを理由に退職を強制する仕組みである．表9−2は日本における定
年退職制度の実態を示すものであるが，最近では30人以上の従業員を雇ってい
る企業の9割以上が定年退職制度を持っており，2017年にはそのうちの約8割
が60歳を定年に定めている．法律では定年退職制度を定める場合，その定年年
齢は60歳未満ではいけないことになっており，ほとんどの企業がこの法定年齢
ぎりぎりの60歳を定年としていることになる．ただし2006年に，65歳までの
雇用確保への対応が企業に義務付けられたこともあり，2017年には17.8％の企
業が定年を65歳以上にしている．

　もちろんほとんどの企業は，定年後も改めて再雇用したり雇用を継続する制
度を持っている．しかしかつてはそうではなかった．厚生労働省の調査による

定年退職制度（mandatory retirement）　一定の年齢に達すると，従業員の就業継続意思や仕事能力と
は関係なく，年齢だけを理由に退職を強制する制度で，現在30人以上の人を雇用する日本企業の9割
以上に存在する．理論的には賃金と貢献度との長期収支バランスを合わせるために必要となる．

表9-2　日本における定年退職制度の実態

(%)

年	定年制実施企業の全企業に占める割合	一律定年制を採用している企業の定年制実施企業に占める割合	一律定年制を採用している企業数＝100							
			54歳以下	55歳	56〜59歳	60歳	61〜64歳	65歳	60歳以上計	65歳以上計
1980	82.2	73.0	0.2	39.5	20.1	36.5	0.7	2.5	39.7	
1985	87.3	80.5	0.1	27.0	17.4	51.0	2.1	1.8	55.4	
1990	88.2	81.8	0.5	19.3	16.2	60.1	1.1	2.7	63.9	
1995	91.8	88.9	7.6		6.6	78.6	1.7	5.4	85.8	5.5
2000	91.3	89.4	0.6		0.2	91.6	1.8	5.6	99.2	5.8
2005	95.3	97.6	0.1			91.1	2.5	6.1	99.9	6.2
2010	93.1	98.7				82.7	4.0	12.3		13.3
2015	92.6	98.1				80.5	2.6	16.1		16.9
2016	92.5	98.2				80.7	3.2	15.2		16.1
2017	95.5	97.8				79.3	3.0	16.4		17.8

(出所) 厚生労働省「雇用管理調査」. 2005年からは「就労条件総合調査」.

　と，かつては定年60歳企業のほぼ7割の企業に何らかの**再雇用，雇用延長制度**（rehiring, employment continuation）があったが，そのうちで従業員が希望すれば必ず再雇用，雇用延長するというのは3割程度で，定年後も希望すれば必ずもとの会社で働くことができるというのは，結局のところ3割×7割≒2割程度だった．しかし現在は65歳までの雇用確保への対応が義務付けられているので，定年制度をとっている企業中9割の企業に何らかの再雇用，雇用延長制度がある．もっともそのうちの8割は再雇用の最高年齢を定めており，66歳以上に定めている企業は1割程度である．

　では企業の外での労働需要はどうだろう．表9-3にあるように，2005年頃までは年齢別の有効求人倍率をみると40歳代の後半くらいから急速に低くなり，

再雇用，雇用延長制度（rehiring, employment continuation）　定年退職後も雇用関係を引き続き継続するための手法．厚生年金の支給開始年齢の引き上げにあわせて，60歳定年後の再雇用，雇用延長を労働組合も強く要求している．

表9-3 年齢別労働市場関係指標（パートタイムを含む常用）

	有効求人倍率（求人数均等配分方式）											
	年齢計	19歳以下	20〜24歳	25〜29歳	30〜34歳	35〜39歳	40〜44歳	45〜49歳	50〜54歳	55〜59歳	60〜64歳	65歳以上
1990年計	1.44	3.98	1.50	1.53	2.52	2.45	1.99	1.61	1.17	0.49	0.23	0.57
1991年計	1.43	4.33	1.46	1.46	2.43	2.58	1.86	1.73	1.27	0.54	0.23	0.58
1992年計	1.10	3.35	1.07	1.13	1.83	2.06	1.42	1.34	0.98	0.44	0.18	0.42
1993年計	0.76	2.27	0.74	0.80	1.28	1.52	1.04	0.87	0.65	0.30	0.11	0.25
1994年計	0.63	1.89	0.64	0.71	1.11	1.30	0.94	0.67	0.50	0.24	0.08	0.19
1995年計	0.62	1.96	0.64	0.72	1.08	1.30	0.97	0.60	0.46	0.23	0.08	0.18
1996年計	0.69	2.34	0.76	0.82	1.22	1.46	1.13	0.61	0.51	0.25	0.08	0.21
1997年計	0.71	2.54	0.81	0.81	1.24	1.50	1.24	0.63	0.53	0.26	0.07	0.22
1998年計	0.52	1.75	0.61	0.58	0.87	1.05	0.89	0.45	0.35	0.18	0.06	0.16
1999年計	0.46	1.49	0.57	0.53	0.75	0.91	0.78	0.40	0.27	0.14	0.06	0.16
2000年計	0.57	1.91	0.75	0.66	0.91	1.08	0.95	0.50	0.29	0.16	0.07	0.19
2001年計	0.57	1.92	0.77	0.64	0.82	1.01	0.91	0.54	0.29	0.20	0.09	0.31
2002年計	0.51	1.85	0.68	0.53	0.67	0.82	0.75	0.47	0.25	0.19	0.14	0.56
2003年計	0.62	2.23	0.83	0.65	0.78	0.94	0.86	0.57	0.30	0.20	0.17	0.58
2004年計	0.80	3.03	1.03	0.81	0.94	1.12	1.05	0.75	0.42	0.28	0.25	0.87
2005年計	0.92	3.74	1.07	0.84	0.93	1.14	1.13	0.93	0.61	0.42	0.44	1.52
2006年計	1.02	4.31	1.16	0.90	0.98	1.16	1.21	1.04	0.75	0.48	0.63	1.73
2007年計	1.00	4.57	1.09	0.83	0.87	1.00	1.13	1.05	0.87	0.57	0.70	1.98
2008年計	0.84	4.52	0.83	0.58	0.61	0.69	0.84	0.90	0.91	0.68	0.70	2.07
2009年計	0.44	2.68	0.49	0.33	0.34	0.35	0.40	0.43	0.46	0.37	0.35	1.04
2010年計	0.48	2.63	0.54	0.39	0.40	0.38	0.42	0.44	0.48	0.40	0.34	1.05
2011年計	0.59	3.32	0.70	0.50	0.51	0.46	0.47	0.53	0.59	0.53	0.38	1.15
2012年計	0.72	4.56	0.90	0.61	0.63	0.57	0.56	0.65	0.72	0.70	0.47	1.11
2013年計	0.83	5.29	1.04	0.71	0.73	0.67	0.63	0.72	0.82	0.83	0.58	1.07
2014年計	0.97	6.29	1.23	0.84	0.87	0.82	0.74	0.84	0.96	1.00	0.71	1.05
2015年計	1.08	7.12	1.38	0.95	0.98	0.93	0.83	0.91	1.03	1.11	0.79	1.04
2016年計	1.22	8.03	1.60	1.11	1.14	1.10	0.95	0.98	1.15	1.23	0.89	1.07
2017年計	1.35	8.76	1.81	1.27	1.30	1.27	1.10	1.06	1.25	1.34	0.97	1.06
2018年計	1.45	9.58	2.02	1.44	1.47	1.43	1.25	1.14	1.31	1.41	1.02	0.96
2019年計	1.45	9.83	2.06	1.47	1.52	1.49	1.32	1.15	1.28	1.39	0.98	0.86

（注）「求人数均等配分方式」とは，求人の対象年齢の種類ごとに，求人数を対象年齢に均等に配分して，年齢別の月間有効求人数を算出し，これを年齢別の月間有効求職者数で除して，年齢別有効求人倍率を算出する方法である．これに対し，「就職機会積み上げ方式」という方法もある．これは，個々の求人について，求人数を対象となる年齢階級の有効求職者数で除して当該求人に係る求職者1人当たりの就職機会を算定する方法である．こちらは，2006年7月分公表時より公表され，2005年1月分までさかのぼって集計されている．なお，この方法による2017年の60〜64歳の有効求人倍率は1.17である．
（出所）厚生労働省「一般職業紹介状況（職業安定統計）」．

60歳代前半では0.1〜0.3と，10人の求職に求人は1〜3人程度という状況であった．しかし高齢者雇用安定法の改正施行された2000年代半ば以降は，60歳代前半の有効求人倍率は上昇し，2017年にはほぼ1倍となっている．また65歳を超えてからの有効求人倍率も，最近の年次では1を超えたりしている．

　高齢者に対する労働需要は，かつては好況時でも低かった．表9-3からわかるように，人手不足で全体の有効求人倍率が1.5近くにまでなった1990年でも，60歳代前半層の有効求人倍率は0.2程度にとどまっていたのである．なぜ高齢者への労働需要はこんなに小さかったのだろうか．[注3] 今後，さらに60歳代後半や70歳代前半の労働需要は増えるのだろうか．あるいは，労働者が元気なうちはいつまでも働きたいと思ったとき，年齢に関係なく雇ってもらえるのだろうか．実はこの疑問を解く鍵も労働経済学にある．労働需要理論から考えてみよう．

5　高齢者の労働需要の規定要因

　高齢者への労働需要はなぜ少ないのか，そしてとくに定年という形で労働需要に大きな断層を持つのはなぜか，といった疑問については，理論的にはその答えはすでに明らかにされている．

　第5章の図5-5で説明したラジアーの理論がそれである．年功賃金制度の下で，つまり働き盛りに安い賃金で働いた部分を中高年になってからの高い賃金で埋め合わせる仕組みの下では，その収支バランスを合わせる点として定年退職が必要となる．そのときどきの賃金と企業への貢献度とが一致しなくても，賃金の総額と貢献度の総量が一致する時点を定年と定めて，長期でゼロ利益賃金経路を維持するという考え方である．そこで述べたようにラジアーは「なぜ定年は存在するか（Why Is There Mandatory Retirement?）」というそのものずばりのタイトルの論文でこの理論を説明した．

　したがって定年をなくすためには，賃金をそのときどきの貢献度に応じて支払うようにしなければならない．あるいは定年をなくさないまでも延長するに

(注3)　このように中高年の求人倍率が低くなるのは，企業の採用条件に年齢制限がつけられるためである．

は，中高年になってからの賃金上昇をもっとフラットなものにして，定年が延びても返済額は変わらないようにしなければならない．事実，これまでの定年延長のケースなどでも，こうした形の年功賃金の変更は多くの企業でみられたのである．

　第3章で述べた労働需要理論では，これは次のように考えられる．いま企業は，若年労働者と中高年労働者を使って生産活動を行っている．両者の間に代替関係があるとすると，若年の賃金はそのままで中高年の賃金を低下させることによって中高年労働者への労働需要を増やせる．つまり中高年労働者の相対価格を下げることで，その労働需要を増やすということである．

　もちろん年功賃金だけが定年の存在理由ではない．年長者を管理・監督職につけるという**年功的な昇進制度**（seniority-based promotion）もその背景にある．

　年功的な昇進制度の下では，年をとった従業員はどこかで退職してもらわないと，後の者を処遇することができない．定年をなくすためには，年をとってもその専門能力を活かして最後まで第一線で仕事をしてもらうような仕組みにして，年長者が辞めないと後がつかえるといったことがなくなるようにしなければならないということもある．

　このこともまた労働需要理論によって説明できる．つまり高齢者に第一線で働いてもらうような技術変化によって，高齢者への労働需要の増えるような形に等量曲線の形状を変化させる，ということである．

6　公的制度改革も必要に

　高齢者の雇用促進のためには，以上で述べたような雇用制度の変革は不可欠である．同時に，公的制度についてもいくつかの変革を必要とする．たとえば高齢者の就業を過度に抑制する年金制度なども変えなくてはならない．

　雇用者の公的年金である厚生年金には，**給付の収入制限**（earnings test）が

年功的な昇進制度（seniority-based promotion）　年齢や勤続年数に応じて職位を上昇させ，年長者は管理・監督職として仕事をしてもらう制度．年功賃金とともに企業が定年退職制度や採用に年齢制限を設ける理由となっている．

図9-3　年金の給付に伴う収入制限の影響

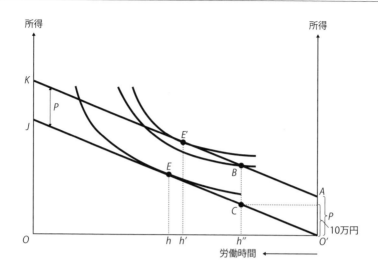

ある．つまり働いて収入があると，その額に応じて年金額を減らされてしまう
制度である．こうした制度は労働供給を大きく抑制する可能性を持っている．
これを単純化した例で示してみよう．

　図9-3は第2章でも示したような個人の所得・余暇平面上に，所得制約線を
描いたものである．ある個人に時間賃金率wの雇用機会がある（単純化のため
に当初は非勤労所得はないものとする）とすると，この個人の所得制約線は$O'J$
となる．所得・余暇の無差別曲線が図9-3のようであると，個人の主体均衡点
は点Eとなり，そのときの労働時間（最適労働供給時間）はhである．

　このとき，年金がpだけ給付されることになったとしよう．所得制約線は上
方にpだけシフトしてAKとなる．新しい主体均衡点は点E'となり労働時間はh'
に減少する．これは所得効果によって余暇をそれだけ多く消費するようになっ
たことを意味しており，これ自体は何ら問題ではない．

　問題は給付に収入制限がある場合だ．たとえば簡単化のために，勤労収入が

給付の収入制限（earnings test）　公的年金の受給資格があっても，働き続けていて一定以上の勤労収
入があると，年金給付の一部または全部がカットされてしまう制度．このことによって年金の受給資
格のある高齢者は就業を抑える傾向がある．

10万円以上あると年金がカットされてしまうような制度を考えてみよう．所得制約線は勤労収入10万円までは$O'J$から上方にpだけシフトしたもの（AB）であるが，それ以降は年金がカットされるのでもとの$O'J$上に戻る（CJ）．つまり年金額を勤労収入に応じてカットする仕組みは所得制約線を屈折させる（この図では点Bで屈折して所得制約線は$ABCJ$となる）のである．

　すると個人の主体均衡点は，所得制約線の屈折点である点Bに成立しやすくなる．結果として労働時間はh''のような低い水準に抑えられてしまう．これは年金の給付以前の労働時間hはもとより，収入制限がない形で年金が支給される場合のh'よりも短いものとなる．

　実際の厚生年金制度はこの例ほど極端ではなく，できるだけ高齢者の労働供給を阻害しないように設計されてはいる．しかしそれでも給付に収入制限をつけるということは，働くことによってその分だけ年金額が減らされるという就労へのペナルティとなることは避けられない．こうした就労を阻害するような公的制度も抜本的に見直す必要がある．

7　年齢から自由でない労働市場

　これからの本格的な高齢社会において，働く意思と能力のある人は年齢にかかわりなく活躍できるような仕組みを作らなければならないことは第8章で述べたとおりである．こうした考え方は，すでに1990年代には「生涯現役社会」の必要性ということで指摘されていた．[注4]

　中高年労働者に対する年齢差別の問題は以前は深刻であった．定年には達していない中高年層にとっても，ひとたび企業を離れると次の仕事を見つけることはきわめて困難な状況であった．しかし近年ではこれはかなり解消しているようである．図9-4は総務省の実施した「労働力調査」の特定調査票の結果である．失業者が次の仕事に就けない理由として，以前は，35歳以上の年齢層では「求人の年齢と自分の年齢とがあわない」がトップになっていたが，2019年では，希望する種類や内容と，求人のある仕事が異なることのほうが主たる要

（注4）　清家篤（1998）『生涯現役社会の条件──働く自由と引退の自由と』中公新書．

図9-4　年齢階級別仕事につけない理由（2019年）

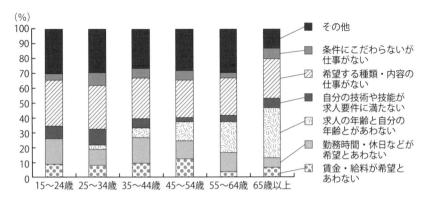

（出所）総務省「労働力調査」の特定調査票を主に集計した詳細集計.

因になっている．ただし65歳以上の年齢層では，現在でもまだ「求人の年齢と自分の年齢とがあわない」が，失業者が次の仕事に就けない理由のトップになっている．

　表9-2にあるように多くの企業で定年制度は維持され，定年年齢は法の定める下限（60歳）にはりついている．年齢だけを理由に退職を強制される定年退職制度について，少なくともその法定下限年齢を65歳まで引き上げるといった改革は最低限必要となろう．

　企業は仕事をしてもらうために人を雇用するのであるから，雇用の基準は仕事能力にあるはずだ．それを年齢で決めてしまおうというのは，性や国籍などでそれを決めてしまうのと同じようにおかしいと考えるべきだ．

　景気後退期などに企業の生産活動が停滞すれば，雇用情勢が厳しくなるのはしかたがない．しかしそれは年齢とは関係なく，経済理論的にはその個人の持っている仕事能力や，その個人の求める賃金水準などに応じて厳しくなるはずのものである．そのような理論からいえば，年齢のような「外形基準」は，できるだけ排除していかなければならない．もちろん企業が定年を設けたり，採用に年齢上限を設ける理由はある．それは年功的な賃金・処遇制度のためである．年功的な賃金・処遇制度の下では高齢者の雇用はコスト高になってしまう．これは本章で先に高齢者の労働需要の規定要因のところでみたとおりであ

る.

　雇用における年齢差別をなくすためには，賃金・処遇制度の変革も避けては通れないということになる.

　もちろん年功制にもメリットはある. 後の第11章で説明するように若い従業員の企業内での能力開発は年功賃金でないと難しい. またラジアーの理論にあるように，年功賃金は従業員の企業への帰属意識を高める. したがって，年功賃金をどこまで修正するかはバランスと程度の問題だ.

　それゆえ，こうした賃金・雇用制度の変革は企業労使の決めるべき問題であり，政策的介入の対象とすべきものではない. ただ企業自らの変革の方向性は，年齢差別をなくすことを可能にする条件整備と同じ方向であるようだ. 年齢から自由な雇用制度というのはけっして無理な注文ではなく，現在少しずつ進みつつある流れなのである.

Column

経営者にできてなぜサラリーマンにはできないのか

　サラリーマンの年金である厚生年金の支給開始年齢は最終的にすべて65歳となる. このときに60歳の定年では生活の辻褄は合わない. 定年は少なくとも65歳まで延長されなければならないはずだ.

　しかしこれについて経営側の抵抗は強い. 60歳定年でさえやっと実現したのに，とても65歳定年などは無理だという声が一般的である. とくに大企業では，60歳定年後の雇用延長はともかく，定年年齢そのものの引上げに踏み切った企業はまだ少数派であるのが現状だ. しかしこれはちょっとおかしくないだろうか.

　定年の延長に反対の経営側，とくに大企業の経営者で60歳を超えている人はざらである. みなさん元気に経営者を務めておられる. それにもかかわらず，自社でサラリーマンは60歳を超えては働かせられないといっている. 自分たちはちゃんと仕事をできて大丈夫でも，あの人たちはダメだ，というのはいかがなものだろうか.

　経営者が60歳代でできるのなら，ごく一般的なサラリーマンも60歳代で働けるはずだ，という話をあるミドル・マネジメント層の勉強会で話し

たら，それは日本の大企業の実態を知らない発言だ，と早速反駁された．彼らによると，日本企業，とくに大企業では経営者の仕事は楽だから60歳代でもできる，しかし一般のサラリーマンは激務だから60歳代では難しい，というのである．したがって60歳代の経営者は大丈夫で，一般のサラリーマンは60歳代で無理というのは正しいというのである．

　しかし本当にそうだろうか．昔はいざ知らず，現在の日本企業の置かれた環境を考えると経営者は相当な激務のはずである．もちろんそういう環境の変化を考えれば経営者の若返りは必要かもしれない．しかし，少なくとも現在60歳代の人が経営者としてきちんとやれているのなら，一般のサラリーマンもやれる，と考えるのが自然だろう．

　担当者として自分の守備範囲をその専門能力を活かしてきちんとこなす．少なくとも60歳代のサラリーマンにはそれほど難しいことではないだろう．むしろ問題は年齢そのものではなく，やはり賃金・処遇制度にあるように思われる．

　その意味で，この章で述べた制度変革は必要であろう．より年齢に関係しない賃金・処遇制度にすることで，60歳代の担当者もいれば，40歳代のトップ・マネジメントもいる，といったエイジフリーの雇用制度になっていくのではないだろうか．

練習問題

① 高齢者の労働力率の長期的トレンドを規定する要因について述べなさい．

② 高齢者の労働需要の規定要因について述べなさい．

③ 高齢者の就業促進のための公的制度改革について述べなさい．

第 10 章

女性雇用の
経済分析

学習の手引き

　この章では，労働者の中でも女性について説明します．すでにこのテキストでは労働供給と労働需要について学びましたが，女性雇用は何が異なるのでしょうか．まず，労働供給面では，女性雇用と結婚・出産は互いに大きな影響を与えます．また，社会のさまざまな制度は女性の就業行動に影響をおよぼします．

　はじめに，統計データで女性の年齢階層別の労働力率の変化を，それを取り巻く環境変化と合わせて確認します．次に結婚の意思決定を理論的に考えます．女性の賃金や雇用機会など労働市場の変化は結婚の意思決定に影響を与えます．なぜ未婚率が上昇しているのかを理解してください．

　また，未婚率の上昇や夫婦当たりの子どもの数の減少が女性の就業行動に影響を与えていることを理解しましょう．既婚女性では，結婚したことによる家事労働の分担や適用される社会制度，出産が，働くのか働かないのかの就業選択と，働くならば何時間働くのかに影響を与えます．

　さらに労働需要面から，なぜ男性と女性で賃金や職位に差があるのかを学びます．

⭐ KEY WORD

■**男女雇用機会均等法**
(Act on Securing, Etc. of Equal Opportunity and Treatment between Men and Women in Employment)

■**家計内生産財**
(household-produced commodities)

■**結婚の留保水準** (reservation quality)

■**留保賃金** (reservation wage)

■**配偶者控除** (deduction for spouse)

■**社会保険** (social insurance)

■**統計的差別** (statistical discrimination)

1 女性雇用の変遷

　第2章では，男女年齢階層別労働力率について観察し，男性の20代後半から50代後半までの壮年層の労働力率はほぼ100％に近いことに対し，女性の労働力率はM字型カーブをしているという特徴を見つけた．ここでは，時代とともに女性の働き方がどのように変わってきたのかをみてみよう．

　図10-1は，1968年から2019年までの女性の年齢階層別労働力率を描いたものである．これをみると，1975年まではM字型カーブのくぼみが深くなっているのがわかる．戦後，農業など半数以上は自営業主であったのが，男性は工場や会社で働くことが増え，さらにその給与が増加したことで，これまで農業などを手伝っていた女性は専業主婦になったのである．

　1975年を底に，それ以降はM字型のくぼみが浅くなり，またくぼむタイミングが遅くなっている．とくに，1975年から1995年にかけては，M字型のくぼみが20代後半から30代前半へと遅くなっている．1985年には**男女雇用機会均等法**（Act on Securing, Etc. of Equal Opportunity and Treatment between Men and Women in Employment）が制定され，募集，採用，配置，昇進において男女で差別がないよう努力することが企業に義務付けられた．これまでよりも，女性が雇用されやすくなったことで，20代後半の労働力率は大きく上昇したのである．この間，晩婚化・未婚化も進んでいる．1975年の20代後半の未婚率は20.9％であるが，1990年には2倍（40.2％）になっている（国勢調査）．20代後半の結婚が減ったことで，結婚を機に20代後半でも退職する人は減ったのだ．この晩婚化・未婚化と労働力率の上昇は密接に結び付いている．なぜこのようなことが起こるかは次節以降でみよう．

　1995年から2019年にかけては，M字型のくぼみが急速に浅くなっていることに気がつくだろう．30代前半の労働力率は1995年には53.7％であったのが，2019年には77.5％と大きく上昇している．また，M字型のくぼみの部分は30代

男女雇用機会均等法（Act on Securing, Etc. of Equal Opportunity and Treatment between Men and Women in Employment）　1985年に制定された，募集，採用，配置，昇進において男女で差別がないよう努力することを企業に義務付けた法律．

図10-1 女性の年齢階層別労働力率の推移

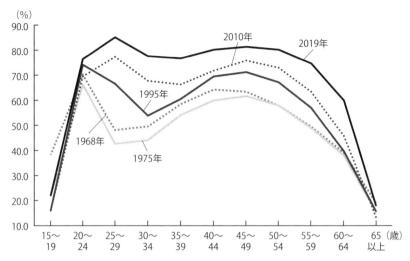

（出所）総務省統計局「労働力調査」より作成.

前半だけでなく30代後半も続くなど，長くなっていることにも注意しよう．
1990年代は，20代後半の労働力率は上昇しても，30代前半の労働力率はそれ
ほどには上昇しなかった．つまり，かつてより婚期が遅くなったとはいえ，結
婚をすると多くは退職していたと考えられる．しかし，1990年代半ば以降は，
結婚するだけで離職する女性は減り，出産するまでは働く，さらには出産後も
働き続ける女性が増加している．厚生労働省の「雇用動向調査」で，離職者を
経営上の都合や定年，結婚，出産など理由別にみると，1991年には（全年齢
の）女性離職者の8.2％は結婚を理由に離職し，5.3％は出産・育児を理由に離
職していたが，2010年には結婚を理由に離職する女性は3.7％であるのに対し，
出産・育児を理由に離職する女性は4.0％と前者を上回った．

　この間，晩婚化はさらに進み，2010年には20代後半の未婚率は6割を超え，
2018年の女性の平均初婚年齢は29.4歳である．結婚のタイミングが遅くなるだ
けではなく，30代以降の未婚化も進んでいる．30代後半と50代前半の未婚率
は1990年にはそれぞれ7.5％，4.1％であったが，2015年には30代後半の約4人
に1人，50代前半の10人に1人は未婚である．さらに，結婚した夫婦が育てる

子どもの数も減少している．結婚して15〜19年経つ夫婦の子どもの数は，1990年代は2人を超えていたが，2010年以降は2人を割り込んでいる．[注1] 結婚のみならず，出産（や子どもの数，社会全体では少子化）も女性の労働供給と大きく関連している．これについても次節以降で詳しくみよう．

　だが，図10-1を正社員に限定（正社員÷各年齢層の女性労働力人口）するとM字型の2番目の山は現れず，年齢とともに労働力率は下がり続ける．出産後は非正社員として復職したり，非正社員に転換したりしている．あるいは単身者であっても年齢が上がるとさまざまな理由で非正社員になる者がいる．ただし，2010年代に入りようやく出産後も働き続ける者が5割を超えた．さらに，妊娠前に正社員であった女性が子どもが1歳時においても正社員として働いている割合は6割を上回った．

　図10-1では総じて各年齢層の女性労働力率は上昇してきた．女性とは反対に，男性の20代後半から50代後半までの壮年層の労働力率は，98％程度から96％へとわずかながら低下している．したがって，女性の労働力率は上昇しているが，社会全体の労働力率は，男性の労働力率低下分を差し引いた分の増加となる．

　ここまでは比較的若い女性を中心にみてきた．次に，図10-1の60〜64歳の女性に注目しよう．他の年齢階層では時間の経過とともに女性の労働力率は上昇しているが，60〜64歳の女性は，図10-1をみると，1968年から1995年まではグラフはほぼ重なっており，労働力率に変化はない．バブル期においても，60代前半の男性は4％ほど労働力率が上昇したのに対し，女性はさほど変化しなかった．図10-1では2005年のグラフを省略しているが，この年を境に大きく上昇し，その後も上昇している．これは，2005年に高年齢者雇用安定法が制定され，企業は定年の引き上げか，継続雇用制度の導入か，定年の定めの廃止のいずれかの措置をとらなければならなくなったことによる．これについては，第9章の高齢者雇用の経済分析で学んだとおりである．

(注1)　この段落の未婚率については，総務省「国勢調査」，平均初婚年齢は，厚生労働省「人口動態統計月報年計（概数）の概況」，出生数は，社会保障・人口問題研究所「出生動向基本調査」より．

2　家計内生産モデルによる結婚決定の理論的説明

　女性は結婚を機に離職したり，自分の仕事を続けられるかどうかを織り込んで結婚を決めたりする．結婚と女性の労働供給には密接なつながりがある．そこで，どのようなときに結婚するのか，この節では労働経済の観点から結婚の意思決定についてみていこう．結婚をすると，かつての農業や家族事業が中心の社会では稼ぎ手が2人になるので生活が安定する．雇用者（サラリーマン）でも，一方がリストラされたり，収入が大きく減ったりした際に，他方が稼いでいれば所得補償になる．また，結婚してこそ1人前という社会的認識があった時代もある．[注2] 好きな人と暮らす，2人の関係が安定するといった利点もあるし，日本では子どもを持つ場合には多くのカップルは結婚している．

　では，結婚による不利益は何か．結婚により一方が他方を扶養する場合には，自分で自由に使える所得が減少する．また，結婚を機に離職するほうは，結婚（離職）しなければ得られたであろう生涯所得を失う．つまり，結婚には手放した生涯所得分の機会費用が掛かっているのだ．片方が離職せずに共働きの場合には，家事労働の負担がどちらかに偏り，苦痛になることもある．また，結婚は共同生活であるので，独身のときのように気ままに暮らすわけにはいかず，自由度は低下する．このように，結婚には利点も欠点もあるが，では，どのような場合に結婚するのだろうか．代表的な家計内生産モデルをはじめに紹介しよう．

　ベッカー教授のモデルを単純化したモデルで説明する．[注3] 人々は，2種類の財を消費する．1つは，文具や洋服といった，スーパーや百貨店（市場）で売られている財，すなわち，市場財Cだ．もう1つは，手料理や洗濯，ワイシャツにアイロンをかけること，掃除など，家事で生み出される財，言い換える

（注2）　Korenman and Neumark は，1976年のある企業の管理職または専門職の白人男性データを使用して，既婚者は上司から良い評価を受けやすく，そのことが昇進につながり，未婚者より賃金が高くなることを明らかにしている（Korenman, Sanders and David Neumark（1991）"Does Marriage Really Make Men More Productive?" *Journal of Human Resources*, Vol. 26, No. 2, pp. 282–307）．
（注3）　Becker, G. S.（1973）"A Theory of Marriage: Part Ⅰ," *Journal of Political Economy*, Vol. 81, No. 4, pp. 813–846．

と，家庭で生産されるような財，すなわち，**家計内生産財**（household-produced commodities）zだ（物的な"財"のみならず，ここでは行為（サービス）も含める）．家計内生産財zは，市場財を使わずに作られるとしよう．第2章では，個人の持っている時間は余暇時間と労働時間に分けられていた．この章では，余暇時間の代わりに，家事労働を行うとしよう．つまり，個人の時間は家計内生産財zを生産するのに費やすか，労働時間に分けられる．したがって，次の関係が成り立つ．

個人の持っている時間＝家計内生産財zを生産する時間＋労働時間

第2章のように，1日24時間のうち，睡眠，食事，排泄など生きていくのに必要な時間を除いた15時間を自由に使うことができ，1カ月が30日であるならば，15×30=450時間/月を個人は持っている．すべての時間を家事労働に費やすのであれば，家計内生産財zを生産する時間は450時間で，労働時間はゼロ時間だ．反対に，家事は一切行わず，すべての時間を家の外で働くのであれば，家計内生産財zを生産する時間はゼロ，労働時間は450時間である．会社で160時間働いて，290時間を家計内生産財zの生産に充てることも可能だ．

　個人はお店で売られている市場財Cと，家庭で生産される家計内生産財zをどのくらい消費できるのだろうか．はじめに，市場財Cを購入するための予算の上限はいくらだろうか．ここでも再度，第2章の数値例で考えよう．非勤労所得は20万円で，働く場合は，時間賃金率1000円で，何時間働くかは労働者が自由に決められる仕事があるとする．このとき，ある個人が市場財Cを購入するための予算の上限は，次の式で表せる．

市場財Cを購入するための予算の上限＝賃金×労働時間＋非勤労所得

$$(10-1)$$

個人の持っている450時間をすべて家事労働に充てるのであれば，労働時間は

家計内生産財（household-produced commodities）　家庭で生産されるような財．手料理や洗濯，ワイシャツにアイロンをかけること，掃除など．

ゼロ時間なので，市場財Cは非勤労所得の20万円まで購入できる．450時間すべて会社で働いているのであれば，1000円×450時間＋20万円で，65万円まで市場財Cを購入できる．160時間を会社で働き，290時間を家事労働に費やすのであれば，1000×160時間＋20万円で36万円まで市場財Cを購入できる．

　次に，家計内生産財zはどのくらい消費できるのだろうか．家計内生産財zは，市場財を使わずに作られると仮定しているので，次のような式で表せる．

$$家計内生産財z＝家事能力×家計内生産財zを生産する時間 \qquad (10\text{-}2)$$

　個人により得手不得手は異なるので，たとえば料理が得意な人もいれば不得意の人もいる．1時間でカレーライスを作り終える人もいるし，1時間では野菜やお肉を切って鍋を火にかけるところまでしかできない人もいるだろう．160時間を会社で働き，290時間を家事労働に費やす個人がいたとき，同じ290時間でも生産し消費できる家計内生産財zの量は異なる．また，450時間すべて会社で働いているのであれば，消費できる家計内生産財zはゼロである．個人の持っている450時間をすべて家事労働に充てるのであれば，450時間でこの個人が生産できる量を消費できる．

　それでは，市場財Cと家計内生産財zは合わせてどのくらい消費できるのだろうか．今みてきたように，個人の持っている450時間をすべて家事労働に充てるのであれば，市場財Cを購入する予算は少ないが，家計内生産財zはたくさん生産でき，消費できる．反対に，450時間すべて会社で働いているのであれば，市場財Cを購入する予算は多いが，家計内生産財zはゼロである．個人の時間は家計内生産財zを生産するのに費やすか，労働時間に分けられるのであるから，どちらかに多くの時間を費やすと，他方に費やす時間は減る．そこで，（10-1）式「市場財Cを購入するための予算の上限の式」の労働時間は，「個人の持っている時間－家計内生産財zを生産する時間」であるから，これを用いて書き直してみよう．

$$市場財Cを購入するための予算の上限＝賃金×(個人の持っている時間$$
$$－家計内生産財zを生産する時間)＋非勤労所得 \qquad (10\text{-}3)$$

また，家計内生産財zを生産する時間は（10-2）式から，「家計内生産財z/家事能力」に書き直せる．少し話は逸れるが，これは，家事能力が高ければ，たとえば同じ手料理を作るにしても，少ない時間で済むことを意味する．（10-3）式を書き直すと，次のようになる．

> 市場財Cを購入するための予算の上限＝賃金×（個人の持っている時間
> －家計内生産財z/家事能力）＋非勤労所得

並び変えると，次のように表せる．

> 市場財Cを購入するための予算の上限＝－賃金×（家計内生産財z/家事
> 能力）＋（賃金×個人の持っている時間＋非勤労所得）　　　　（10-4）

市場財Cと家計内生産財zの消費できる量の組み合わせを，縦軸を市場財Cを購入するための予算，横軸を家計内生産財zとした図で示すならば，図10-2のようになる．傾きは－賃金/家事能力，縦軸の切片は「賃金×個人の持っている時間＋非勤労所得」の右下がりの直線となる．先ほどの数値例を思い出すと，450時間すべて会社で働いているのであれば，65万円まで市場財Cを消費でき，そのとき消費できる家計内生産財zはゼロであった（点A）．図10-2の横軸の家計内生産財zがゼロのときは，（10-4）式でみると，「賃金×個人の持っている時間＋非勤労所得」のみであり，65万円かつ縦軸の切片になっている．また，個人の持っている450時間をすべて家事労働に充てたときは，市場財Cは非勤労所得の20万円まで購入でき，家計内生産財zは450時間でこの個人が生産できる量を消費できた（点B）．

　より一般的に表現すると（10-4）式は次のようになる．ただし，ここでは賃金をw，家事能力をa，個人の持っている時間をT，非勤労所得をIとする．また，市場財Cは文具も洋服も価格Pで売られているとする．

$$PC = -w \times (z/a) + (w \times T + I)$$

図10-2 市場財と家計内生産財の消費できる量の組み合わせ

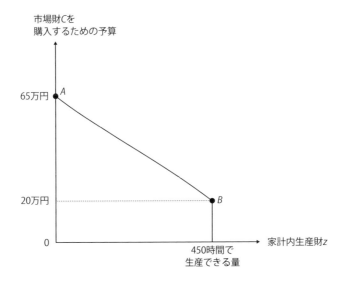

また，図10-2では縦軸は市場財Cを購入するための予算であったが，これを市場財Cそのものにするために，両辺をPで割ると

$$C = -(w/aP) \times z + (w \times T + I)/P \tag{10-5}$$

となる．消費できる市場財Cと家計内生産財zの組み合わせを示す直線の傾きは$-(w/aP)$，縦軸の切片は$(w \times T + I)/P$である．

さて，どのような場合に結婚をするのかを考えているのだから，少なくとも2人の個人に登場してもらう必要がある．そこで，mさんとfさんがいるとしよう．先ほどの数値例では賃金率を1000円としていたが，mさんとfさんの賃金率は異なり，w_m, w_fとする．また，家事能力もmさんとfさんで異なり，a_m, a_fとする．よって，消費できる市場財Cと家計内生産財zの組み合わせを示すmさんの直線は傾き$-(w_m/a_m P)$，縦軸切片$(w_m \times T + I)/P$であり，fさんの直線は傾き$-(w_f/a_f P)$，縦軸切片$(w_f \times T + I)/P$である．

　図10-3は，左側はｍさんの消費できる市場財Ｃと家計内生産財ｚの組み合わせ，右側はｆさんのそれを示す．ｍさんの賃金w_mはｆさんの賃金w_fよりかなり高いとする．たとえばｍさんの賃金が2000円でｆさんの賃金が800円であるならば，直線の傾きは$-(w/aP)$であるから，ｍさんの直線のほうが傾きは急になる．あるいは，ｆさんの方がｍさんより家事能力がはるかに高いとすると，ｆさんの家事能力a_fはｍさんの家事能力a_mより値は大きく，直線の傾きの分母の値が大きいので，傾きそのものはｆさんの方がｍさんより緩やかになる．

　効用水準は，市場財Ｃと家計内生産財ｚがたくさん消費できればできるほど高くなる．第2章で無差別曲線を学んだ際には，所得と余暇時間が多ければ多いほど効用水準は高くなっていた．図10-3では，効用水準が等しくなる市場財Ｃと家計内生産財ｚの組み合わせを結んでいくと無差別曲線が描ける．無差別曲線は玉ねぎの皮のように無数に存在し，右上に位置するほど効用水準は高い．ｍさんとｆさんの効用水準が最も高くなる市場財Ｃと家計内生産財ｚの組み合わせは，それぞれ，図10-3の直線と無差別曲線が接するとき（$E0_m$または$E0_f$）である．右上に位置する無差別曲線ほど効用水準は高くなるが，これよりも高い水準を可能にするような市場財Ｃと家計内生産財ｚの組み合わせはない．直線上か直線より下の組み合わせしか消費は可能ではないからだ．

　ここで，たとえば手料理をお店で購入することはできないが，仮に，ｍさんとｆさんの間で家計内生産財ｚを売買できるとしよう．ｍさんは会社で働くことに専念し，ｆさんは家事労働に専念すると，どうなるだろうか．ｍさんはｆさんから手料理や掃除をしてもらうなど家計内生産財ｚを受け取り，その代わり，ｍさんは稼いだ所得の中から代金をｆさんに支払う．ｍさんの消費できる市場財Ｃはその分これまでよりも減少する．ｆさんはｍさんから受け取ったお金でこれまでよりも多くの市場財Ｃを消費することができる．その代わり，ｆさんはｍさんに家計内生産財ｚを渡すので，これまでよりも消費できる家計内生産財ｚの量は減少する．ｍさんとｆさんの取引は，ちょうどｍさんが受け取る家計内生産財ｚの量とｆさんが渡す家計内生産財ｚの量が等しく，ｍさんがｆさんに代金を支払うことで減らす市場財Ｃの量とｆさんがｍさんから受け取る代金で増やす市場財Ｃの量が等しいときに成り立つ．図10-3の左右の図に示した横向きの矢印の長さは等しい．同様に縦向きの矢印の長さも左右の図で等しい．

図10-3　家計内生産モデルによる結婚決定

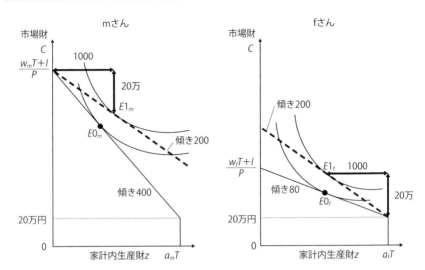

(注) ここでは傾きは，絶対値を表している.

　代金がいくらなら取引は成立するだろうか．mさんの賃金w_mは2000円でfさんの賃金w_fは800円，mさんの家事能力a_mは5でfさんの家事能力a_fは10，市場財Cの価格Pは文具でも洋服でも等しく1とする．mさんの場合，1時間会社で働く時間を短くして家事労働を行うと，所得は2000円減少する．会社で働く時間を短くする代わりに，代金2000円でfさんから家計内生産財zを購入するならば，自分で家事を行ったときに得られる5という量より多くの家計内生産財zが得られればよい．つまり，家計内生産財z1つが400円（2000円/5）より安ければよい．fさんの場合，1時間家事労働時間を減らして，会社で働くと800円の所得があり，これで市場財Cを800という量だけ買える．家事労働時間を減らす代わりに，1時間の家事労働時間で家計内生産財zは10生産できるので，これが800円より高く売れればよい．言い換えると，家計内生産財z1つが80円（800円/10）より高ければよい．つまり，直線の傾きの絶対値である(w_m/a_mP)と(w_f/a_fP)の間の価格で家計内生産財zは取引される．

　図10-3では，左右の図に，傾きの絶対値80と400の間として，傾きの絶対値が200の破線が描かれている．fさんが100時間家事労働すると家計内生産財

zは1000作られるが，これを20万円でｍさんに売ると，ｆさんは20万円を得る．もし，ｆさんが100時間会社で働くならば，800円×100時間で8万円しか稼ぐことはできない．ｍさんは，20万円で1000の家計内生産財zをｆさんから購入できる．20万円はｍさんにとっては，100時間会社で働けば稼ぐことができるが，ｍさんは1000の家計内生産財zを得るには，1000÷5で200時間の家事労働をしなければならない．図10-3では，ちょうど破線と無差別曲線は$E1_m$，$E1_f$で接している．ｍさん，ｆさんともに，効用水準は$E0_m$，$E0_f$より高くなっている．つまり，ｍさんとｆさんで直線の傾きが異なるとき，言い換えると，「賃金格差が大きいとき」，あるいは，「家事能力が大きく異なるとき」は，ｍさん，ｆさんがそれぞれ会社で働き家事労働をするよりも，一方（ここではｍさん）が会社で働くことに専念し，他方（ｆさん）が家事労働に専念し，家計内生産財を取引したほうが，ｍさんもｆさんも効用水準は高くなる．

これまでの話は，「仮に，ｍさんとｆさんの間で家計内生産財zを売買できる」と仮定を置いていた．しかし，ｆさんの手料理はお店では売られていない．家計内生産財が市場では取引されていないか，非常に取引費用が高いとき，ｍさんとｆさんは結婚する．結婚して，ｍさんが会社で働き，ｆさんが家事労働に専念したほうが，ｍさんとｆさんがそれぞれ独身でいるときよりも，両方の効用水準は高くなる．図10-1で1975年まではＭ字が深化していたように，高度経済成長期の日本では，男性が外（会社）で働き，女性が専業主婦として家事に専念するという現象がみられた．

しかし，ｍさんとｆさんが家計内生産財zを取引するのは，上で述べたように，「賃金格差が大きいとき」，あるいは，「家事能力が大きく異なるとき」である．1976年には男性の賃金を100としたとき女性の賃金は58.8であった．その後もしばらくは6割未満であったが，特に1985年以降に上昇し，2019年には男性100に対し74.3となり男女間賃金格差は縮小している（厚生労働省「賃金構造基本統計調査」．所定内給与で比較）．また，家事能力においては，技術進歩により多種多様な家電製品が発売され，(注4) さらに，コンビニエンスストアや家事代行サービスが発達している．料理ができなくてもコンビニへ行けば食事を調達でき，洗濯機に洋服を入れてスイッチを押せば（製品によっては）乾燥とアイロンまで仕上げてくれる，あるいは専用袋に入れてマンション1階に預

れば，クリーニング業者が回収し，洗濯とアイロンを仕上げて届けてくれる．個人間での家事能力に差がなくなってきている．

賃金や家事能力に差がないならば，図10-3でmさんとfさんの直線の傾きは変わらなくなり，結婚しても効用水準はあまり上がらない，あるいはまったく上がらなくなる．つまり，独身時と効用水準が変わらなくなり，結婚しなくなる．1節でみたように，日本では，賃金格差や家事能力差の縮小と時を同じくして，晩婚化や未婚化が進んでいる．

3 サーチモデルとスイッチングモデルによる結婚決定の理論的説明

求職者が仕事を探すモデルを配偶者探しに応用したサーチモデルを紹介しよう．独身でいることの価値と結婚する価値を比較して，後者が前者を上回ったところで配偶者探しを終える．上回るまでに時間がかかると，初婚年齢の上昇や，若年者の未婚率の上昇につながる．はじめに，結婚する価値は次の式で示すことができる．

> 時間割引率×結婚する価値＝1年当たりの結婚生活で得られる便益（相性など）＋結婚の経済的メリット＋離婚確率×（独身でいることの価値－結婚する価値）　　　　　　　　　　　　　　　　　　　　　(10-6)

上の式の冒頭の「時間割引率」とは，結婚生活を続けた際に将来得られる価値を現在時点でいくらになるか，現在の価値に置き換えるためのものだ．この式を書き直すと（途中経過は補論を参照），

(注4)　家電製品を所有しているか否かや，家電製品の価格低下は女性の労働力率を高めることは，理論モデルや，国別や個人データを用いた研究で確かめられている．たとえば，Greenwood, Jeremy, Ananth Seshadri, and Mehmet Yorukoglu (2005) "Engines of Liberation," *Review of Economic Studies*, Vol. 72, No. 1, pp. 109-133や，Cavalcanti, Tiago V. de V. and José Tavares (2008) "Assessing The 'Engines of Liberation': Home Appliances and Female Labor Force Participation," *The Review of Economics and Statistics*, Vol. 90, No. 1, pp. 81-88, また，Coen-Pirani, Daniele, Alexis León, and Steven Lugauer (2010) "The effect of household appliances on female labor force participation: Evidence from microdata," *Labour Economics*, Vol. 17, Issue 3, pp. 503-513 がある．

結婚する価値－独身でいることの価値＝{1年当たりの結婚生活で得られる便益（相性など）＋結婚の経済的メリット－時間割引率×独身でいることの価値}/(時間割引率＋離婚確率)　　　　　　(10-7)

となる．結婚する価値が独身でいる価値より高くなるのは，「時間割引率×独身でいることの価値」よりも，「1年当たりの結婚生活で得られる便益（相性など）と結婚の経済的メリットを合わせたもの」が高い結婚の申し込みを受けたときだ．そのような申し込みを受けることが，配偶者探しの最適な戦略となる．家計内生産モデルでみたように，男女賃金格差や家事能力格差の縮小により，結婚による経済メリットが小さくなると，独身でいる価値を上回るような結婚相手が見つかりにくくなる．「結婚生活で得られる便益と結婚の経済的メリットを合わせたもの」が，「独身でいることの現在における価値（時間割引率×独身でいることの価値）」よりも高くなる最低水準を**結婚の留保水準**(reservation quality)と呼ぶ．つまりそのときの「時間割引率×独身でいることの価値」が結婚の留保水準である．

「おひとりさま」需要に合わせたサービスの増加や，「（お嫁に）行き遅れ」という言葉で表されていたような社会通念がなくなるなどによって，「1年当たりの独身生活で得られる便益」が高くなるほど，また，「結婚の申し込みを受ける確率」が高いほど，結婚の留保水準は高くなる．留保水準が高いと，それを上回る結婚相手は少なくなるので，初婚年齢が上がったり，未婚率が上がったりする．

女性が生涯働くことや，女性の賃金が上昇することは，結婚市場で相手探しのための資金が作られ（つまり，時間を費やして相手を探すことができる），生活費を稼ぐことができるので未婚でいることの経済的ペナルティ（罰）が減少する．このことは，結婚の留保水準を上げるので，婚期が遅くなったり，婚期が遅れると配偶者候補の数が減るので未婚率が上がったりする．

これとは反対に，女性が仕事をすることが，結婚相手としての魅力を高め

結婚の留保水準（reservation quality）「結婚生活で得られる便益と結婚の経済的メリットを合わせたもの」が，「独身でいることの現在における価値（時間割引率×独身でいることの価値）」よりも高くなる最低水準．

る，結婚相手との出会いの場を広げる，など，むしろ女性の仕事（や所得）と結婚は正の関係にあるという説もある．また，離婚率の上昇や男女ともに婚期が遅くなることは，婚期が遅くなることで配偶者候補の数が減り未婚率が上がるというペナルティを減らすという説もある．[注5] なお，離婚率については，離婚率が低いほど結婚に慎重になり，留保水準が上がるともいわれる．

　これに対し，スイッチングモデルとは，親と同居しているときの効用水準と，結婚候補者と結婚したときの効用水準を比較し，後者が前者を上回れば結婚するというモデルである．親の所得が高いと，結婚確率は低下する．

　家計内生産モデルでは，単身生活をしている独身者2人が，結婚することで効用水準が上がるかどうかを考えていた．しかし，日本の若者は，結婚前は単身生活ではなく，親と同居している者が多いことから発達したのがスイッチングモデルである．背景に，1990年代終わりに，親と同居し独身生活を謳歌している者が「パラサイト・シングル」という言葉で表されるようになったこと，[注6] その後，若年層の雇用環境が悪化したことから，1人暮らしをする余裕がなく，仕方なく同居していると捉えられたことがある．

4　市場賃金と留保賃金と最低要求労働時間による既婚女性の労働供給の説明

　今度は結婚をした後についてみていこう．既婚女性にとっては，結婚や出産などのライフイベントが労働供給に大きな影響を及ぼす．①働くのか働かないのか，そして，②働く時間を（出産を機に）減らすのか，（子育てが一段落するときや子どもの高校・大学進学を機に）増やすのかの決定が必要だ．第2章で学んだ所得・余暇平面を用いて考えていこう．

市場賃金

　はじめに，個人が労働時間を選択できる場合に賃金が変化することで，働くのか働かないのかの就業選択がどのように変化するかをみていこう．第2章の

（注5）　Oppenheimer, Valerie Kincade（1988）"A Theory of Marriage Timing," *American Journal of Sociology*, Vol. 94, No. 3, pp. 563-591.

（注6）　山田昌弘（1999）『パラサイト・シングルの時代』筑摩書房によると言われる．

図2-10(b)では，賃金が20万円/月のときは働かない座標の効用水準は働くときの座標の効用水準より高く，この無差別曲線を持つ個人群100人は働かないことを選択した．しかし賃金が25万円/月になると，働くときの座標の効用水準は働かないときの座標の効用水準より高くなり，働くことを選択した．図2-10(b)では働く時間が200時間/月で固定されていた．しかし第2章後半では，個人が働く時間を選択できるという前提に緩めた場合の最適労働時間の決定についても勉強した．そこで本章では，個人が労働時間を選択できる場合に，賃金が上昇していくとどのように就業選択を変えるのかをみていこう．

図10-4は所得・余暇平面である．ある個人は20万円/月の非勤労所得があるとする．働かない場合の座標Nは，所得20万円/月，余暇時間450時間であるから，$N(450,20)$である．賃金が低いときとして，図10-4では1時間当たりの賃金が800円のときの所得制約線が描かれている．1時間800円の仕事（求人）があったとき，この人は，所得制約線上の所得と余暇時間の組み合わせを自由に選択できる．たとえば，200時間働くならば，余暇時間は250時間で，所得は800円×200時間＋20万円＝36万円である．働く場合の座標$W_0$$(250,36)$の効用水準と働かない場合の座標$N$の効用水準を比較すると，働かない場合のほうが効用水準は高い．労働時間を短くしても，たとえば，図10-4のW_0'の場合でも，（W_0'を通る無差別曲線は描いていないが）働かない場合の無差別曲線は，W_0'を通る無差別曲線より右上に位置し，働かない場合のほうが効用水準は高い．1時間働くときは，座標$W_0''$$(449,20.08)$だが，やはり働かない場合のほうが効用水準は高くなる．よって，賃金が800円と低いときには働かない．

次に，賃金が高いときとして，図10-4には1時間当たりの賃金が4000円のときの所得制約線も描かれている．賃金が高いときのほうが，所得制約線の傾きは急だ．1時間4000円の求人があったとき，この人は，賃金4000円の所得制約線上の所得と余暇時間の組み合わせを自由に選択できる．たとえば，150時間働くときは，余暇時間は300時間，所得は4000円×150時間＋20万円＝80万円なので，座標は$W_1$$(300,80)$である．働いた場合の座標$W_1$の効用水準と働かない場合の効用水準を比較すると，前者のほうが高くなる．よって，働くことを選択する．図では省略しているが，労働時間をより短くし，たとえば1時

図10-4　市場賃金と就業選択

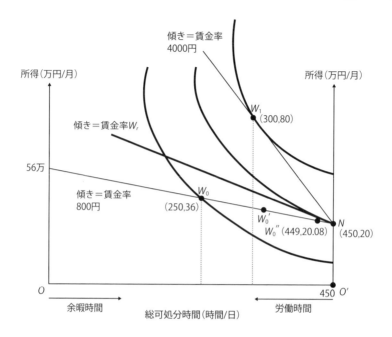

間にしても，やはり働いた場合の効用水準のほうが働かない場合の効用水準より高くなり，働くことを選択する．

　賃金率が低いときと高いときの間の値（つまり，800円より高く4000円より低い）の賃金W_rの所得制約線が図10-4には描かれている．賃金W_rのとき，座標Nのところで所得制約線は無差別曲線に接している．つまり，働かないときの効用水準と，「ゼロ時間働いたとき」の効用水準は等しくなっている．働かない場合の効用水準と働いた場合の効用水準が等しくなるような賃金を**留保賃金**（reservation wage）と呼ぶ．図10-4では賃金W_rが留保賃金である．

　市場賃金，言い換えるならば，企業が求人の際に提示している賃金が，留保賃金を上回っていれば，個人（労働者）は働くことを選択する．市場賃金が留

留保賃金（reservation wage）　働かない場合の効用水準と働いた場合の効用水準が等しくなるような賃金．

図10-5　女性賃金の上昇率と女性労働力率の上昇の関係

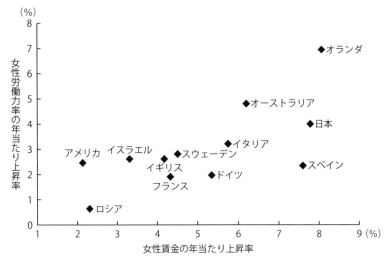

(出所) Mincer, Jacob (1985) "Intercountry Compairsons of Labor Force Trends and of Related Developments: An Overview," *Journal of Labor Economics*, Vol. 3, No. 1, Part2.

保賃金と等しいか，下回っているときには，働かない．図10-4で，市場賃金が W_r よりも高ければ，4000円を例としてみたように，働いた場合の効用水準が働かない場合の効用水準より高くなるので働くことを選択する．市場賃金が W_r より低ければ，800円を例としてみたように，働く場合の効用水準は働かない場合の効用水準より低くなるので，働かない．

　企業が求人の際に提示する賃金が高くなると，（1人ひとりの留保賃金が異なっていても）女性の留保賃金を上回ることが多くなる．よって，女性の市場賃金が上昇すると，多くの女性にとって，留保賃金を上回るようになり，女性の労働力率は上昇する．図10-5はミンサー教授の論文をもとに描いた図だ．女性の賃金が大きく上昇している国ほど，女性の労働力率の上昇率は高い．なお，第2章では，賃金の上昇により，労働時間が延びていく場合を学んだが，市場賃金が高くなることは，女性が労働時間を延ばすことへの影響よりも，女性が働き出すことへの影響が大きい．

留保賃金

　女性の市場賃金が上昇すると，女性の留保水準を上回ることが多くなるので女性の労働力率は上昇することをみてきた．次に，留保賃金の水準そのものに焦点を当てよう．留保賃金の水準は，個人の選好と非勤労所得によって決まる．はじめに，個人の選好からみていこう．第2章でみたように，無差別曲線の形状は個人により異なる．図10-4で無差別曲線のカーブが寝た（フラットな）状態，たとえば第2章の図2-8(a)のような形状であるほど，働かないときの座標で無差別曲線に接する直線の傾きは緩やかである．つまり，留保賃金は低い．反対に，無差別曲線のカーブが起きた（急な）状態，たとえば第2章の図2-8(b)のような形状であるほど，無差別曲線に座標Nで接する直線の傾きは急になる．つまり，留保賃金は高い．無差別曲線のカーブが起きた形状のときは，余暇時間を1時間減らしたときに，それまでと同じ効用水準を保つには，所得がたくさん増えなければならない．たとえば，子育ての時間を1時間減らすことを考える場合，子どもがいない女性よりいる女性のほうが，子どもが1人の女性より2人，2人より3人の女性のほうが，より多くの所得が増えなければ，これまでと同じ効用水準を得られないことは容易に想像がつく．つまり，子どもの数が増えるほど，留保賃金は高くなる．子どもの数が減ると，留保賃金は下がり，多くの女性が働くことを選択し，労働力率は上昇する．

　ところで，先進国では多くの国で少子化になっている．農業中心の社会では，子どもは将来の働き手や，年老いてから面倒を見てもらうための投資財であった．しかし，サラリーマン（雇用者）中心の社会になると，子どもを持つこと自体が，子どもの成長をみるのが嬉しいというように，喜びになる．つまり，子どもは絵画や宝飾品と同じく，消費財になる．消費財の需要量は，所得と価格で決まる．所得が上がれば消費財の需要は増えるし，価格が高くなれば需要は減る．先進国は長期でみると所得水準は上昇してきたので，子どもに対する需要は増え，子どもの数は増えてもよさそうだ．では，なぜ多くの先進国で少子化は進んだのだろうか．鍵は子どもの価格にある．価格は，教育費や養育費などの直接費用と，機会費用で決まる．教育費は社会問題になるほど高騰している国もあるし，またより良い教育を受けさせようと多くの費用をかけるので，子どもに対する直接費用は上がっている．では機会費用はどうだろう

図10-6　特定の時間働かなければならない場合

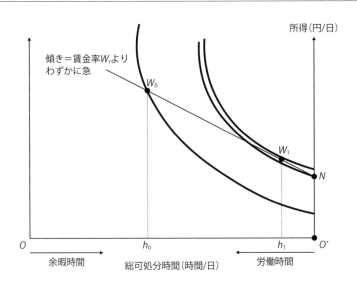

か．ここで，女性が離職して子育てするとしよう．65歳の定年まで働くところ，30歳で離職したとすると（人口動態統計によると平成29年の第1子出産時の母の平均年齢は30.7歳である），35年間分働く期間は短くなる．働いていれば，1年間に380万円を稼げるとすると，380万円×35年間＝1億3300万円を失うことになる（賃金構造基本統計調査より，2017年の学歴や産業，企業規模を分けない場合の女性の1カ月当たりのきまって支払う現金給与を12倍し，年間賞与を加えると，約380万円）．子育てで離職せずに働いていれば得られたであろう所得が，子育てに掛かる機会費用である．女性の市場賃金が上がると，子育てに掛かる機会費用は上昇する．このように，直接費用も機会費用も上昇しており，子どもの価格は高くなっている．価格が上がると，子どもに対する需要は減少し，子どもの数は減る．

　先にみたように，女性の市場賃金の上昇は労働力率を上昇させる．他方で，女性の市場賃金が上昇すると，子どもの数は減少する．子どもの数が減ることは，上でみたように，留保賃金が下がり，多くの女性が働くことを選択し，労働力率は上昇する．

　留保賃金の水準に影響を与えるもう1つの要因は，非勤労所得である．非勤

労所得が高いと留保賃金は高くなり，非勤労所得が低いときには留保賃金は低くなる．第2章のコラムでダグラス゠有沢の法則を紹介した．妻にとって夫の収入は非勤労所得であり，夫の収入が高い，つまり非勤労所得が高いと，妻の留保賃金は高くなる．すると，企業が求人の際に提示する賃金より留保賃金のほうが高い場合が多くなる．夫の収入が高いほど，妻の就業確率は低くなる．

最低要求労働時間

　ここまで，個人は労働時間を自由に選択できる場合についてみてきた．次に企業から，特定の時間以上働くことを求められた場合はどうであろうか．図10-6には，留保賃金よりわずかに高い賃金での所得制約線と，無差別曲線が描かれている．必ずh_0時間は働くことが企業から求められる場合，働く場合の座標はW_0になる．このときの働く場合の効用水準は働かない場合の効用水準より低く，働かないことを選択する．賃金が変わらなくても，労働時間を自由に選択することができ，たとえばh_1時間働く場合には，働くときの座標W_1における効用水準は，働かない場合の効用水準より高くなり，働くことを選択する．子育て中の女性が，短時間労働を望む場合などはこの状態だ．

5　家計内生産モデルによる既婚女性の労働供給の説明

　2節では結婚の意思決定を家計内生産モデルで説明した．図10-3で登場したmさんとfさんが結婚したとしよう．2人が消費できる市場財Cと家計内生産財zの組み合わせはどうなるだろうか．2人がすべての時間を家計内生産財の生産に用いるのなら，ちょうど図10-3の右側のfさんがすべての時間を家計内生産財にあてている点に，mさんが生産する家計内生産財の量（a_mT）だけ横に足し合わせた量になる．ここからスタートしよう（非勤労所得が二人分になるよう原点は下げておく）．この夫婦は市場財も欲しい．そこで1時間を会社で働くことに使うなら，mさんとfさんのどちらが働きに出るだろうか．賃金の高いmさんだ．ではもう1時間を会社で働くことに費やすならどちらが働きに出るだろうか．やはりmさんだ．スタート点から，図10-3の左側の直線の傾きと等しい傾きで直線を描こう．mさんがすべての時間を会社で働くことに費やすま

図10-7 週50時間以上働く男性の割合と既婚女性の労働力率の国際比較（2010年）

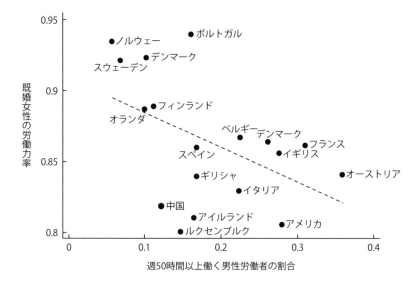

（出所）Cortes, Patricia and Jessica Pan（2017）"Cross-Country Evidence on the Relationship between Overwork and Skilled Women's Job Choices," *American Economic Review*, Vol. 107, No. 5, pp. 105-109.

で続く．この点では，mさんはすべての時間を会社で働くことに使い，fさんはすべての時間を家事労働（家計内生産財の生産）に使っている．

　さらに市場財Cを購入したい場合，fさんも働き出す．fさんの賃金はmさんより低いので，先ほどの点から左に折れ曲がり，図10-3の右側の直線と等しい傾きで直線を描くことになる．ちょうど縦軸に，「図10-3の左右の図の直線の縦軸の切片を縦に足し合わせた高さ」のところでぶつかっただろうか．こうして描いた折れ曲がった線と，夫婦の無差別曲線とが接するところで，夫婦の労働供給量（よって既婚女性の労働供給量）は決まる．

　つまり，完全にどちらかが家事労働（家計内生産財の生産）に特化し，他方が会社で働くことに特化する場合もあるし，片方が短時間労働者として働き家事労働も行い，他方は会社で働くことに特化する場合も，あるいは，片方が家事労働に特化し，他方が仕事と家事の両方を担う場合もありうる．図10-7は，週に50時間以上働く男性労働者の割合が高い国ほど，既婚女性の労働力率が

低いことを示す.[注7] 夫婦間で分業が進んでいる国ほど既婚女性は家計内生産財の生産に特化し，労働力率は低くなっている．これは，図10-7の18カ国の19年間（1992～2010年）のデータを使って推計しても確かめられ，週に50時間以上働く男性の割合が約9％ポイント増えると，既婚女性の労働力率は1％ポイント低下するという．反対に，夫婦間で賃金格差が縮小すると，分業（一方が会社で働き，他方が家事労働に特化またはより多くの時間を割く）の効果は減少する．また，洗濯機や電子レンジなどの技術進化や，コンビニや安価な家事代行サービスの発達は，家事能力格差を縮小させ，既婚女性の労働力率を上昇させる．

　少し見方を変えて，夫婦間で分業をした場合，たとえば夫が会社で働くことに多くの時間を割くことで，仕事に関するスキルが上がり，生産性は上がるのだろうか．多くの研究で，男性は結婚や子どもが生まれると賃金は上昇し，女性は結婚や出産により賃金は低下することが報告されている．[注8] ただし，家族手当など賃金制度上差がつく，結婚や子どもが生まれることで仕事をこれまでよりも頑張る，既婚者と独身者ではデータでは観察できない何らかの差があるなど，分業効果以外にも賃金に影響を与える要因はあるので注意が必要だ．

6 社会制度と既婚女性の労働供給

　社会制度もまた，既婚女性の就業行動に影響を与える．配偶者控除や社会保険料，企業の配偶者手当などがあげられる．

配偶者控除

　mさんが会社で働いて給与をもらっている場合，所得税を支払う．所得税をいくら支払うかは，日本の場合，mさんの収入額に応じて決まる．このとき，mさんとfさんが結婚しているならば，mさんの収入額から38万円を引いてから，mさんの支払う所得税額を決める．つまり，mさんの支払う税金は少なく

（注7）　男女ともに大学および職業専門教育を受けた者について．
（注8）　川口章（2005）「結婚と出産は男女の賃金にどのような影響を及ぼしているのか」『日本労働研究雑誌』No. 535でこれまでの研究が一覧にまとめられている．

て済むわけだ．これを**配偶者控除**（deduction for spouse）という．ただし，無条件でmさんの所得税が減額されるわけではない．fさんの収入が150万円を超えない場合に，mさんの所得税は収入額から38万円を除いて計算される．もしもfさんの勤労収入が高いならば，mさんに配偶者控除は適用されない（150万円を超えた後は，配偶者の収入が201万円までは収入から引く金額が段階的に減額される）．fさんの収入が150万円までという金額は2017年度の税制改正（2018年より適用）で増額され，それ以前は103万円であった．以下では，配偶者控除により既婚女性の就業行動がどのように変化するかをみていこう．なお，企業の配偶者手当とは，mさんが企業から給与をもらう際に，fさんと結婚していることで，mさんの働きぶりとは関係なく支払われる賃金（企業により異なるが，1カ月に1万7000円程度（厚生労働省「就労条件総合調査」2015年度の調査企業の平均1人当たり家族手当，扶養手当，育児支援手当などは1万7282円（2014年11月分）））である．前の節で，結婚により賃金が上がる要因として，夫婦間での家事労働と会社で働くことの分業による生産性上昇以外にあげた要因の1つである．企業の配偶者手当も無条件ではなく，多くの場合，配偶者の勤労収入が配偶者控除適用の金額と同額までの場合に支払われることが多い．

　図10-8は第2章の所得・余暇平面を，縦軸を夫婦の所得として描いたものだ．ここでも，mさんfさん夫婦を例にしよう．横軸はfさんの余暇時間だ．mさんの勤労収入は一定と仮定する．配偶者控除がない場合には，fさんの非勤労所得はmさんの勤労収入から所得税や地方税などを除いた額である．fさんが，ある賃金で働いている場合，fさんの労働時間が延びるほど夫婦の所得は増加し，図10-8の下の点線のような所得制約線となる（fさんの所得自体にかかる税金については，ここでは単純化のため考えない）．配偶者控除がある場合，mさんの所得税はdだけ減額されるとしよう（実際には，fさんの収入に応じて，dは徐々に少なくなるが，単純化のためdだけ減額される場合とそうでない場合を考える）．fさんの非勤労所得は，d分だけ増加し，図10-8のAの水準

配偶者控除（deduction for spouse）　ある人の所得税額を決める際に，その人の配偶者が一定水準までの収入であるならば，定額を所得から差し引いて税額を算出する．この差し引かれる分を指す．

図10-8　配偶者控除の効果

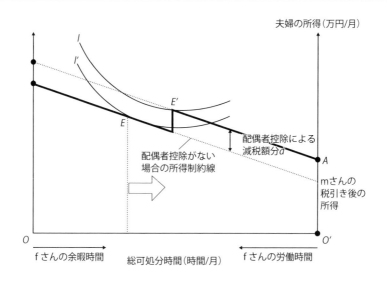

になる．fさんの賃金率は変わらないので，fさんのそれぞれの労働時間に対応
する夫婦の所得は，mさんの所得税減額d分だけ上に移動する（第2章図2-14
で非勤労所得上昇の効果を学んだとおり）．しかし，fさんの労働時間が長くな
ると，fさんの勤労収入は，配偶者控除が適用される額を超える．すると，mさ
んの所得税は増加するので，fさんの非勤労所得は配偶者控除がない場合まで
減少する．よって，配偶者控除がある場合の所得制約線は図10-8の太線とな
る．fさんの労働時間がある時間までは，d分だけ上に移動した所得制約線上を
たどるが，fさんの労働時間がある時間を超えると，配偶者控除がない場合の
点線の所得制約線に戻る（mさんの税率も配偶者控除がなくなることで上昇す
る場合もあるが，ここでは単純化のため考えない）．

　配偶者控除がない場合のfさんの最適労働供給時間は，点線の所得制約線と
無差別曲線が接する点Eで決まる．配偶者控除がある場合は，太線の所得制約
線と無差別曲線の接するE'点で決まる．無差別曲線の形状は個人によりさまざ
まであるが，多くの場合，太線の所得制約線の折れ曲がったところで接する．
つまり，配偶者控除がある場合は，配偶者控除が適用される労働時間（収入）
まで働く．最適労働供給時間は配偶者控除がない場合より短縮している．配偶

者控除があることで，fさんの行動は変化し，収入を配偶者控除が適用される金額までになるように労働時間を短縮している．たとえば配偶者控除が適用される収入が103万円から150万円に増額されるようなことがあると，図10-8の太線の所得制約線の折れ曲がる場所が左に移動し，fさんの最適労働供給時間は延びる．4節でみた市場賃金の上昇は，働くか働かないかの選択に大きな影響を与えていたが，配偶者控除は，働く時間を増やすのか減らすのかの選択に影響を与える．

社会保険料

　病気や介護が必要になったときのためや老後の生活のため，健康保険と年金制度への加入が法で定められている．両者を合わせて**社会保険**（social insurance）と呼ぶ．企業で働く場合，[注9] これらの保険料額は，収入額（正確には，収入に応じて決まる標準報酬月額）に保険料率をかけて算出する．保険料率は勤め先（正確には，労働者が加入する健康保険組合や年金制度）によって異なる．保険料は労働者と企業で折半する．たとえば，2018年度の厚生年金保険料は18.30％，東京都協会けんぽの，健康保険と40歳以上の労働者が加入する介護保険を合わせた保険料率は11.47％である．労働者の月給が11万円なら労働者の負担する保険料は合計でおよそ1万6000円ほどである．ここでもmさんとfさん夫婦を例にみてみよう．fさんの収入が130万円（配偶者控除の適用基準額とは異なる）未満の場合，fさんの保険料は，mさんの年金制度と健康保険組合がmさんとfさんを一括して負担する．fさんの収入が130万円以上の場合は，fさんが自ら社会保険に加入する必要がある．

　図10-9を使って，再度，最適労働供給時間を考えてみよう．図10-9は（夫婦ではなく）fさんの所得・余暇平面である．fさんの非勤労所得は20万円としよう．働かないときの座標は$N(450,20)$である．勤労収入が130万円未満の労

社会保険（social insurance）　健康保険と年金制度への加入を合わせて呼ぶ．日本では両方に加入することが法律で定められている．

（注9）　20歳以上60歳未満の自営業者・農業者とその家族，学生，無職の人等の場合は，年金の保険料は収入額にはよらず，物価や世の中の賃金の伸びに合わせて調整され，2018年度は1万6340円/月．農業者や自営業者の健康保険料は市（区）町村により異なり，所得額などをもとに算出される．

図10-9　社会保険の効果

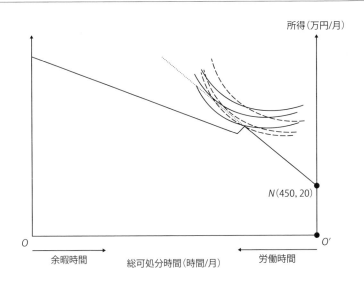

働時間である場合は，労働時間が延びるとfさんの所得は時間当たりの賃金分増加する．しかしある労働時間を超えると，fさん自ら社会保険に加入するため，収入から社会保険料が保険料率分だけ引かれる．よって，所得制約線の傾きは緩やかになる．図10-9はやや大げさに描いている．また実際には，労働時間が1時間増えたからといってすぐに社会保険料が増額するわけではない．収入1万円弱の幅ごとに「標準報酬月額」というものが定められており，それに応じて保険料を支払う．図10-9をみると，fさんの無差別曲線の形状がどのような形をしていても，所得制約線の曲がっている場所で無差別曲線は接し，最適労働供給時間が決まることが多い．

　なお，先にみたように，配偶者控除の満額適用は以前は103万円であり，2017年度の税制改正（2018年より適用）で150万円になった．このため2017年までは，労働者は配偶者控除適用まで働くのか，それを超えても働くのかの選択に直面していた．つまり，図10-8は図10-9より前に起こっていたのである．だが2018年からは，社会保険の適用基準（130万円）のほうが配偶者控除の適用基準（150万円）より低く，図10-9のほうが図10-8より先に起こるようになった．

7 女性に対する労働需要と個人属性の差

ここまでは，労働供給側からみてきたが，最後に，労働需要側の要素も含めてみていこう．女性の賃金は男性の賃金を100としたとき，1976年には58.8であったが，2000年には65を超え，2019年には74.3になった．係長相当職以上に女性が占める割合は，2003年は5.8％であったが，2018年は8.7％である．

このような差がある要因の1つとして，まず，男性と女性で学歴や勤務先の企業規模，就いている仕事が異なることが挙げられる．2017年には男性の77.73％が正社員であるのに対し，女性の正社員は43.36％である．男性正社員のうち，43.14％以上が大卒・大学院卒であるが，女性では32.73％ほどである．平均勤続年数は，男性は正社員で15.2年，非正社員で8.3年であるのに対し，女性は正社員で12.3年，非正社員で7.4年と短い．また，従業員が1000人以上の企業に勤める男性の割合は男性全体の19.79％だが，女性では女性全体の16.3％と低い．男性で多い職業は，生産工程従事者，建設・採掘従事者，技術者，営業職業従事者，輸送・機械運転従事者，建設・土木作業従事者であるのに対し，女性で多い職業は，サービス職業従事者，商品販売従事者，保健医療従事者，会計事務従事者，介護サービス職業従事者，看護師と異なる．[注10]

8 統計的差別

賃金や係長相当職以上に女性が占める割合が男性より低い他の要因として，統計的差別が挙げられる．第11章でみるように，企業が労働者へ職業訓練を行った場合，その後すぐに離職されると，企業にとっては訓練費用をかけた分だけ損失となる．[注11]

(注10) 7節のデータは，厚生労働省「賃金構造基本統計調査」，厚生労働省「雇用均等基本調査」および総務省「就業構造基本調査」．係長相当職以上に女性が占める割合は常用雇用者数30人以上の企業について．2009年度からは10人以上の企業を調査対象としており，2018年度調査の常用雇用者数10人以上の企業における係長相当職以上に女性が占める割合は11.8%．
(注11) 労働者にとっても，職業訓練期間中は賃金が下げられるなど，費用の一部を負担させられるのならば，すぐに離職する場合には職業訓練を受けたくない．この場合は，労働者が職業訓練の少ない部署に配属を希望することで，人的資本および生産性に差がつき，よって，賃金に差が生じる．

　今，Aさん，Bさん，Cさん，Dさんの4人がいて，企業には2人分の職業訓練費用しか予算がない．AさんとBさんは女性でCさんとDさんは男性である．読者が担当者である場合，どの人に職業訓練を受けさせるだろうか．担当者からみると，どの労働者が近々転職をして，どの人が定年まで働くかわからない．面接で意思を尋ねることもできるが，その際には働く予定であっても，突如，結婚のプロポーズを受けて人生設計を変えるかもしれない．そこで，担当者は，女性の「平均」勤続年数は男性より短いことから，男性であるCさんとDさんに職業訓練を受けさせる．Aさんは定年までバリバリ働こうと考えているかもしれないし，Cさんは実は転職の計画があるかもしれない．しかし，担当者にはそのことはわからないので，グループ（ここでは，女性グループ，男性グループ）の平均値という情報をもとに決定される．これを**統計的差別**（statistical discrimination）と呼ぶ．企業は職業訓練費用をかけて労働者の技能を高めることで，将来，高くなった生産性から収益を上げ，費用を回収し利益を増やすという合理的な行動の結果である．

　CさんとDさんは職業訓練によって技能が高まり，生産性が高くなるので，支払われる賃金も高くなる．あるいはそれにより昇進するかもしれない．このため職業訓練を受けず，賃金や職位が変わらない女性と差が生じる．また，Aさんはバリバリ働こうと考えていたのに，職業訓練の機会が自分には与えらなかったことに失望し，離職してしまうかもしれない．女性であるAさんが離職することで，「本当に」女性の平均勤続年数は短くなる．予言の成就が起こる．女性労働者が子どもを出産後に，「マミートラック」と呼ばれるような職業訓練機会の低い部署へ配属されることで，やりがいを感じられず，離職するというように，出産後の女性は離職しやすいと予想されるグループの平均勤続年数が実際に短くなることも起こる．

　予言の成就は，労働者が企業で働き出してからのみならず，就職前にも起こりうる．教育費用を掛けるのは，将来，高い賃金を得るためという自分（ある

統計的差別（statistical discrimination）　情報の不完全性があるとき，たとえばここでは，労働者は自分についてよくわかっていても，企業はどの労働者が定年までバリバリ働こうと考え，どの労働者が転職を計画しているかわからないとき，女性グループ，男性グループというようなグループの平均値という情報をもとに行動する（誰に職業訓練を受けさせるか決定するなど）こと．

いは親の立場からは子ども）への投資という側面がある．しかし，社会に出て働き出してから，低い賃金しか得られないのであるならば，そもそも進学しない．進学しないので，7節でみたような男女間で学歴差があるので賃金差が生まれるという結果を導く．

9 偏見

グループの平均に勤続年数などの差がなくても，賃金や職位に差が生じる場合がある．その要因が偏見である．これは，女性は仕事ができないという雇用主の偏見のみならず，営業担当者は男性がよいといった顧客の好み，女性と一緒に働きたくないという労働者の好みに雇用主がおもねることによって起こる．この場合は，8節と異なり，企業の行動は合理的ではない．よって競争市場である場合は，偏見のない雇用主が，男性と等しい生産性の女性を安く雇えるため，その企業は市場において優位に立つことができ，偏見のある雇用主の企業は市場から淘汰される．日本のデータを用いて，女性の割合が半分に近いときに収益率が高くなることを示した研究や，(注12) ドイツのデータを用いて，管理職に占める女性の割合が20％を超えるとイノベーション収益が大きく増加することを示した報告などがある．(注13) また，別の研究では，偏見を持っていると認識していなくても，無意識に差別をしている場合があるという．被験者にコンピュータを用いて，たとえば「男性と高生産性」，「女性と低生産性」の組み合わせを表示したときと，「男性と低生産性」，「女性と高生産性」の組み合わせを表示したときとで，反応速度は後者のほうが遅いことを明らかにし，無意識に差別を持っているという．(注14)

無意識の差別は，「男性はこうあるべき」，「女性はこうすべき」などといっ

（注12）川口大司（2004）「女性従業員比率と企業の収益——企業活動基本調査を用いた分析」『経済統計研究』，Vol. 31, Issue 4, pp. 75-81.

（注13）Lorenzo, Rocío（2017）"How diversity makes teams more innovative," TED@BCG.
https://www.ted.com/talks/rocio_lorenzo_want_a_more_innovative_company_hire_more_women

（注14）Bertrand, Marianne, Dolly Chugh, and Sendhil Mullainathan（2005）"Implicit Discrimination," *AEA Papers and Proceedings*, Vol. 95, No. 2, pp. 94-98. この論文の中で示されているサイト http://implicit.harvard.edu でデモンストレーションテストを受けることができる．ここで示されている例は説明のためのもので，論文で使用されているものとは異なる．テストの詳細はサイトを参照．

た，長い間の周囲からの影響を受けて形成される．これらを変えるのもまた，性別に関係なくやりたいことができる社会になることをめざして行う社会の意識的な働きかけであろう．

補論：途中経過式

　　時間割引率×結婚する価値＝1年当たりの結婚生活で得られる便益（相性など）＋結婚の経済的メリット＋離婚確率×（独身でいることの価値−結婚する価値）

最後の項の（　）を展開すると，

　　時間割引率×結婚する価値＝1年当たりの結婚生活で得られる便益（相性など）＋結婚の経済的メリット＋離婚確率×独身でいることの価値−離婚確率×結婚する価値

これに，「時間割引率×独身でいることの価値」を足して，引く．つまり式の値自体は変わらない．

　　時間割引率×結婚する価値＝1年当たりの結婚生活で得られる便益（相性など）＋結婚の経済的メリット＋離婚確率×独身でいることの価値−離婚確率×結婚する価値＋時間割引率×独身でいることの価値−時間割引率×独身でいることの価値

右辺の「離婚確率×結婚する価値」を左辺へ移項する．

　　（時間割引率＋離婚確率）×結婚する価値＝1年当たりの結婚生活で得られる便益（相性など）＋結婚の経済的メリット＋（離婚確率＋時間割引率）×独身でいることの価値−時間割引率×独身でいることの価値

右辺の「（離婚確率＋時間割引率）×独身でいることの価値」を左辺へ移項する．

　　（時間割引率＋離婚確率）×（結婚する価値−独身でいることの価値）＝1年当たりの結婚生活で得られる便益（相性など）＋結婚の経済的メリット−時間割引率×独身でいることの価値

つまり，

　　結婚する価値−独身でいることの価値＝{1年当たりの結婚生活で得られる便益（相性など）＋結婚の経済的メリット−時間割引率×独身でいることの価値}/（時間割引率＋離婚確率）

となる.

Column
どのモデルが日本人の結婚行動を説明しているのか

テキストでは，結婚の意思決定について3つのモデルを紹介したが，どのモデルが日本人の行動を説明しているのだろうか．家計内生産モデルでは，男女間賃金格差が縮小されるほど結婚しないので，男性に対する女性の賃金比が結婚確率を下げているかを調べればよい．また，スイッチングモデルでは，夫候補者の所得に対して親の所得が高いと結婚しにくくなるので，これが結婚確率を下げているのか調べればよい．個人の実際の所得や結婚行動ではないが，地域別の親世代所得と夫候補世代所得，地域別の結婚経験率を用いた研究では，[注15] 20代前半ではスイッチングモデルがあてはまり，20代後半では家計内生産モデルとスイッチングモデルが混合しており，反対に30代前半ではいずれもあてはまらないという．

スイッチングモデルについて，1993年，1997年，2003年当時にそれぞれ24〜34歳，24〜27歳，24〜29歳の女性について分析した研究では，[注16] 親の所得が500万円以上の場合には，夫候補者の所得と親の所得の差が激しいほど結婚確率が下がる，つまり，スイッチングモデルが成り立つが，親の所得が500万円未満の場合には結婚確率が上昇するという．スイッチングモデルとは反対に，父親の所得が高いほど結婚確率は上がり，親が裕福なほど好条件の結婚相手と巡り合える可能性が高く，また（親と同居していない場合には）結婚相手へ希望する所得が低下するからではないかと予測する研究もある．[注17]

また，サーチモデルでは，女性の賃金が高いと留保水準が上がり結婚確率を下げる，反対に結婚相手としての魅力を高め，出会いの場を広げるので結婚確率を上げると予測された．女性の賃金が平均から離れる（プラス方向に離れるならば，平均女性より賃金は高い，反対にマイナス方向に離れるならば，平均女性より賃金は低い）と，結婚確率が上がるのか下がるのかを調べた研究では，[注18] 1960年代に生まれた女性では，賃金が平均より高くなるほど結婚確率は下がるが，1970年代に生まれた女性では，反

対に，賃金が平均より高くなると結婚確率が上がるという.

（注15）　小川浩（2004）「賃金制度を少子化から評価する」『日本労働研究雑誌』No. 534／Special Issue, pp. 66-77.

（注16）　坂本和靖・北村行伸（2007）「世代間関係から見た結婚行動」『経済研究』Vol. 58, No. 1, pp. 31-46. 夫候補者の所得は，データの調査期間中に結婚した女性については実際の夫の所得，未婚女性については，女性の年齢，学歴，居住地と，既婚女性の夫の所得から推計される所得.

（注17）　山本陽子（2008）「女性の初婚確率の決定要因の分析について——父親の所得か夫の所得か」『オイコノミカ』第45巻第2号, pp. 25-40.

（注18）　Fukuda, Setsuya（2013）"The Changing Role of Women's Earnings in Marriage Formation in Japan," *The Annals of the American Academy of Political and Social Science*, Vol. 646, pp. 107-128. 賃金のほかに，個人ごとの稼ぐ力（キャリアの初期には賃金が低いことから，経験年数，都市の大きさ，雇用形態から切り離した稼ぐ力を算出）でも推計している.

練習問題

① 女性の結婚の決定と，未婚率，労働力率のトレンドを述べなさい.

② 女性の労働供給（働くか働かないか，何時間働くのか）を規定する要因を述べなさい.

③ 男女間の賃金や職位に差があるのはなぜか，述べなさい.

第 11 章

人的資本投資

学習の手引き

　この章では，人的資本理論について学びます．この理論から，教育や職場訓練は，直接費用と機会費用という両面の費用をかけて仕事能力（限界生産力）の向上という収益を得る「投資」であり，長期雇用や年功賃金の理論的根拠となることを説明します．また企業内での教育訓練という人的資本投資の労使間での費用負担と収益分配は，投資で高まる仕事能力の「企業特殊性」に依存することを理解してください．

　その理解から，長期雇用や年功賃金の意味，そしてそこから導かれる雇用流動化や非正規労働者増加の持つ問題点への含意を示します．またそれは公務員制度改革を考える際にも有用であることを説明します．そして人口，技術，国際競争といった構造変化への対応を握るのは人的資本投資であり，良い仕事とはそれを通じて能力を高められる仕事である，ということを理解してください．人的資本理論はみなさんの職業人生を考えるうえでも有用な理論だとわかるでしょう．

🔑 KEY WORD

■人的資本理論
　（human capital theory）

■可変生産要素
　（variable factors of production）

■日本的雇用制度
　（Japanese Employment System）

■機会費用（opportunity cost）

■企業特殊的熟練（firm specific skill）

■一般的熟練（general skill）

■長期雇用（long-term employment）

1 人的資本革命

　経済学において労働は，定まった生産能力（限界生産力）を持ち，モノやサービスの生産のために供される「生産要素」として取り扱われてきた．それはちょうど一定の性能を持つロボットなどの機械設備が，モノやサービスの生産のために投入されるのと同じである．このテキストでも先に第3章「労働需要」で，労働は生産からの派生需要であり，それはロボットなどの機械設備と組み合わさって一定の水準の生産を実現する，というふうに説明したことを読者は覚えておられると思う．

　しかしここで同じ生産要素でもロボットなどの機械設備と労働とでは大きく異なるところもある．機械などの場合，一度作られて工場などに据え付けられたものの性能は，最初から最後まで基本的には同じである．つまりその限界生産力はその雇用（使用）期間を通じて変わらない．しかし労働の場合，提供者である個人は，そうした機械設備などとは異なり，教育や訓練を受けることによってその生産能力を向上させうる存在だ．つまり，労働はそれを提供する労働者に対して，教育や職業訓練といった投資を行うことによって，その雇用期間を通じて生産能力，すなわちその限界生産力を高めうる存在なのである．

　経済学においてこのことを明示的，総合的に理論化したのが，当時シカゴ大学教授であったゲイリー・S・ベッカー（Gary S. Becker）であった．ベッカーはいまから半世紀以上前の1964年に，その古典的名著『人的資本』を著し，その中で労働者を教育や訓練によってその限界生産力を高めうる投資対象として説明する理論枠組みを示したのである．[注1] この本は労働経済学に画期的な変化をもたらしたため，「**人的資本理論（human capital theory）**」革命とも表現された．[注2] それは後にベッカー教授にノーベル経済学賞をもたらす主要業績にもなったのである．

（注1）　Becker, G. S.（1964）*Human Capital*, New York: NBER and Columbia University Press（佐野陽子訳『人的資本──教育を中心とした理論的・経験的分析』東洋経済新報社，1976年）．
（注2）　人的資本理論革命のインパクトについてこれを最初に日本に紹介したのは，島田晴雄（1977）『労働経済学のフロンティア』総合労働研究所である．

　労働者を，投資や訓練によって生産能力を高めうる資本であるととらえるの
は当たり前ではないか，と読者は思われるかもしれない．しかし経済学では本
書でも賃金にかんする第5章で説明したように，企業は労働者の生産能力を所
与として，それに見合った賃金で雇用されるものというように整理されてい
た．そして企業は必要に応じて労働者を市場賃金で雇用し，また不要になれば
解雇する，つまり，労働は短期の**可変生産要素**（variable factors of production）
と考えられていたのである．

　しかし労働者を資本とみるとまったく別の状況がみえてくる．労働者を育成
し，高まった生産能力を長く活用するための長期雇用の合理性，勤続に応じて
上昇する年功賃金の合理性などが，経済学の枠組みと整合的に説明できるよう
になった．労使の利害は対立するだけではなく，ときに企業内での労使協力が
合理性を持つことも経済学的に説明可能となる．

　実はこうしたことは日本企業では，ごく当たり前のように考えられてきたこ
とだった．いわゆる**日本的雇用制度**（Japanese Employment System）の特徴と
される終身雇用や年功賃金といったものは，まさにこの人的資本理論によって
明快に説明できるものなのである．面白いことにこの『人的資本』が公刊され
たころ，日本の雇用制度は，むしろ年功賃金といった「不合理」な過去の遺物

人的資本理論（human capital theory）　労働者を教育や訓練によってその限界生産力を高めうる投資
対象として説明する理論枠組み．第5章2節で説明した限界生産力命題は，賃金と限界生産力が一致
するというものである．現実には，多くの職種があり，それに応じて賃金格差が生じる．限界生産力
命題はこのことを否定するものではない．しかし，同一地域同一職種においても企業間で賃金差があ
ることなど，現実の労働市場現象を説明するには不十分であり，1950年代には，社会的慣習などから
諸現象を説明しようとする学派から批判された．そのような状況下において，60年代に発表された人
的資本理論は，まさに「革命」的な理論であり，労働経済学の伝統的な領域で扱われていた無数の問
題の分析に応用された．それだけでなく，教育の経済学，公共経済，国際貿易論，経済発展論などの
隣接分野に労働経済学の守備範囲を押し広げていくきっかけとなった．

可変生産要素（variable factors of production）　財やサービスを生産するのに用いるものを生産要素と
いい，用いる量を短期に変えることができるものを可変生産要素という．これに対し，短期には用い
る量を変えられないものを固定生産要素と呼ぶ．工場の規模や土地はこれにあたる．経済学では工場
の規模や土地の広さを変えられるときを長期と考える．アダム・スミス（Adam Smith）は，労働者の
身につけられた有能な能力を固定資本とみなし，J・S・ミル（J. S. Mill）も人的能力を資本ストックの
1つに数えた．しかし，その後の理論体系の資本概念からは除外され，ベッカーの人的資本理論まで
短くはない時間が経った．

日本的雇用制度（Japanese Employment System）　戦後の日本の大企業で一般化したもので，それを特
徴づける終身雇用，年功賃金，企業別労働組合を，日本的雇用制度の「三種の神器」といったりする．

を捨てて「近代化」すべきだなどといわれていたのである.

2 投資の費用・収益

　人的資本理論の核心は，個人を投資の対象ととらえるところにある. 投資というのは，いうまでもなく投資費用を負担してそれを上回る収益を得ようとする経済行為である. これから紹介する『人的資本理論』は，その投資費用の負担と，投資収益の回収にかかわる分析を中心に展開される.

　投資の収益は，個人の生産能力向上によってもたらされる. たとえば未熟練の若者が，職場の教育訓練によって熟練労働者になれば，熟練労働者としての生産能力と未熟練労働者のままであったときの生産能力の差が投資収益ということになる. あるいは高校生が大学に進み，卒業後に就職した場合，大卒社員としての生涯生産能力と，高卒ですぐ就職した場合のそれとの差が収益となる. 上の例では，職場の教育訓練や大学教育が「投資」にあたる.

　その収益を個人は，賃金上昇という形で手にすることになる. たとえば熟練労働者と未熟練労働者の間の賃金格差，大卒社員と高卒社員の間の賃金格差が，個人にとっての投資収益だ. あるいは高い熟練を持った労働者や高学歴の者ほど多くの雇用機会に恵まれるとすれば，雇用の安定性や選択肢の多さなども投資収益の一部と考えられるだろう.

　他方で企業側も，能力開発によって高まった労働者の高い生産力を利用できる. 訓練後の生産能力と，訓練前の生産能力の差（後述するように正確にはそこから賃金上昇を差し引いた差額）がその投資収益であるとみなされる.

　一方，投資費用のほうは，大きく分けると2種類ある. 1つは，訓練や教育のために要する教材費等の「直接費用」である. そしてもう1つが「**機会費用**（opportunity cost）」と呼ばれるもので，これがより重要である.

　すなわち，企業内訓練や学校教育を受けている間，個人は仕事をすることに振り向けられる時間が減るので，その分だけ生産水準が低下する. これらは，

機会費用（opportunity cost）　あることをするために，あるいはしないために失われる収入のこと. 直接に支払う費用ではないので，機会費用（機会損失）と呼ばれる.

図11-1　人的資本投資のある場合の価値限界生産力と賃金 (ベッカーの図式)

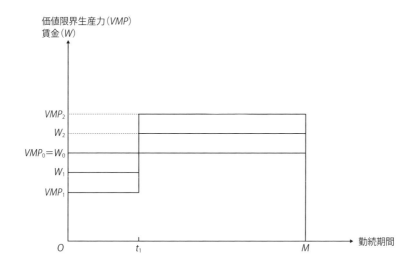

訓練や教育の期間中に，もしそれをしなければ得られたはずの生産水準であるという意味で，機会費用と呼ばれるものである．

　そこで，合理的な投資主体は，投資収益が，上述の直接費用と機会費用を合わせた投資費用の総額を上回る場合にのみ人的資本投資をする．たとえば大学教育という投資であれば，投資費用は大学4年間の授業料などの直接費用と，高卒ですぐ就職し，4年間働いたら得られたであろう給与という機会費用の合計として計算される．大卒労働者の生涯所得と高卒労働者のそれとの差として計算される収益が，この費用を上回れば，合理的な投資となる．

　大学教育の場合は，投資費用はすべて教育をうける個人が負担し，収益もすべてその個人が受け取る．しかし企業内での教育訓練では，投資費用は労働者（個人）と企業が分担し，その収益も企業と労働者（個人）とで分ける．いま単純化のために費用はすべて機会費用であるとして，このことをベッカーにならって図示しよう．

　図11-1の縦軸には労働者の生産能力（価値限界生産力VMP）と賃金（W）が，横軸には勤続期間がとられている．ある個人が，原点Oで雇われてMで定年退職するものとしよう．

　まず縦軸のVMP_0の水準が，教育訓練をする前の価値限界生産力である．個人はこの水準と等しい賃金W_0でどこの企業にも雇ってもらえるものとする．そこで，企業がこの個人にOからt_1の期間の教育訓練を行うと，訓練中は仕事に振り向けられる時間が減るので，その分だけ価値限界生産力は低下する．図でいえばVMP_1の水準である．しかし教育訓練を終えた後には，生産能力は向上し，価値限界生産力はVMP_2の水準となる．

　さてここで賃金は，教育訓練期間中は$W_0(=VMP_0)$よりも低いW_1，教育訓練期間後は$W_0(=VMP_0)$よりも高いW_2となる．すると，個人にとっての投資費用は，Oからt_1の間に他の企業にVMP_0の価値限界生産力で雇われたなら得られたW_0とその企業で教育訓練期間中に受け取るW_1の差額，すなわち，

$$個人の投資費用 = \sum_0^{t_1}(W_0 - W_1)$$

である．またその収益は，教育訓練を受けた結果得られた賃金W_2と，他の企業にVMP_0の価値限界生産力で雇われたなら得られたW_0の定年までの総額の差，として次のように示される．

$$個人の投資収益 = \sum_{t_1}^{M}(W_2 - W_0)$$

である．

　一方，この個人を雇って教育訓練をする企業にとっての投資費用は，教育訓練中にこの労働者に支払う賃金W_1と，教育訓練期間中の価値限界生産力VMP_1との差額，すなわち，

$$企業の投資費用 = \sum_0^{t_1}(W_1 - VMP_1)$$

である．またその収益は，教育訓練を受けた結果高まった価値限界生産力VMP_2と，そのときその労働者に支払う賃金W_2との差の定年までの合計，として次のように示される．

$$企業の投資収益 = \sum_{t_1}^{M}(VMP_2 - W_2)$$

である．

3 | 訓練の企業特殊性

　企業内で行われる教育・訓練の費用はすべて企業の負担によるものではない
か，と思われるかもしれない．しかし人的資本理論は必ずしもそうではないこ
とを教えてくれる．企業内での教育・訓練でも，それによって高められる生産
能力がどこの企業でも役に立つような種類のものであれば，企業はその費用を
負担する動機を持たない．

　訓練後に，それによって高まった個人の生産能力よりも低い賃金を支払うこ
とではじめて，企業はその差額としての収益を回収できる．しかしどこの企業
でも生産能力が高まるのなら，個人は他社に転職してその能力を活かすことが
できる．そして他社は，投資費用を負担していないのだから，高まった生産能
力に等しい賃金を払うこともできるので，その個人を引き抜くのも容易だ．費
用を負担した企業は丸損となるからそうした投資は行われない．

　そうした種類の訓練は，費用を個人が負担する場合にのみありうる．それは
個人が訓練に要する直接費用プラス機会費用の合計額分だけ安い賃金で働くと
いう場合だ．個人は訓練終了後に高まった生産能力に見合う賃金を受け取る形
で投資収益を回収する．

　他方，企業側がどうしてもその投資費用を負担しなければならないのは，企
業内での訓練が，その企業でのみ，あるいはその企業において他社においてよ
りももっと大きく生産能力を高めるような場合である．ベッカー教授はそうし
た生産能力を，**企業特殊的熟練**（firm specific skill），と呼び，どこの企業でも
生産能力を高める**一般的熟練**（general skill）と区別した．[注3] かりにそれが完
全に企業特殊的であれば，投資を受けた個人はその能力を他社で発揮できず，
したがって他社で高い賃金を得ることはできないから，投資費用をすべて企業

企業特殊的熟練（firm specific skill）　企業内での訓練が，その企業でのみ，あるいはその企業におい
て他社よりももっと大きく高められるような生産能力．その企業でのみ生産される製品の技能や，そ
の企業でのみ使用できる技能のみならず，たとえば，その企業で円滑に業務を行ううえで必要な情報
（各部門の機能についての情報や顧客の情報）もこれに含まれる．

一般的熟練（general skill）　企業内での訓練によりどこの企業でも高くなるような生産能力．エクセ
ルなどコンピュータのスキルや，会計の知識，社会人マナーなどはこの例となろう．

が負担してくれるのでなければ，訓練を受けようとはしないだろう．

　企業は訓練期間中，訓練を受けている個人が他社で稼げるだけの賃金，すなわちその時点での生産能力に見合う賃金（図11-1のW_0）を払わなければならない．その賃金と訓練中の低い生産能力との差として計算される機会費用と，直接費用の合計を企業は投資費用として負担しなければならない．

　もちろん完全に企業特殊的な熟練というのは少なく，多くの熟練はある程度一般性を持っている．企業と個人はともに，企業内訓練から収益を得られるということだ．この場合，費用と収益は，高まる生産能力の企業特殊性の程度に応じて労使が分ける．

　以上のことから明らかなように，企業内で従業員の能力を高めようとする企業は，労使でその能力開発費用を分担し，またその収益も互いに分けあうということになる．その意味で，能力開発（投資）期間とその成果の回収期間の両方を含む長期雇用と，企業と個人の費用負担と収益回収を実現する年功賃金は，企業内で人材を育成しようとする企業においては必然のものであり，逆にいえば，長期雇用や年功賃金のないところで，そうした企業内の能力開発は成り立ちえないのである．

　懸念されるのは最近の賃金・雇用制度「改革」といわれる中で，長期雇用・年功賃金を全面的に否定するような論調もみられることだ．元々長期雇用や，年功賃金は人的資本投資という視点から経済合理性を持っていたものだ．そのことを以下個別問題に即してみていくことにしよう．

4　雇用流動化の是非

　日本では従来，とりわけ大企業の正社員については，いわゆる終身雇用といわれる**長期雇用**（long-term employment）を原則としてきた．これに対して，

長期雇用（long-term employment）　企業はめったなことでは解雇せず，労働者も転職したりしない長期の雇用関係．典型的には学卒後，就職した企業に定年まで勤め上げるような雇用形態である．

（注3）　同じ産業であれば異なる企業間でも技術はすべて一般的と思われるかもしれないが，組織内で仕事をするうえで，組織内の人をよく知っているといったことは生産性に大きく関係し，そのような知識は企業特殊的人的資本の一例である．

　市場や産業構造の変化にすみやかに対応するには，正社員であっても，もっと雇用を流動化すべきである，という議論がとくに経済の構造改革との関連で主張されるようになってきている．経済の衰退部門から成長部門へすみやかに労働力を移動することこそ，持続的成長には欠かせないという視点である．

　たしかにすでに存在する生産能力については，これを最も有効に活用できる企業・産業に再配置することが，資源配分の効率性観点からは重要であり，これは労働力についてもいえることだ．個人にとっても，能力を十分活用できない企業でいわゆる窓際族になっているよりも，必要とされる企業に転職できれば，幸せであろう．

　しかし一方で，生産能力を高めるための人的資本投資には，上述のように長期の雇用，すなわち雇用の安定性が必要である．とくに企業特殊性を持つような生産能力向上のための人的資本投資については，その費用を負担する企業にとって，教育訓練期間に加えて，その教育訓練投資後の費用回収の期間も含め，従業員を長期雇用できることが必要条件である．[注4] このことは費用の一部を負担し，それを後から高い賃金として回収することになる個人にとっても同様である．

　とくに個人にとっては，企業特殊性のある人的資本投資を受ける場合，将来の雇用保証は絶対条件だ．その企業でしか役に立たないような仕事能力を身につけさせられた後は，嫌でもその企業で働かざるをえないからである．解雇されることはどんな場合でも労働者に痛手であるが，企業特殊的な人的資本投資を行った労働者の場合には，解雇されることで失うものはさらに大きくなる．その企業で訓練終了後も長期間働けるという約束なしに，企業特殊的な人的資本投資など危なくて受けられないということである．

　逆にいえば，どうしても雇用の流動化は避けられないというような状況下では，個人にとってどこでも役に立つような一般的熟練を高められるような人的資本投資がより重要になる．そうした種類の人的資本投資のために，個人は費

(注4)　実際に，尾高煌之助（1984）『労働市場分析——二重構造の日本的展開』岩波書店などに示されるように，歴史的にも日本企業は人的資本投資をした従業員の定着を高めるための方策を講じてきた．長期に勤続するほど有利になる年功賃金や，定年まで勤めた者に与えられる定年退職金などはその例だ．

用を進んで負担する合理性が高まる.

いずれにしても，人的資本理論からは，もし企業にとって企業特殊的熟練が競争の鍵を握るのであれば，長期雇用の保証は不可欠ということになるし，個人にとっては，流動化に備えるのであれば，自ら費用を負担して一般的熟練を高めるべきだ，ということになる.^(注5) 高度化する産業社会の中では，その両方とも重要になるだろう. その意味でも，これからの時代の雇用制度のあり方を考える際に，人的資本理論の考え方はきわめて重要である.

5 非正規雇用の増加と人的資本投資の減少

人的資本投資という観点でもう1つ心配されるのは，パート，アルバイト，派遣といった，いわゆる非正規労働者の増加だ. 上述のように企業の中での人的資本投資においては，人的資本投資を受けた個人が教育訓練終了後にその企業で働き続けないと，企業も個人もその投資費用を投資収益から回収できない. したがって企業が人的資本投資をするのは，長期の雇用を予定している従業員に限られるし，個人の側でも，企業内で少なくともある程度企業特殊的な人的資本投資を受けるのは，長期に雇用されることが約束されている場合に限られる.

このことは，日本における終身雇用制度の合理性を説明するだけでなく，現在の日本で趨勢的に続いている非正規雇用者の増加が，より深刻な問題をはらんでいることを示唆する. 企業は，長期の雇用を予定していない非正規労働者に，企業の費用負担で訓練をすることは少ない. 派遣労働者などはもともと派遣先企業にとって人的資本投資費用がかからないから重宝されているわけである. 非正規労働者の増加はあきらかに企業内での人的資本投資を減退させることになる.

そこで，そうした非正規労働者の生産能力を高めようとするならば，現在その人たちの職場となっている企業に頼ることはできない. 労働者個人か，社会全体が人的資本投資費用を負担しなければならないということになる. しか

(注5) そうした観点から日本政府も非正規労働者の正規化を進めている.

し，とくに若者などの場合，まだ仕事経験もなく，蓄えも少ないから，本人に
人的資本投資費用の負担能力は期待できない.

そうした人たちの生産能力を高めようとすれば，社会全体がその人的資本投
資費用を負担しなければならないだろう. 具体的には，生産能力を高める教育
訓練プログラムを企業外にも整備するといったことが考えられる. また，仕事
上の能力は企業内の職場訓練で身につくものも多いから，企業が企業内で行う
教育訓練の費用の一部を助成金の形で補填することも有効だろう.(注6)

6 公務員制度改革

これまでみてきたように,『人的資本』では，企業特殊的熟練と，それに対
応した長期雇用の概念はきわめて重要だった. そしてこの企業特殊性は，最近
いわゆる公務員制度改革で課題となっている公務員の仕事についてもあてはま
る. もともと，民間ではできない仕事を公務員が行っているとすれば，その仕
事能力は，公務部門でしか役に立たないような種類の，まさに公務という「企
業特殊的」なものと考えられるからである.

その能力を高めるための人的資本投資は国や地方自治体，言い換えれば国民
や住民の負担すべきものとなる. たとえば軍人といった，民間にはありえない
仕事をするための能力を高めるための教育訓練（典型は防衛大学校などの軍学
校）費用などは，全額国の負担となるのは当然である. また，そうした企業特
殊的な能力形成をされるのであるから，官庁や地方自治体などで公務員として
の能力開発をした人たちには，長期の雇用保障が不可欠であることは上述のと
おりである. 公務員の雇用保障はその意味で高い合理性があり，公務員の雇用
主としての国民，住民にとっても，投資費用回収の観点から，公務員にはでき
るだけ長くその能力を公務員として発揮してもらうことが望ましい.(注7)

(注6) 人材を自社で育てるべきか，外部から獲得すべきかの選択は，人的資源管理の世界ではmake
or buy（作るか買うか）といわれ，重要な競争戦略である. 詳しくはCappelli, Peter (2008) *Talent on
Demand: Managing Talent in an Age of Uncertainty*, Boston, Harvard Business Press などを参照された
い.
(注7) 人事院は2018年の人事院勧告にあわせて，国家公務員の定年を65歳に延ばすことを政府に提
言しており，きわめて整合的な動きであるといえる.

　もちろん公務員の仕事内容の中でも，一般性を持つものもある．とくに技官といわれる技術系公務員にかんしては，たとえば土木，建築，通信，医療など，民間部門でも活用できる専門能力を持っている人は多い．さらに事務官といわれる事務系公務員に関しても，組織の管理運営能力といったものは，どのような組織でも活用できるものだ．企業の法令順守方針を作成・実施したり，事業に関する法令を解釈したりする仕事も民間企業にとって有用なものであるが，そうした仕事にも公務員の経験は活用できる．したがってそうした能力を活かして民間部門に転職することは，とくに公務員としての責務を果たした後には，大いにあってよいことだろう．

　国民としても，人的資本投資費用を回収後のベテラン公務員が，その能力を民間で活かすことは，社会的にも利益のあることなので，それについて理解を示すべきだろう．ただしその際に，いわゆる天下りといった監督権限を利用した再就職などがあると，行政の公正さも歪められてしまう．そこでそうしたことのないような，フェアな再就職の仕組みが必要となり，たとえば政府の官民人材交流センターなどは，利益相反のない形での公務員の再就職を促進する組織として運営されている．[注8]

7 人的資本投資の時代に

　先に第8章でも述べたように，日本のような先進国は，豊かであり続けるために，1人ひとりの付加価値生産性を高めていかなければならない．それは1人ひとりの生産能力を高めるということにほかならない．間違いなく，これからの日本社会に最も必要とされるのは，人的資本投資なのである．

　もちろん人的資本投資には，企業の能力開発だけでなく，学校教育や家庭教育も大きな役割を果たす．その意味で，大学教育を含め，個人が教育を受けることへの公的支援，すなわち奨学金や学費減免などの政策は大切だ．またその教育の場となる学校等への公的支援を増やすことも不可欠であり，教育の質を高めるような学校改革も必要である．

(注8)　詳しくは同センターのホームページ（https://www8.cao.go.jp/jinzai/）を参照されたい．

　同時に生産能力はなんといっても企業内での能力開発によって高められる．その意味でこの章で述べてきた人的資本投資と整合的な雇用制度，賃金制度は維持，発展させていかなければならない．また非正規労働者など，企業が必ずしも人的資本投資をしそうにない労働者への投資を促すための，企業への助成措置なども講じる必要があるだろう．

　人的資本投資が何よりも重要となる時代に，良い仕事の条件は，「仕事を通じて能力を高められるような仕事」ということになるだろう．賃金や労働時間，福利厚生などにも増して，人的資本投資の充実こそ，最重要の労働条件になるはずである．

Column
すべての人的資本投資は企業特殊的？

　実は筆者の1人（清家）は，大学学部生のとき，人的資本理論を日本に紹介した新進気鋭の労働経済学者であった島田晴雄教授（当時は助教授）の研究会に属していた．先生の熱く語られる人的資本理論はとても新鮮で，大変に興味を覚えたものである．それもあって，大学の卒業論文のテーマも人的資本理論にかんするものにした．

　その頃就職の会社訪問をすると，若手社員を海外のビジネススクールに派遣していることを売りにする企業は少なくなかった．そこで人的資本理論を学んでいた者としては，1つ疑問がわいてきた．というのはこの章でも説明したように，人的資本理論からいえば，どこの会社でも役に立つような一般的な能力を身につけるための人的資本投資には，企業は費用を負担しないはずだからである．しかしビジネススクールのカリキュラムは，特定企業向けのものではなく，どこの会社でも役に立つ能力を高めるためのもので，実際，企業派遣ではない学生たちは，さまざまな異なる企業に就職していくのである．

　しかるに，そのビジネススクールに社員を派遣している企業は，社員に給料も払い，授業料はもちろんのこと，渡航費や在学中の生活費などまで負担するのが一般的だった．これは明らかに人的資本理論に反する事例である．そこで清家は，未熟な学部学生なりに実証分析をしようと，会社訪

問も兼ねてさまざまな企業を訪ね，その疑問を直接人事担当者にぶつけてみた．合理的な行動をしているはずの企業として，これをどのように説明するか，興味津々で話を聞いてまわった．

　その結果わかったことは，企業の人事担当者は，ビジネススクールに派遣した社員は必ずその企業に戻ってきて，長くそこで働くことを疑っていないということであった．当時の日本の大企業では，転職ということはごく稀な出来事であったのだ．つまり社員をビジネススクールに派遣して，どこの企業でも役に立つような一般的能力を身につけさせても，転職できなければ，それは社員を派遣した企業でしか活用できないから，すべての人的資本投資は，その内容にかかわらず結果的に「企業特殊的」となったのである．理論と現実のギャップに触発されて研究を行った最初の経験での，懐かしい思い出である．

　しかし時は移り，その後，日本の企業でも転職は珍しくなくなってきた．それに伴って，企業にとっても投資費用を回収できないリスクも高まってきた．

　そこで社員をビジネススクールに派遣する企業もさまざまな対策をとるようになっている．帰国後一定期間は就業しますという誓約書を提出させるといったことは以前から行われていたが，それは必ずしも法的拘束力を持つものではない．このためより合理的な方法として，ビジネススクールに派遣する社員の授業料等を「奨学金」の形で貸付とし，帰国後一定期間就業したらその返済を免除するといった形をとる企業も出てきている．

　「結果的にはどんな人的資本投資も企業特殊的」といった卒業論文の結論は書き換えなければならないだろう．大学卒業以来40年間の日本の労働市場の変遷を示すものでもある．

練習問題

①　合理的な個人や企業は，どのような場合に人的資本投資をするか，説明しなさい（企業の職業訓練について，その内容別に，労働者と企業の費用負

担を説明しなさい).

② 雇用の流動性が高まると企業の人的資本投資量はどのように変化するか.
また個人のそれはどうか. それぞれ説明しなさい.

③ 良い仕事の条件が「仕事を通じて能力を高められるような仕事」である理
由を説明しなさい.

第 12 章

第4次産業革命と労働

学習の手引き

　この章では，大きな技術革新の労働への影響を考えます．まず20世紀まで
の数次にわたる産業革命と雇用の関係，とくにそれらによって，結果的に雇用
は増加し，賃金も上昇したことを理解してください．

　そのうえで，高度な情報通信，人工知能，自律的ロボット，生命科学などの
分野での広範で飛躍的な技術進歩を伴う第４次産業革命の特徴と，その働き方
への影響について考えます．また労働節約的な技術革新も，生産性向上による
価格低下などによって生産量を増やして雇用増をもたらすことを理論的に理解
してください．

　そしていかなる時代にも，技術革新を生活水準向上への好循環に結び付ける
のに不可欠なことは，その生産性向上を労働者に適切に分配することであり，
また第４次産業革命による生産性向上は，少子高齢化への対処を進めるうえで
も好条件となることを理解してください．

KEY WORD

■産業革命（industrial revolution）

■第４次産業革命
　（the 4th industrial revolution）

■労働節約的技術進歩
　（labor-saving technological progress）

■Geek（おたく）

■Shrink（精神分析家）

■ベーシックインカム（basic income）

■適度な人手不足
　（moderate labor-shortage）

1 技術と労働需要

　先に第3章で説明したように，雇用は生産からの派生需要である．したがってそれは当然生産技術から影響を受ける．どんな仕事もその仕事をするうえでの技術を前提としており，技術のありようによって雇用のありようも決定的に異なってくるからだ．

　技術のありようは，雇用を基本的に規定する．先に第8章で説明したように，そもそも雇い主に雇われて働く雇用労働という形態自体が，**産業革命**（industrial revolution）の産物であった．それまで人力，畜力，水力，風力などを動力としていた生産活動が，蒸気機関の発明によって，それを動力とする機械によって遂行されるようになった．それは農民や職人といった自営業の働き方から，工員という工場主に雇われて働く雇用者という働き方への，画期的転換でもあった．

　機械の導入による生産性の向上は，労働者の賃金の上昇も可能にした．生産性の向上を労働者と機械の所有者（資本家）の間でどのように分配するか，ということも大きな問題となるようになった．後の章で述べる労使関係の発生である．

　さらに新しい技術は，それを使いこなすことのできる能力の習得を必要とする．先に第11章で説明した人的資本投資という考え方，とくに労使でその費用と収益を分け合うというような理論も，産業革命以来のものといってよい．子どものときからの学校教育の必要性も高まった．それは新しい技術を使う能力を学校で学ぶということもさることながら，そうした技術を使いこなす仕事能力を職場において獲得するための，いわば「学習能力」を身につけるためにとくに重要となったのである．

　つまり技術の変化は，単に働き方だけでなく，就職前の教育なども含めた，

産業革命（industrial revolution）18世紀後半から19世紀初頭のイギリスで本格化した蒸気機関を使った工場生産などに代表される非連続的な技術革新．これによって工場などに雇われて働く雇用者という働き方も生まれた．このために仕事を奪われた手工業者などによる機械打ちこわし（ラッダイト）運動なども起きた．

人の人生全般に影響を与える．それはまた労使関係，教育制度といった社会のあり方も変えるのである．

とくに上述の産業革命などのような大きな技術変化は，働き方，個人の人生，社会のあり方そのものを大きく変えた．人類の歴史はこれを明らかに示している．そして今私たちは，かつての産業革命に匹敵するかもしれない，大きな技術変化に直面しているのである．

2 第4次産業革命

それが，**第4次産業革命**（the 4th industrial revolution）といわれるものだ．これまでも技術は着実に進歩してきた．しかしそうした進歩の経路から，大きく上方にジャンプするような，具体的には，情報通信（ICT），人工知能（AI）の発達，自立的ロボット，さらに生命科学などの分野での飛躍的進歩だ．これは既存技術破壊という意味でDisruptive Technologiesなどとも呼ばれる．

ここで第4次産業革命と呼ばれるのは，第1次，第2次，第3次に続く産業革命という意味だ．第1次産業革命が，19世紀初頭のイギリスで始まったいわゆる産業革命である．それまで人間や家畜あるいはせいぜい水力，風力などを動力として遂行されていた生産活動が，蒸気機関を動力として機械によって行われるようになり，とくにモノ作りの生産性は飛躍的に向上した．[注1]

第2次産業革命は，20世紀初頭のアメリカで始まった，石油や電力などを大量に使用する生産方式の革命である．典型的にはベルトコンベアに部品を載せ，流れ作業によって自動車を生産するようになったフォードの自動車工場である．このことによって自動車の生産性は飛躍的に向上し，その結果，T型フォードのように低価格で自動車を販売することも可能になった．そして生産性の向上は自動車労働者の賃金を大幅に引き上げ，自動車価格の低廉化とも相まって，自動車を製造する労働者は，自らの生産する自動車を買うこともできる

第4次産業革命（the 4th industrial revolution）21世紀に入って本格化した情報通信（ICT），人工知能（AI），ロボット，生命科学などの非連続的な技術革新．現在も進行しつつありその経済社会への影響はまだ不確定である（第8章171ページも参照）．

（注1） Ashton, T. S. (1997) *The Industrial Revolution, 1760-1830*, Oxford: Oxford University Press.

ようになったのである.^(注2)

　第3次産業革命は，1970年代から本格化したコンピュータを使った作業革命である．事前にプログラミングされたロボットやソフトウエアによって，工場の定型的生産工程や，オフィスでの単純作業は大幅に機械化された．工場での組み立て，塗装，旋盤，あるいはオフィスでの計算，資料作成，ファイリングといった仕事は一気にロボットやソフトウエアに置き換えられた．

　そして21世紀になって急速に本格化したのが第4次産業革命である．ロボットやソフトウエアが，必ずしも事前のプログラムに従って作業をするだけではなく，状況に応じて自律的に判断し，作動するようなものも開発されるようになった．大量の既存データを，ルールに則って分析することのできる人工知能の能力は，まさにそうした作業をしているといえる碁や将棋の世界ではすでに実証済みだ．また自らの視覚を持って，道路状況を判断しながら車を運転する自動運転や，野菜や果物の生育状況，位置などを判断しながら摘み取りを行う農業ロボットなども一部で実用化されつつある．

　これらの技術が，第3次産業革命のコンピュータ制御ロボットやソフトウエアと決定的に違うのは，自ら状況を判断する能力を持ったことだ．これまでの自動化は，塗装をする場所を事前に指定したり，計算式を明確に与えてはじめて機能するものだった．つまりプログラミングをする人間が，問題の解き方や正解を事前に知っていたのである．しかし第4次産業革命のAIや自動ロボットは，自らの分析によって正解を導き，自ら状況を判断して目的地に到達することのできる技術になった．こうした従来の技術進歩とは非連続的な革命的技術変化によって仕事のあり方も大きく変わるのではないかと考えられている.^(注3)

　人間の筋力や手作業を代替してきたにすぎない機械が，人間の頭脳労働の少なくとも一部を代替するようになった．このため，機械によって置き換えられる仕事は高度な専門職にも及ぶ可能性も出てきた．

　たとえば弁護士や公認会計士の仕事である．与えられた事案にかんして，法

（注2）　Nevins, Allan and Frank Ernest Hill (1954) *Ford: Expansion and Challenge 1915–1933*, New York: Charles Scribner's Sons.
（注3）　クラウス・シュワブ『第四次産業革命』（世界経済フォーラム訳，日本経済新聞出版社，2016年）．

図12-1　第4次産業革命の雇用に与える影響にかんするオックスフォード大学の研究グループによる予測

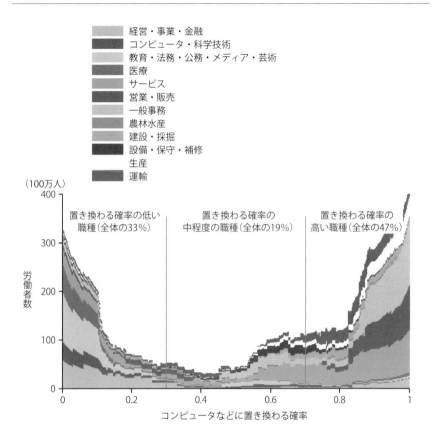

（注）2010年のアメリカ労働統計局の職種分類で，コンピュータライゼーションによって代替されるリスクの低い職種，中程度の職種，高い職種の分布。
（出所）Frey, Carl Benedikt and Michael A. Osborne（2013）*The Future of Employment: How Susceptible are Jobs to Computerisation?* Oxford Martin Programme on the Impact of Future Technology.

律や会計原則というルールに則り，過去のすべての判例や，倒産事例などの情報に当てはめることによって，適法性や会計的適正性を判断する．AIによるビッグデータ分析の得意な作業である．

　あるいは芸術においても，過去の芸術作品のデータにもとづいて，一定の画風の絵を描くといったこともできる（本章コラム「AIにできることとできない

こと」を参照）．こうしたことは詩，キャッチコピー，デザインの作成などについても同様であろう．

　専門職を含む多くのホワイトカラー職種が機械に代替される可能性を持っているということだ．たとえば図12-1に示すオックスフォード大学の研究チームによる予測は，アメリカの702の職種のうち，向こう10〜20年の間にコンピュータなどに代替されるリスクの，高い職種群，低い職種群，その中間の職種群に分けて予測したものだ．ほぼ半分近くの47％の職種が，代替リスクの高い範疇に分類されている．そこには単純な定型労働だけでなく，会計士などの仕事も含まれている．[注4]

3 雇用は必ず失われるのか

　そこで人々の間では雇用創出の不安も高まる．その不安は，経済理論的にももっともなものだ．他の条件一定の下で，生産性を向上させるような技術進歩は雇用を減らすからである．

　これは次のような国内総生産GDPの定義式から明らかだ．

　　国内総生産GDP＝労働者数×労働者1人当たり労働時間×時間当たり労働生産性

　　⇔

　　労働者数＝国内総生産GDP÷労働者1人当たり労働時間÷時間当たり労働生産性

したがって左辺の生産量が不変で，1人当たり労働時間も短くならなければ，時間当たり労働生産性の上昇によって労働者数は減少する．労働者1人当たり労働時間が短くなっても，それ以上に時間当たり生産性が上昇するような技術進歩であれば，やはり労働者数は減少する．

　これを第3章で使った労働需要決定の図式，図12-2（図3-8の再掲）で説明すると次のようになる．生産量 X が一定の下で1本の等量曲線 XX が与えられると，その曲線と最も安い等費用線（等費用線の傾きは，労働と資本の相対価格

（注4）　Frey, Carl Benedikt and Michael A. Osborne (2013) *The Future of Employment: How Susceptible are Jobs to Computerisation?* Oxford Martin Programme on the Impact of Future Technology.

図12-2　最適労働需要の決定

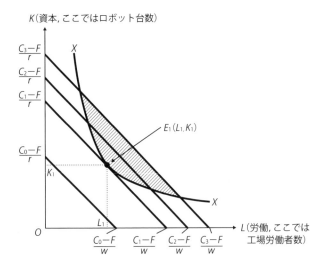

＝労働者の賃金／ロボットなど機械設備のリース料）との接点E_1で主体均衡は成立し，最適労働需要量はL_1となる．ここで生産のための技術進歩が起きると，それは等量曲線の形状の変化となって示される．

　たとえば同じ生産量Xでも，図12-3の等量曲線X_nX_nのような**労働節約的な技術進歩**（labor-saving technological progress）を示す形状となる．同じ労働と資本の相対価格の下で，生産量不変でも，主体均衡点はE_nとなり，労働需要量はL_nとなる．労働需要は$L_n < L_1$となって技術変化以前よりも減少する．ただしこれは生産量一定の下での話だ．しかも生産費用も減少している．

　生産性向上による費用低下で製品価格が下落することで製品需要も増加することになれば，生産量も増えるので事情は異なってくる．生産量の増加によって等量曲線がX_nX_nから$X_n'X_n'$へと右上にシフトし，新しい均衡点はE_n'となる．このときの労働需要L_n'は$L_1 < L_n'$で技術変化以前よりも多くなる．

　つまり生産量一定の下で雇用を減らすような技術革新でも，それによる生産

労働節約的技術進歩（labor-saving technological progress）同じ生産水準をより少ない労働で実現できるような技術進歩．

図12-3　等量曲線の変化

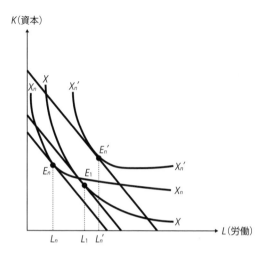

性向上が製品価格低下を通じて製品需要を増加させれば，結果として雇用を増やすこともありうるのである．そして実際これまでの第1次から第3次の産業革命は，おおむねこの経路をたどった．新技術が登場した当初はともかく，生産性向上の価格低下による製品需要増加効果の行き渡る中長期でみれば，雇用も増加するという好循環をもたらす結果となっていたのである．(注5)

　また生産性向上の成果として，労働者の賃金も上昇することで，製品への需要はさらに高まった．国民の多数を占める労働者の購買力向上は内需拡大に不可欠の条件だったからである．

　このように考えていくと，技術進歩の雇用に与える影響を左右するのは，技術そのものというよりも，むしろ技術進歩による生産性向上がどのくらい製品価格を下げて，あるいはどのくらい賃金を上げて，製品の需要増加をもたらすかに依存する．鍵を握っているのは生産性向上分の分配なのである．

（注5）　日本の戦後の経済成長も，海外からの技術導入による生産性向上が，価格低下と賃金上昇を生み出すという好循環の一例である．

4 | 人にしかできない仕事をする

　以上の図式からわかるように，労働節約的な技術革新が起きても，総量とし
ての労働需要は減るとは限らない．ただし技術の変化によって仕事内容が変化
することは避けられないだろう．またそれに伴って必要とされる仕事能力も変
化する．歴史的にも，人力・畜力を蒸気機関を動力とする機械で代替するよう
になって以来，より重要な仕事能力は筋力などから機械操作の巧みさといった
ことに変わってきたように，技術革新によって求められる能力も当然変化して
きたのである．

　いずれにしても人間の行っていた仕事は，しだいに機械に代替されてきた．
これに伴って人間は，その時々の技術体系の下で，「人にしかできない仕事を
する」ようになってきた．これは，これから本格化する第4次産業革命でも同
様である．

　では第4次産業革命の下で，人にしかできない仕事として残る仕事，さらに
増えていく仕事はどんなものだろうか．第4次産業革命といった言葉がこれほ
どいわれるようになる20年ほど前に，ロバート・ライシュ（Robert Reich）は
人にしかできない仕事として，2つの種類の仕事への需要が高まるはずだと述
べている．[注6]

　1つはアメリカの俗語でGeek（おたく）と呼ばれる人たち，意訳すれば「オ
タク」の人たちである．新しい技術，新しい商品やサービス，新しいノウハウ，
あるいは新しいソフトウエアなどを生み出す，といったように，今までにない
ような新しい価値を生み出す人たちの仕事は，人にしかできない仕事として残
る．つまり創造力のある人たちということである．

　ただし，そうした創造性のあるGeekの作り出すもののすべてが売れるわけ
ではない．彼らは自分の好奇心や興味に従って面白いと思うものを作り出すの

Geek（おたく）ロバート・ライシュは新しい製品やソフトなどを生み出す創造力のある人材を，アメ
リカの俗語で「おたく」を意味するGeekと名付けた.

（注6）　Reich, Robert（2000）*The Future of Success: Working and Living in the New Economy*, New York:
Vintage Books（清家篤訳『勝者の代償──ニューエコノミーの深淵と未来』東洋経済新報社，2002年）.

であり，彼らが最高に嬉しい褒め言葉は，'it's cool（カッコいい）'ということだとライシュは言う．そこで2つ目のタイプの必要とされる人材は，そうしたオタクであるGeekたちの作る価値のうち何が売れそうなのか，あるいはどんなものをオタクに作ってもらったら売れるのかということについての洞察力を持った人であり，ライシュはこれをアメリカの俗語で精神分析家を意味するShrink（精神分析家）と名付けている．これは人の欲求を知ることのできる「想像力」に優れた人たちということになる．

具体的に映画というビジネスを例にとっていえば，Geekは監督であり，Shrinkはプロデューサーであるとライシュは例示する．俳優は人間だけでなくアニメやコンピュータグラフィックスでも代替できるし，実際そうした映画はすでにたくさん作られている．しかし監督やプロデューサーはまだまだ人でないと務まらないということであろう．

ただしそうしたGeekやShrinkには誰もがなれるわけではない．才能に恵まれ，またそれを伸ばす教育やトレーニングを積む環境に恵まれた人たちであり，働く人全体から見ればごく小数の人たちである．しかし人にしかできない仕事に含まれるものとして，努力によってより多くの人たちにも可能であり，人数的にも多くを必要とする仕事は他にもある．

1つは匠といわれるようなモノづくりのプロである．たとえば受注生産で，注文主もまだはっきりとしたイメージを持っているわけではない製品を，一緒に考えて作り上げてしまうことのできるような人たちだ．これは日本でも地方の中小企業でいわゆるグローバルニッチトップといわれるような，規模は小さくても特定分野のモノづくりにグローバルな競争力を持っている企業に働く人たちなどに多い．Geekの独創力はなくても，コミュニケーションの能力と培った技能や経験で注文主の求める製品を作ることのできる人たちだ．

こうした人たちはこれから伸びるサービス業にも多数いる．いわゆる「痒いところに手の届く」ようなサービスを提供できる人たちだ．これは顧客の状況に応じて臨機応変の対応をすることのできる能力ということもできる．

Shrink（精神分析家）ロバート・ライシュは消費者自身のまだ気付いていないような潜在的な需要についての洞察力，想像力を持つ人材を，アメリカの俗語で「精神分析家」を意味するShrinkと名付けた．

　実は教師やトレーナーといった仕事はこの範疇に入る．あるいは飲食店や宿泊施設などの対人サービス業務に携わる人たちもそうである．何年も先まで予約満杯の温泉旅館といったところに多い人たちだ．相手の身になってその時々で適切なサービスを提供する仕事には，人にしか持てない他人への「共感力」が不可欠である．

　そしてもう1つ人にしかできない仕事が，よい仕事をしてくれる人を採用し，処遇し，気持ちよく働いてもらうようにするといった，マネジメントの仕事である．ここでも大切なのは他人への共感力に基づく個別かつ臨機応変の対応である．人に指示を出し，人の働き振りを評価し，その能力を最大限に発揮させるということは，機械に一部代替できたとしても，最終的には人にしかできない仕事として残るだろう．

　管理職の仕事を仮にロボットが技術的にはこなせるとしても，ロボットに指示を与えられたり，ロボットに評価されることに人間は抵抗感を持つはずだ．人にしかできない仕事には，そうした技術的には機械に代替可能であっても，心理的，あるいは倫理的に人間しかしてはならないような種類の仕事も含まれるだろう．

5　分配のあり方

　先に述べたように，技術革新による生産性の上昇は，価格の低下を通じて，製品やサービスの需要を増加させる．そして，製品やサービスへの需要を増加させるためには，それらを購入する購買力，したがってその購買力の源泉となる人々の所得も増えていかなければならない．つまり，生産性向上の成果が，何らかの形で人々の所得増加に結びついてはじめて，技術革新は需要増加，経済成長へと好循環していくのである．

　その方法は大きく分けると2つある．その1つの方法は，技術革新による生産性向上の成果を，それに貢献した労働者への賃金上昇という形で分配することだ．そしてもう1つ，最近注目されている方法が，技術革新による生産性向上の成果をまず税の形で集め，それを国民に均等に分配するというやりかたで，具体的には**ベーシックインカム**（basic income）と呼ばれる．生産性向上

の分配方法として，前者が伝統的な「分配」であるとすれば，後者は新しい形の「再分配」ということもできる．

このうち後者は，経済格差の是正という観点からも優れた政策であるとして最近一部では人気を博している．しかしこれを実行するためには，まず生産性向上による経済的恩恵を受けた企業や個人に重い税負担をしてもらわなければならず，そのことは企業の海外逃避や個人の勤労意欲低下などをもたらす．また働いても働かなくても一律所得は保障されるということになると，勤労倫理も失われかねない．経済的な自主独立による個人の尊厳を奪いかねない問題をはらんでいる．

生産性向上の成果配分の正攻法は，やはりそれを労働者に賃金上昇という形で直接分配することであろう．もちろんそのためには，労働者も生産性向上に対してしっかりと貢献をしていかなければならないから，労働者は技術革新の下でそれに見合った高い生産性を上げられるよう，仕事能力を高めていかなければならない．その意味で，学校教育や職場内の教育訓練といった人的資本投資はますます重要になる．第4次産業革命は人的資本投資と一体となってはじめて好循環を生むのである．

6 高齢化と相性の良い第4次産業革命

さて先に第8章で指摘し，第9章で詳しく論じたように，日本で第4次産業革命と同時に進む大きな構造変化は人口の少子高齢化である．そして実は，この少子高齢化のもたらす問題の解決に，第4次産業革命の成果は大きく期待できるし，一方で少子高齢化は第4次産業革命を加速化させる原動力になるという意味で，高齢化と第4次産業革命はいわゆるウィン・ウィンの関係にある．

まず何よりも，少子高齢化のもとで生産活動を維持するためには，時間当たりの付加価値生産性向上は不可欠である．生産は，

　　　生産額＝労働者数×労働者1人当たり労働時間×時間当たり労働生産性

ベーシックインカム（basic income）　雇用の状況や収入，資産にかかわらず政府がすべての国民に一律に生活に必要な最低限の現金を支給する制度．まだ導入国はない．スイスでは2016年6月に導入の是非をめぐり国民投票が行われたが，否決された．

で定義されているから，少子高齢化で労働者数の減るときに生産額を維持するためには，労働時間をこれ以上長くすることはできないとすれば，労働生産性を高めるしか方法はない．その生産性向上をもたらすのは技術革新である．

また第4次産業革命に含まれる医学，生命科学の進歩は，人々の健康寿命を伸ばすことに貢献する．第9章で説明したように，少子高齢化のもとでの労働力減少をできるだけ緩和するためには高齢者の就労促進が不可欠だ．そして高齢者の就労促進の鍵を握る変数の1つが，健康状態なのである．

さらに医学，生命科学の進歩による健康寿命伸張は，要介護となる人の数を減らし，あるいは要介護となる時期を遅らせる効果を持つ．また介護サービスについても，介護ロボットの実用化などによって，介護労働の負担は軽減される可能性もある．このことは高齢期の要介護リスクを減らし，要介護となった高齢者を介護する家族などの負担を軽減することになる．

このことによって，介護離職のリスクも低下するだろう．労働力不足に備えて就労促進を図らなければならないときに，親や配偶者の介護のために離職を余儀なくされるのは，本人にとっても，企業にとっても，また社会全体にとっても大きな損失である．第4次産業革命による技術進歩が，要介護となるリスクを減らし，また介護者の負担を軽減することで働き盛りの労働者の介護離職リスクを低下させることになれば，個人，企業，社会全体にとって大きな朗報となる．

一方で少子高齢化に対処するためにこうした技術革新への期待が高まることは，これを促進する大きな原動力となるだろう．人手不足対策や，健康寿命伸張への需要は，新たな技術革新への投資を促すことになる．つまり，第4次産業革命は少子高齢化問題解決に貢献すると同時に，少子高齢化によって第4次産業革命も促進されるのである．

さらに少子高齢化による**適度な人手不足**（moderate labor-shortage）は，第4次産業革命による雇用調整も容易にする．第4次産業革命は，産業構造や職業構造の転換を伴うから，それによって少なくとも一部の労働者は職業転換や

適度な人手不足（moderate labor-shortage）人手不足倒産などが起きないていどの，常に1を上回るような有効求人倍率のもとで，離職してもすぐに次の仕事を見つけられるような労働市場の需給逼迫度．

転職を余儀なくされる．ここでもし労働市場の需給関係が緩いと，技術革新による失業も発生しかねない．しかし少子高齢化による**適度な人手不足**の下では，労働の需要圧力は強いから，企業は新しい技術に対応した労働者をすぐに雇用したいし，また新しい技術に対応して労働者を再訓練しようとする動機を持ちやすい．

　このように日本では，第4次産業革命は少子高齢化と相性のよい構造変化である．実際にそのようなウィン・ウィンの関係となるように，適切な政策を講ずることも大切だ．それは日本型の経済社会モデルとして世界に発信できるものともなるだろう．

Column

AIにできることとできないこと

　2017年の6月にスイスのグリオンで開催された大学学長および学長経験者の集まるグリオンコロキウム（Glion Colloquium）のテーマの1つは第4次産業革命と大学教育で，筆者の1人（清家）もそこで講演する機会を得た．たまたまそのとき同じセッションで講演したのが，当時グーグル・ヨーロッパ研究所（Google Research Europe）の責任者だったエマニュエル・モゲネ（Emmanuel Mogenet）氏である．このとき彼はAIにできることできないことを，ピカソの絵になぞらえて巧みに説明してくれた．

　彼は，AIにできることはどんな景色でもピカソ風に描くということだと言う．AIにピカソの絵をすべて覚えさせることで，AIにピカソ風に絵を描くことを教えることはできる．そこでたとえばいま会議をしているホテルの窓から見た外の風景を情報として与えれば，その風景を見事にピカソ風の絵にすることは可能である．大量の情報を処理してピカソの絵のパターンを覚え，それに与えられた情報である窓からの風景を当てはめることは，AIの最も得意とすることだというのである．

　ではAIにできないことは何か．それはピカソになることだ，と言う．つまりピカソは，ピカソ以前のたとえば印象派の絵画などを情報として自らに入力し，その影響を受けたりしたかもしれないが，ピカソ以前にピカソはいないので，彼自身の画風は，彼にしか作れない．つまり創造はAIには

まだできない作業のようだ.

　そのとき会議出席者の反応は,少しばかり安堵したと同時に,質問として,将来的にAIも創造性を持つようになるのではないか,そうだとするとそれはいつごろかということであった.彼の答えは「わからない,しかし将来的にその可能性はある」ということであった.そうなると本章で紹介したライシュの言う創造力で仕事をする「おたく(Geek)」の仕事もAIに置き換えられる日もくるかもしれない.では同じく,ライシュの言う,人への共感など想像力で仕事をする「精神分析家(Shrink)」の仕事はどうなるか知りたいところである.

練習問題

① 労働節約的な技術革新が起きた際に,必ずしも総量としての労働需要が減るとは限らないのはなぜかを説明しなさい.

② 第4次産業革命後に必要とされる仕事を2種類,説明しなさい.

③ 第4次産業革命のような大きな技術革新が起きた際に,雇用調整が容易であるのは,労働市場の需給関係がどのようなときか,その理由も含めて述べなさい.

第 13 章

労働力のフロー表

学習の手引き

　この章では，労働力のフローという概念について考えます．先に第2章の労働供給でみたのは働くか働かないかの選択でした．この選択を，たとえば働かなかった人が働くことに変化したときの動き，というふうにみたのがフローです．

　そこでまず，労働力についてのフローとストックの概念と両者の関係について整理します．そのうえで労働力のフロー表という考え方を説明しますので，よく理解してください．そしてこのフロー表が，政策分析において有用であることを示します．先に失業についてみた第4章で説明した需要不足失業と摩擦的失業が，フロー表を使って識別できることを説明します．

　またフロー表から計算される推移確率という概念についても説明します．そして労働力フローの実態について実証的な分析を行った水野朝夫教授の研究などを紹介します．概念としてのフロー表がどのような形で実際に分析されているかを学んでください．

⬤= KEY WORD

- ■ フロー分析（flow analysis）
- ■ 労働力のストック（stock of labor force）
- ■ 労働力のフロー（flow of labor force）
- ■ 労働力のフロー表（flow table of labor force）
- ■ フロー表を使った政策分析（policy analysis by flow table of labor force）
- ■ 推移確率（transition probabilities）

1　労働力の変化

　労働市場において労働力をどのように観測するかについては，すでに第1章で詳しく説明したが，復習の意味で簡単に説明しておこう．15歳以上の労働可能人口は，就業者と失業者からなる労働力人口と，それ以外の非労働力人口に分けられ，そこから労働力率や失業率といった指標を計算することが可能であった．このとき就業者，失業者，非労働力人口といったグループの人数は，その観測時点において存在するそれぞれのカテゴリーの人数としてとらえられていたのである．

　このようなある横断面でみた労働状態の人数は，その時点での労働市場の構造を知るためには有用である．たとえば2020年にどれだけの人が就業意思を持っているか（労働力人口），そのうち失業者の比率はどれほどか（失業率）といった労働力の構造にかかわる情報を得ることができる．

　しかしこうした一時点の構造と同時に，時点間の変化を観測することも政策的な観点からは重要である．変化をみることで，景気対策や雇用政策を適切に実施することが可能となるからである．短期的には景気変動による失業者数の増減，中期的には企業にとって雇用可能な労働力人口の増減，そして長期的にはそれらの根底にある労働可能人口の増減などがそれである．

　事実，マスコミなどでしばしば取りあげられる労働市場統計には，こうした時点間の変化をみたものも少なくない．毎月の失業率がそのよい例である．失業率の水準もさることながら，とくに景気の転換点を判読するなどという際に大きな注目を集めるのはその増減だ．しばしば使われるのは，昨月に比べて調査月の失業者は増えたか減ったか，あるいは月ごとの季節性があることも考慮して，昨年の同じ月と比べて調査月の失業者は増えたか減ったかを比較する，といった指標である．

　そしてさらにより分析的な変化指標として，労働力のフローという概念がある．この概念を使って，労働力のいわゆる**フロー分析**（flow analysis）というものが可能となる．本章では日本でこの分野のパイオニアと考えられる（故）水野朝夫教授（および共同研究者の今井英彦教授）の研究業績に依拠して，そ

れを紹介することにしよう.

2 | フローとストック

　フローとストックという概念については，ここで改めて詳しく説明するまでもないかもしれない．水の流れにたとえれば，フローというのは流れている水流であり，ストックというのはその水がたまった状態である．図13-1はこれを模式図的に示したものである.

　図13-1で水道の蛇口から流れ出しているのが水のフローである．これが下のたらいにたまった状態をストックという．さらにこのたまった水がたらいの底の穴から流れ出してフローとなる．その意味でストックは流れ込む水と流れ出す水を一瞬とめたときの観察値ということになる.

　この概念は多くの経済現象に適用される．その典型は貯金と貯蓄残高の関係である．毎月の貯金はフローであり，そしてこの貯金のたまったものが貯蓄残高というストックだ.

　もう少し厳密にいえば，預金通帳に入ってくる貯金のフローと，そこから出ていく貯蓄切り崩しのフローを瞬間的にとめてとらえたストックが貯蓄残高ということになる．読者の預金通帳にも預かり金額や支払金額というフローと，残高というストックが記載されているはずだ.

　労働力についてもこれと同様の観測概念を適用できる．就業，失業，非労働力といったそれぞれの労働力状態の人数をその時点の**労働力のストック**（stock of labor force）とし，その状態への流れ込みと流れ出し（就業，失業，非労働力などの状態の変化）の人数を**労働力のフロー**（flow of labor force）とするの

フロー分析（flow analysis）　労働力状態の変化を労働力のフローとしてとらえて分析する手法で，日本でのこの手法による研究は，（故）水野朝夫教授によって発展した.

労働力のストック（stock of labor force）　ある一時点に存在する就業者数，失業者数，非労働力人口などを，その時点での（各労働力状態別の）労働力のストックという．貯蓄などの例でいえば，貯蓄残高にあたるものである.

労働力のフロー（flow of labor force）　それぞれの労働力のストックへの流れ込み，流れ出しを労働力のフローという．たとえば，今月の就業者数は労働力のストックであり，先月から今月にかけて失業者から就業者になった者の数は労働力のフローである.

図13-1　ストックとフローの概念図

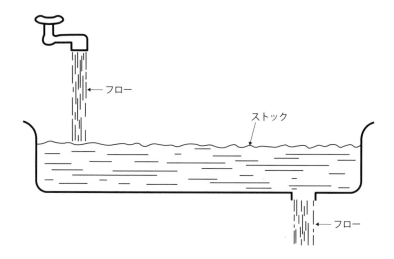

である．具体的には，雇用や非労働力のストックから失業のストックに流れるフロー，逆に失業のストックから雇用や非労働力のストックへのフローといったように，それぞれの労働力状態のストックから他の労働力状態への流れをフローとしてとらえることになる．

　こうしたフローの観測は，たとえば失業増加に対する雇用対策を考える際などにきわめて有益な情報を与えてくれる．それは昨月からの増減であるとか，昨年同月からの増減といった，単なる量的な変化の情報以上のものを教えてくれるからだ．詳しいことはこの後説明するが，労働力のフローはたとえば失業者の増え方や減り方の内容にまで踏み込んだ情報を与えてくれるのである．それによってより深い分析も可能になる．こうした労働力のフローは実際にはどう測るのかを具体的にみていくことにしよう．

3　労働力のフロー表

　そこで**労働力のフロー表**（flow table of labor force）とはどんなものかを紹介しよう．[注1] まず労働可能人口はとりあえず一定と考え，それが第1章で定義した3つの労働力状態に分かれているものとする．すなわち就業，失業，非労働

力の3つの状態のどれかに個人は区分され，いまそれぞれの状態をE，U，Nという記号で示すことにしよう（E：就業，U：失業，N：非労働力）．

E，U，Nはストックであり，$E+U+N$は労働可能人口，$E+U$は労働力人口のストックである．

労働力のフローというのは，こうしたストックでみた労働力状態の時点間での（たとえば月ごとの，あるいは年ごとの）変化として定義される．たとえば時点をtで表すとすると，$t-1$期に就業者であった者のうちかなりの部分はt期にも就業者でありつづけるが，一部は職を失ったり転職するために会社を辞めたりして失業の状態に変化する．また他の一部は結婚・出産などで家庭に入ったり，あるいは仕事から引退することで非労働力の状態に変化する．$t-1$期に失業者，非労働力だった者も同じように失業者，非労働力でありつづけたり，就業など他の労働力状態に変化する．

これらの変化の組み合わせをE，U，Nの記号で示せば次のようになる．

$t-1$期に就業者で，t期にも就業者$=EE$

$t-1$期に就業者で，t期には失業者$=EU$

$t-1$期に就業者で，t期には非労働力$=EN$

$t-1$期に失業者で，t期には就業者$=UE$

$t-1$期に失業者で，t期にも失業者$=UU$

$t-1$期に失業者で，t期には非労働力$=UN$

$t-1$期に非労働力で，t期には就業者$=NE$

$t-1$期に非労働力で，t期には失業者$=NU$

$t-1$期に非労働力で，t期にも非労働力$=NN$

そしてこの変化の組み合わせを図13-2のように3×3=9のマトリックス図にしたものを労働力のフロー表という．

このフロー表において，対角行列（EE，UU，NN）は労働力状態に変化のな

労働力のフロー表（flow table of labor force） 労働力状態を就業，失業，非労働力の3つに分け，一定期間内のそれぞれの労働力状態間の移動を3×3のマトリックスで示したもの．このマトリックスの縦列の和は変化以前の期の労働力ストック，横行の和は変化後の期の労働力ストックとなる．

（注1） この節の記述は基本的には水野朝夫（1992）『日本の失業行動』中央大学出版部に依拠しているので詳しくはそちらを参照されたい．

図13-2 労働力のフロー表

$$
\begin{array}{cccc}
EE & UE & NE & E_t \\[1em]
EU & UU & NU & U_t \\[1em]
EN & UN & NN & N_t \\
\end{array}
$$

$$
\quad E_{t-1} \qquad U_{t-1} \qquad N_{t-1}
$$

かった人たちのフローであり，それ以外は労働力状態に変化のあった人たちの
フローである．またフロー表に示される3×3の組み合わせの縁の外に書かれ
ているのがそれぞれ $t-1$ 期と t 期のストックである．

　すなわち E_{t-1}，U_{t-1}，N_{t-1} はそれぞれ $t-1$ 期の就業者，失業者，非労働力の
ストックであり，E_t，U_t，N_t はそれぞれ t 期の就業者，失業者，非労働力であ
る．$t-1$ 期のストックがフローによって変化して t 期のストックになったとい
うようにみてとれる．なおここでは簡単化のために労働可能人口は $t-1$ 期と t
期で不変と考えているので，新たに15歳以上人口になったり，15歳以上人口
で死亡したりした人はいないと仮定している．すると，次のようになる．

　　　$E_{t-1}+U_{t-1}+N_{t-1}=E_t+U_t+N_t$

　またこのフローとストックの関係を明示すると次のようになる．

　　　$EE+EU+EN=E_{t-1}$

　　　$UE+UU+UN=U_{t-1}$

　　　$NE+NU+NN=N_{t-1}$

　　　$EE+UE+NE=E_t$

　　　$EU+UU+NU=U_t$

　　　$EN+UN+NN=N_t$

つまり，フローのマトリックスの縦の列を足すと $t-1$ 期のストックとなり，横
の行を足すと t 期のストックとなるのである．

　これを言葉で表現すれば，$t-1$ 期に就業者であった人たち（E_{t-1}）が，フロ
ーとして就業継続（EE），失業転化（EU），非労働力転化（EN）へと分かれ，

就業継続（EE）に失業から就業への転化（UE）と非労働力から就業への転化（NE）を加えたものがt期の就業者（E_t）となるわけだ．また$t-1$期に失業者であった人たち（U_{t-1}）が，フローとして就業転化（UE），失業継続（UU），非労働力転化（UN）へと分かれ，失業継続（UU）に就業から失業への転化（EU）と非労働力から失業への転化（NU）を加えたものがt期の失業者（U_t）となる．さらに$t-1$期に非労働力であった人たち（N_{t-1}）が，フローとして就業転化（NE），失業転化（NU），非労働力継続（NN）へと分かれ，非労働力継続（NN）に就業から非労働力への転化（EN）と失業から非労働力への転化（UN）を加えたものがt期の非労働力（N_t）ということになる．

4　フロー表を使った政策分析

　このような労働力のフロー表を使って，具体的にどのような政策分析をすることができるのかを示してみよう．これを活用しうる分野として最も典型的なのは，失業にかんする政策分析である．たとえば，$t-1$期からt期にかけて失業が増加したとき，これに対してどのような対策をとるべきかといった問題を考える場合である．

　このときの失業増を$\varDelta U$として，これをストックで表せば，次式のようになる．

$$\varDelta U = U_t - U_{t-1}$$

すなわち$t-1$期からt期へかけての失業の増加分は，t期の失業ストックから$t-1$期の失業ストックを引いた差として計算される．

　そこでこのストックを労働力フローに分解して書き直すと，先述のように

$$U_t = EU + UU + NU$$
$$U_{t-1} = UE + UU + UN$$

であるから，

$$\varDelta U = (EU + UU + NU) - (UE + UU + UN)$$

となる．

　このように失業増をフローで書き表せるところがミソである．この式の右辺の第1項と第2項のUUは共通であるから相殺され，さらに項目を就業と失業の間のフロー部分と，非労働力と失業の間のフロー部分に分けて整理すると次の

ようになる.

$$\Delta U=(EU-UE)+(NU-UN)$$

すなわち,$t-1$期からt期にかけての失業の増加は,就業から失業へのフローと失業から就業へのフローの差で表される部分(式の右辺第1項)と,非労働力から失業へのフローと失業から非労働力へのフローの差で表される部分(同じく第2項)の,2つの部分に分けられる.

失業増ΔUがこのどちらの項の増加によるものであるかによって,失業の性格は大いに異なる.当然,それに対する対策も異なってくるのである.

もし失業増ΔUが右辺の第1項,$(EU-UE)$の増加によるものだとしたらどうだろうか.この部分を増加させるのは2つのケースが考えられる.1つはEUというフローの増加だ.たとえばリストラや企業の倒産によって,それまで就業者だった人たちが職を失って失業者になるというようなケースである.これは不況期に典型的な現象である.

もう1つはUEというフローの減少である.UEは失業者が職を見つけて就業者になるというフローである.したがってこのフローが減少するということは,失業者が職を見つけにくくなり,再就職しにくくなっていることを意味する.これも不況期の現象である.

このようにEU増もUE減も一般的には不況時に発生し,いずれも右辺第1項を増加させることになる.したがって,もし失業増加が右辺第1項の増加によるものであるとわかったならば,それは不況による失業増であるといえる.これに対しては,財政出動や金融緩和などマクロの景気刺激策によって景気を回復させ,生産を回復させるしかない.

ではもし失業増ΔUが右辺の第2項$(NU-UN)$の増加によるものだとしたらどうだろうか.この部分を増加させるのも2つのケースが考えられる.

1つはNUというフローの増加である.これはそれまで非労働力であった人たちが職探しを始めて失業者になるというフローだ.経験的には,このフローは景気回復期には企業の求人なども増えてくるため良い仕事がありそうだと判断したときに増加する,という傾向にあった(ただしコラムに示したように,不況期にNUが増大することもある).

もう1つはUNというフローの減少である.これは失業者として職探しを

ていた人たちが，職探しをやめて非労働力になるというフローである．これも
経験的には景気後退期に企業の求人が減り，職探しをしても良い職はなさそう
だと判断し，職探しをあきらめて非労働力化するときに増えるフローであるこ
とが知られている．したがってこのフローが減るのは，失業者の中で職探しを
あきらめる人が減ったということであり，景気回復期の現象と考えられる．[注2]

このように*NU*増も*UN*減も，経験的には景気回復期にみられる現象であり，
求人はあるのに情報が伝わらなかったり，仕事能力のミスマッチがあったりし
て就職に結び付かないために失業が増えていると推定される．第4章でみたよ
うな摩擦的失業である．この失業を減らすにはマクロの景気対策ではなく，求
人・求職の情報をもっと円滑に行きわたらせたり，地域間，職種間の移動コス
トを軽減するような政策が必要だ，ということになる．**フロー表を使った政策
分析**（policy analysis by flow table of labor force）は，このような政策判断に必
要な情報を与えてくれるのである．

5 推移確率

ここまでみてきたのはフローの量の話であった．このフローの量とストック
の量から，フローの確率，つまりもとのストックに対するフローの変化確率を
計算することもできる．

これを労働力の**推移確率**（transition probabilities）という．ある労働力状態
（たとえば就業）の$t-1$期のストックのうち，t期にかけてのフローの変化率は
どれほどか（たとえば$t-1$期の就業者のうち，失業者や非労働力になったり，

フロー表を使った政策分析（policy analysis by flow table of labor force） たとえば前期から今期にか
けての失業者の増加を，就業から失業，失業から就業，非労働力から失業，失業から非労働力などの
フロー部分に分解することで，その失業増が需要不足によるものか摩擦的要因によるものかを識別で
きる．

推移確率（transition probabilities） ある労働力状態ストックから，次期にかけてのフローの変化率．
たとえば，就業から失業への推移確率は，就業から失業へ変化した者の数を，変化以前の就業者数で
割った値として得られる．

（注2） 日本でこれまで比較的低い失業率を維持してきた1つの理由は，先に第4章でも述べたように
不況期に失業者が非労働力化したためであるといわれている．

または就業者でありつづけた比率はどれほどか）という指標である.

　労働力のフローを個人の就業状況の変化の可能性を表すものとして観測しようとする場合などに，この指標は重要である. たとえば仮に就業から失業になるフロー量と失業から就業になるフロー量が同じであったとしよう. しかしもとの就業者のストックは失業者のストックよりずっと大きいわけであるから，このケースでは失業者が就業者になる確率は，就業者が失業者になる確率よりも大きいということになる. あるいは労働力フローの国際比較などをするときにも，フロー量の水準はもともとの労働可能人口の規模などに規定されて異なるので，確率で比較するほうがよい.

　この労働力の推移確率を，先にみた労働力のフロー表の変数記号によって定義すると次のようになる.

　　　　$t-1$期に就業者で，t期にも就業者の確率：$PEE=EE/E_{t-1}$

　　　　$t-1$期に就業者で，t期には失業者の確率：$PEU=EU/E_{t-1}$

　　　　$t-1$期に就業者で，t期には非労働力の確率：$PEN=EN/E_{t-1}$

　　　　$t-1$期に失業者で，t期には就業者の確率：$PUE=UE/U_{t-1}$

　　　　$t-1$期に失業者で，t期にも失業者の確率：$PUU=UU/U_{t-1}$

　　　　$t-1$期に失業者で，t期には非労働力の確率：$PUN=UN/U_{t-1}$

　　　　$t-1$期に非労働力で，t期には就業者の確率：$PNE=NE/N_{t-1}$

　　　　$t-1$期に非労働力で，t期には失業者の確率：$PNU=NU/N_{t-1}$

　　　　$t-1$期に非労働力で，t期にも非労働力の確率：$PNN=NN/N_{t-1}$

なおここでフローの記号の頭には確率（probability）の頭文字をとってＰをつけている.

　図13-3は，この推移確率を図13-2の労働力のフロー表と同じようにマトリックスの表にしたものである. 図13-3からわかるように，推移確率は$t-1$期のストックに対する比率であるから，縦の列を足し合わせると1になる. たとえば就業者についてみれば，

　　　　$PEE+PEU+PEN=EE/E_{t-1}+EU/E_{t-1}+EN/E_{t-1}$

　　　　　　　　　　　$=(EE+EU+EN)/E_{t-1}$

であり，労働力フローの定義から，

　　　　$EE+EU+EN=E_{t-1}$

図13-3 労働力の推移確率表

PEE	PUE	PNE
PEU	PUU	PNU
PEN	PUN	PNN
(計) 1	1	1

図13-4 フロー表を完成させよう

(64)	(4)	(6)	(74)
0.8	0.2	0.1	
(8)	(12)	(6)	(26)
0.1	0.6	0.1	
(8)	(4)	(48)	(60)
0.1	0.2	0.8	
(80)	(20)	(60)	

であるから右辺は1となる．これは失業者，非労働力人口についても同様に計算できる．

　そこで確認の意味も込めて，労働力のフロー表の完成問題を考えてみることにしよう．図13-4には$t-1$期のストック量と推移確率が示されている．この数値例からそれぞれのフロー量とt期のストック量としての就業者数，失業者数，非労働力人口数を求めるとどうなるかを計算してみると，フローの量とt期のストック量はそれぞれ（　）内の数字のようになる．

6　労働力のフローの実態（水野朝夫教授の研究から）

　労働力のフローは，実際にはどのような統計資料によって観測されるのだろ

図13-5　日本のフロー表（水野教授による観測結果からの抜粋）

$EE=5695$	$UE=19$	$NE=93$
(0.98)	(0.12)	(0.03)
$EU=23$	$UU=117$	$NU=17$
(0.004)	(0.75)	(0.005)
$EN=89$	$UN=20$	$NN=3330$
(0.015)	(0.13)	(0.97)

（注）単位は万人．（　）内は推移確率．一部の数字は四捨五入してある．
（出所）水野朝夫（1992）『日本の失業行動』中央大学出版部，表5-1．

うか．ストックとしての労働力状態，すなわち毎月や毎年の就業者数，失業者数，非労働力人口数などについては，すでに第1章でも紹介したように総務省「労働力調査」などから観測可能である．しかし労働力のフローになると，公表される統計では観測不可能である．

　なぜなら，フローの調査は同一個人について異なる期（たとえば月）による労働力状態の変化を知らなければならないからだ．これには同一人の労働力状態にかんする追跡調査を必要とする．そして実は「労働力調査」では一部のサンプルについて，2カ月間にわたってこの調査を行っているのである．この個票（1人ひとりのサンプルについての調査票の原票）を使えば，それぞれの個人についての月をまたいだ労働力状態の移動を識別できる．

　水野朝夫教授の研究もこの「労働力調査」の個票を利用したものである．ただしこの個票は研究者から特別の申請を行い，それを総務省が認めた場合にのみ利用できることになっている．水野教授もそうした申請を行ってこれを利用している．

　図13-5はこの水野教授（およびその共同研究者の今井教授）による1985年の日本における実際の労働力のフローの観測値からの抜粋である（一部の数字は四捨五入した）．数字はそれぞれのフロー量であり，（　）内は推移確率である．図13-5から，フロー表の対角要素である PEE, PUU, PNN という労働力状態に変化のなかった人たちが圧倒的に多いことや，推移確率の列を足すと1

表13-1　労働力の推移確率の国際比較 (水野教授による観測結果からの抜粋)

	PEU	*PUE*
日本	0.0027	0.150
アメリカ	0.02	0.254
カナダ	0.0155	0.240
オーストラリア	0.0096	0.210
スウェーデン	0.0090	0.500
フランス	0.0178	0.502

(注) 一部の数字は四捨五入してある.
(出所) 水野朝夫 (1992)『日本の失業行動』中央大学出版部, 表5-2.

図13-6　2000年のフロー表 (太田教授・橘木教授による観測結果からの抜粋)

```
EE=6333        UE=36          NE=81
(0.98)         (0.11)         (0.02)

EU=33          UU=248         NU=30
(0.005)        (0.78)         (0.007)

EN=80          UN=36          NN=3946
(0.012)        (0.11)         (0.97)
```

(注) 単位は万人. (　) 内は推移確率. 一部の数字は四捨五入してある. また, *PEE, PUU, PNN*は太田・橘木のストック量から算出.
(出所) 太田聰一・橘木俊詔 (2012)『労働経済学入門』有斐閣.

になることなどが改めて確認できる.

　また表13-1は同じく水野教授による推移確率の国際比較の抜粋である (一部の数字は四捨五入した). ここでは同教授の分析結果のうち, *PEU* (就業から失業への推移確率) と *PUE* (失業から就業への推移確率) だけをみている.

　日本は欧米に比べて*PEU*も*PUE*も明らかに小さい. 図13-6の太田教授, 橘木教授による2000年の*PEU* (0.005) と *PUE* (0.11) をみても変わらず小さい. つまり日本は就業者が失業しにくいという面を持つと同時に, いったん失業した人は就業しにくいという面も持っているのである. 労働力のフロー表はこう

した国際比較分析にも有効に使えるのである.

Column

フロー分析からみえてくること

　テキストでは，フロー分析により，失業者の失業要因がわかり，それによりとりうる政策が異なることを述べた．フロー分析では，この他にもさまざまなことがわかる．残念ながら，日本の公表データではフローはわからないため，個票データを申請しなければならず，手軽には分析できない．そこで，アメリカのデータで他にどんなフロー分析があるのかみてみよう．アメリカで近年（2020年現在）盛んに行われている分析は，2007年の大不況以降の労働市場についてである．たとえば，Borowczyk-MartinsとLalé[注3]は，失業者のみならず，フルタイムの仕事が見つからないことや企業の雇用調整手段としてとられたことを理由とする「非自発的なパートタイム労働」に着目することで，不況時の労働市場の動きをより正確にとらえようとしている.

　彼らは，1980年代の2度の不況，1990〜91年の不況，2001年のIT不況，2007年の大不況について，不況期の始まりから回復期を含めて4年間を観察している．いずれの不況期も「フルタイム労働および自発的なパートタイム労働（自ら望んでパートタイム労働を選択している場合）」から「非自発的なパートタイム労働」へのフローが飛躍的に増加する．その後，景気回復期にかけて，とくに2007年の大不況以前は「非自発的なパートタイム労働」から「フルタイム労働および自発的なパートタイム労働」へのフローが増加していた．つまり，アメリカではパートタイム労働が不況時の雇用調整弁になっていたのだ．しかし，2007年の大不況からの回復時は，この「非自発的なパートタイム労働」から「フルタイム労働および自発的なパートタイム労働」へのフローが増えない．近年の非自発的なパートタイム労働の増加は，不況期を機に急増した非自発的なパートタイム労働が景気回復期にも存続したままであることが要因であるという．他方で，「失業」から「非自発的なパートタイム労働」へのフローはこれまでよりも減っている．大不況からの回復が"雇用なき景気回復"と呼

図13-7 入職者に占めるパートタイム労働者の割合

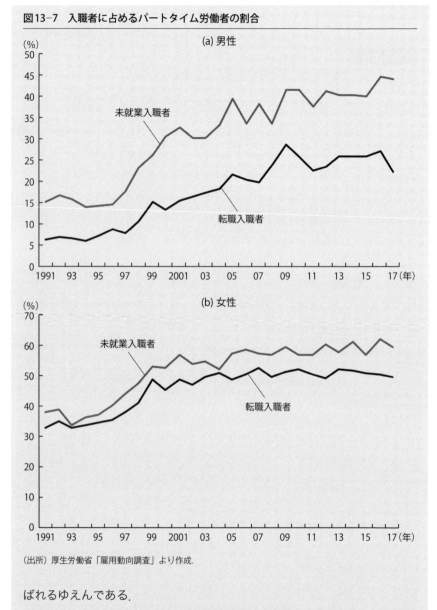

(出所) 厚生労働省「雇用動向調査」より作成.

ばれるゆえんである.

　日本では1997年以降非正規雇用者の増加が続き, マスメディアでも盛んにとり上げられていた時期がある. フロー分析ではないが, 厚生労働省の「雇用動向調査」で入職者を調べてみよう. 新たに働き出す人がパート

タイム労働者になっているのだろうか．それともすでに働いていた人が転職してパートタイム労働者になっているのだろうか．図13-7は，事業者が新たに採用した人のうち，パートタイム労働者の割合を示す．転職入職者（新たに採用される前の1年間に働いていた者）と，新規学卒者を含む未就業者（採用される前の1年間に働いていない者）とで分けて折れ線グラフにしている．図13-7をみると，すでに働いていた者がパートタイム労働者になるよりも，新規学卒者を含む未就業者からパートタイム労働者になることが増えているようにみえる．とくにこの傾向は男性で顕著だ．かつては不況期には新規採用を抑制することで雇用調整をしてきた日本の雇用慣習の片鱗が残っているのかもしれない．

(注3) Borowczyk-Martins, Daniel and Etienne Lalé (2018) *The Ins and Outs of Involuntary Part-time Employment*, CIRANO working paper series.

練習問題

① 労働力のフローと労働力のストックの違いについて説明しなさい．

② $EE=6$, $UE=2$, $NE=2$, $EU=2$, $UU=1$, $NU=2$, $EN=2$, $UN=1$, $NN=2$のとき，昨年と今年の雇用者数，失業者数，非労働力人口数を計算しなさい．またこのとき失業者数は増えたか減ったか，述べなさい．

③ フロー表を使った政策分析の意義について述べなさい．

④ 問題②の数字（およびそこで計算した数字）を使って，労働力の推移確率を計算しなさい．

第 **14** 章

雇用調整

学習の手引き

　不況期などに，雇用に関する話題としてしばしば出てくる概念が雇用調整です．いわゆるリストラと同義ではありませんが密接な関連はあります．この章では，この雇用調整について解説します．

　雇用調整とは企業の労働需要行動の具体的な姿であり，生産の変動に応じて現在の雇用量を最適な雇用量に一致させようとするプロセスです．実際には企業は生産変動と同時に雇用を調整するのではなく，雇用は生産に遅れて調整させます．この遅れは雇用調整係数というもので測られます．雇用調整係数の測定方法について学んでください．

　またそうした雇用変動の遅れはなぜ生じるのでしょうか．ここでは調整そのものにかかる雇用調整コストという概念でそれを説明します．その概念を理解し，これと雇用調整係数との関係図を描いてみてください．またこの雇用調整コストの概念を使って，雇用調整の実態が産業別，国別に異なることも説明してみましょう．

🔑 KEY WORD

- ■雇用調整
  (employment adjustment)
- ■ラグ (lag)
- ■雇用調整係数
  (employment adjustment coefficient)
- ■雇用調整コスト
  (employment adjustment costs)

- ■長期雇用契約
  (long-term employment contract)
- ■人的資本投資 (human capital investment)
- ■産業別雇用調整係数
  (employment adjustment coefficient by industry)
- ■国別雇用調整係数
  (employment adjustment coefficient by country)

1　雇用調整とは何か

　雇用や労働市場に関心を持っていると，雇用調整という言葉を見聞きすることもあるかと思う．雇用調整という言葉は，いわゆる「リストラ」と同じように人減らしと同義に使われることも多い．しかし本来の意味は，必ずしも人減らしだけではない．

　雇用調整（employment adjustment）とは，企業の現在雇用している雇用者数と，企業にとって最適な雇用者数との間にギャップが生じたとき，そのギャップを縮小しようとする企業行動をいう．企業は人を雇って製品やサービスを生産しており，最適な雇用者数は外部環境の変化に伴って変化する．たとえば不況で生産減になれば生産活動を行う人はそれほど要らないし，好況で生産増になれば人はたくさん必要になる．そこで，不況のときには雇用を減らし，好況になれば人を増やすということが，すなわち雇用調整である．つまり雇用調整には，雇用者数を増やす方向の調整もあれば，雇用者数を減らす方向での調整もあるということになる．

　このときの企業にとっての最適雇用量というのは，いうまでもなく第3章でみた企業の主体均衡から導かれる労働需要量である．企業の労働需要量は外部環境の変化に応じて変化する．すなわち，第3章でみたように，生産からの派生需要である労働需要は，生産量・生産技術・生産要素の相対価格の変化等に応じて変化するのであった．企業はこれらの変化に応じて，現在の雇用を理論的に最適な労働需要量へと雇用調整することになる．

　そこでいま，話を単純化するために，生産技術や生産要素の相対価格は変わらないままで，生産量のみ変化する場合を考えてみよう．急に不況になって生産量が減少したというような，技術や賃金は大きく変化しない短い期間の生産変動を考えてみればよい．

　これを労働需要についてみた第3章で行った説明でおさらいしてみよう．図

雇用調整（employment adjustment）　企業の現在雇用している雇用者数と，企業にとって最適な雇用者数との間のギャップを縮小しようとする行動のこと．雇用は生産からの派生需要であるから，不況のときには雇用を減らし，好況になれば人を増やすということになる．

図14-1 労働需要曲線からみた最適な雇用調整

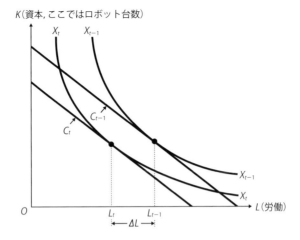

14-1は第3章で説明した，縦軸に資本設備の量K，横軸に雇用量Lをとった資本・労働平面図である．

技術は不変として，今期をt期，前期を$t-1$期とすると，それぞれの期の生産水準に応じて，$X_{t-1}X_{t-1}$，X_tX_tなどの等量曲線が描かれる．また労働者の賃金や資本設備のリース料など生産要素の相対価格は変化しないとすると，$t-1$期とt期でC_{t-1}，C_tのような同じ傾きの等費用線が確定する．すると，それぞれの期の労働需要量，すなわち最適雇用量はL_{t-1}，L_tとなる．

さてそこで，図14-1で$t-1$期からt期にかけて不況のためX_{t-1}からX_tへと生産量が減った場合を考えてみよう．図14-1では等量曲線が$X_{t-1}X_{t-1}$からX_tX_tへと原点方向にシフトすることを意味している．最適雇用量はL_{t-1}からL_tへと変化するため，企業はこの最適雇用量の変化に応じて$t-1$期の雇用量L_{t-1}をL_tまで削減する方向での雇用調整をしなければならない．

すなわち$t-1$期からt期にかけての1期間で必要な雇用調整量は，

$$\varDelta L=L_t-L_{t-1}$$

（L_t-L_{t-1}はマイナスとなるので雇用調整人数は$|L_t-L_{t-1}|$人）

ということになる．ただしこれは理論的な雇用調整量であって，実際の雇用調整量はこれと一致しない．これについて，以下でこれを説明しよう．

2　ラグの存在

　具体的数値例をあげ説明してみよう．四半期ないし月次といった短期の雇用調整を考え，技術や相対価格は不変とする．したがって労働需要を規定する変数で変化するのは生産量だけである．

　このケースで，労働需要は次の式で示される．

　　$L = \alpha X$

　ただしXは生産量，Lは労働需要（最適雇用者数），αは生産量と労働需要の関係を示す雇用係数である．

　いま，生産しているのは自動車であると考えよう．また雇用係数αは0.5とする．

　自動車を100台生産する場合，最適雇用者数は50人になる．150台に生産を増やせば最適雇用者数は75人である．逆に80台に生産を減らせば最適雇用者数は40人になる．

　この生産量と労働需要（最適雇用者数）の関係を表したものが図14-2である．生産量と最適雇用者数は，同時並行的（パラレル）に動いているのが読み取れる．

　しかしこうした理論値としての最適雇用者数と異なり，実際の雇用者数の動きは生産変動とは並行的にはならない．すなわち，雇用者数は生産の動きに対して一定期間の**ラグ**（lag：**遅れ**）をもって変動するのである．

　図14-3は，実際の生産変動と雇用変動の関係を描いたものである．生産は鉱工業生産指数であり，これは2015年を100とした生産水準の動きをみたものである．これと対応させるために雇用は製造業の雇用者数（厳密には正社員を中心とした常用雇用者数）を2015年を100として指数化したものをとってみている．

　図14-3から読み取れるのは雇用変動の生産変動に対するラグである．2000

ラグ（lag）　雇用者数は生産の動きに対して一定期間のラグ（遅れ）をもって変動する．企業は生産が減少してもすぐには雇用を減少させず，しばらく間をおいて減らし，逆に生産増加となる局面でもすぐ雇用を増やさずしばらく間をおいてから増やす．

図14-2 生産量と最適雇用者数の対応図

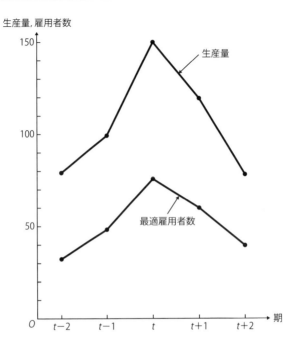

年から2020年までの約20年をみてもその傾向は明らかである．世界金融危機による大不況では，生産は2008年の第2四半期から減少し始めたのに対し，雇用は2008年の第3四半期から減少を始めている．逆にその不況から回復するときには，生産は2009年の第2四半期から増加に転じたのに対して，雇用は2010年の第1四半期から増加を始めている．また，欧州の債務危機などの影響で2012年の初め頃から始まった景気後退時には，生産は，2012年の第2四半期から減少し始めたのに対し，雇用が目立って減少するのは2012年の第4四半期からである．この後，生産は2013年の第1四半期から増加に転じたのに対して雇用は2014年の第1四半期から減少幅が小さくなり，増加に転じるのは2014年の第3四半期である．

　つまり，ここ20年ぐらいでみても，雇用の変動は生産変動に対して1〜6四半期のラグを持っているといえる．企業は生産が減少してもすぐに雇用を減少させることはなく，しばらく間をおいて雇用を減らす．逆に生産増加となる局

図14-3 実際の生産変動と雇用変動

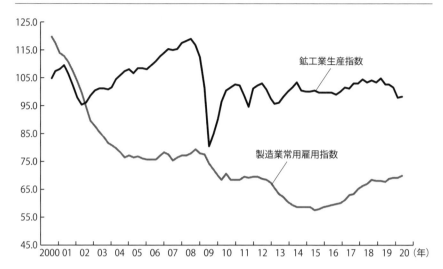

（出所）経済産業省「鉱工業指数」および厚生労働省「毎月勤労統計」鉱工業生産指数と製造業の常用雇用指数（一般労働者，季節調整済），ともに四半期．

面においても企業はすぐに雇用を増やそうとはしないで，しばらく間をおいてから雇用を増やすのである．

　ところで，第4章で，失業率も景気変動に対してラグを持って変動することがデータで示されたことを覚えているだろうか（図4-3参照）．このときの失業率の変動の景気変動に対するラグは，図14-3の観察から，実は企業の雇用調整のラグを反映していたとわかるのである．

3 雇用調整係数

　こうした実際の企業行動にみられる，生産変動に対する雇用調整のラグは，理論的にはどのように整理されるのだろうか．図14-1で説明すれば，理論的に最適な変化であるはずの L_{t-1} から L_t への雇用調整が完全には実現しないということである．別の言い方をすれば，実際に実現する雇用調整は理論的に必要と考えられる雇用調整の一部だけにとどまる．

　これを式で表すと次のようになる．

$$L_t - L_{t-1} = \beta \left(L_t{}^* - L_{t-1} \right)$$

ただしここで，L_t，L_{t-1}はそれぞれt期と$t-1$期の実際の雇用量であり，また$L_t{}^*$はt期における理論的に最適な雇用量（理論的な労働需要量），βは**雇用調整係数**（employment adjustment coefficient）である．$\beta=1$のとき，$t-1$期からt期までの1期間で，理論的に必要な雇用調整は完全に実現される．逆に$\beta=0$ならば，理論的に必要な雇用調整がまったく実現しないということになる．

しかし通常は，理論的に必要な雇用調整が完全に実現するということも，まったく実現しないということもない．すなわち，$0<\beta<1$であるのが一般的である．1期間の雇用調整で，理論的に必要な雇用調整量の$\beta\times100$％だけが実現されるということになる．

具体的な例を考えてみよう．労働需要関数は次のように与えられているとする．

$$L_t{}^* = 0.5X_t$$

ただしここで，$L_t{}^*$はt期の理論的に最適な労働需要量（理論的な最適雇用量）であり，X_tはt期の生産量である．

$t-1$期の生産水準は100であり，このときには理論的な最適雇用量50（0.5×100）を実現していたというところから話を始めよう．このとき，t期に生産水準が80まで減少したとすると，t期の理論的な最適雇用量は40（0.5×80）となる．

このとき理論的に必要な雇用調整量はマイナス10（絶対値では10）である．すなわち次式のようになる．

$$\left(L_t{}^* - L_{t-1} \right) = 40 - 50 = -10$$

生産の減退に伴って，労働者を10人削減する必要があるということだ．

しかし，実際の雇用調整量はマイナス6しか実現されなかったとしよう．つまり理論的には10人削減すべきところを6人しか削減できなかったということである．この場合の雇用調整係数は0.6となる．すなわち，先に示した雇用調整の式，$L_t - L_{t-1} = \beta \left(L_t{}^* - L_{t-1} \right)$から，

雇用調整係数（employment adjustment coefficient）　1期間の調整すべき理論的雇用調整量に対する実現された雇用調整量の比率である．ゼロから1の間の値をとり，この係数が1のとき理論的雇用調整は完全に実現され，ゼロならばまったく実現されなかったことになる．

$$\beta = (L_t - L_{t-1})/(L_t{}^* - L_{t-1})$$

となる．いま，

$$(L_t{}^* - L_{t-1}) = -10$$

$$(L_t - L_{t-1}) = -6$$

だから，

$$\beta = (-6)/(-10) = 0.6$$

となるわけである．つまりこの場合は，1期間の雇用調整で，理論的雇用調整量の60％だけが実現されることになる．

　企業はなぜ理論的に必要と考えられる雇用調整を完全には実行しないのだろうか．企業が一時的に非合理な行動をとることはあるかもしれないが，それが繰り返し観測されるとすればそれを非合理な行動とはいえないだろう．やはり必要な雇用調整を完全に行わないところに，何らかの企業合理性があると考えるべきだ．

4 雇用調整コスト

　では，企業が労働需要の理論から考えて最適な雇用調整を行わない合理的理由は何だろうか．それは**雇用調整コスト**（employment adjustment costs）の存在のためであると考えられる．雇用調整にコストがかかるとすれば，調整コストがかからないことを前提にした最適雇用調整量は，理論的にも最適とはいえなくなる．

　つまり理論的に必要な雇用調整をしないことの非効率に伴うコストが一方にあり，他方に理論的雇用調整を完全に行うことに伴うコストもある．両者を比較勘案して，雇用調整を完全には実行しないことが，差し引きではコスト安になるということもありうるのである．こうした雇用調整コストになりうる要因は大きく分けると4つある．

　1つ目は**長期雇用契約**（long-term employment contract）の存在である．こ

雇用調整コスト（employment adjustment costs）　労働需要の理論から考えて最適な雇用調整を企業がとらない合理的理由は雇用調整コストの存在である．雇用調整にコストがかかるとすれば，調整コストがかからないことを前提にした最適雇用調整量は，理論的にも最適とはいえなくなってくる．

れは必ずしも明文契約である必要はない．たとえば雇われるときに，学校を出てから定年退職までよほどのことがなければその会社に雇われつづけるはずだ，ということを暗黙に約束しているといった形の長期雇用契約である．

　企業に常用労働者（正社員）として雇われる場合，通常は期間の定めのない雇用契約となる．これは従業員が辞めたいと思えばいつでも辞められるというものであり，企業も原則としてはいつでもその従業員を解雇できるという契約である．

　日本でも労働法上はアメリカの雇用契約と同じように，雇用主は随意に従業員を雇用し，また解雇できることを原則としている．随意雇用（employment at will）原則と呼ばれる契約自由の原則を表すものである．

　しかし，実際には企業（雇い主）はそれほど簡単に人を解雇することはできない．日本では裁判所の判例によって，「解雇権濫用法理」が確立している．[注1]すなわち裁判所は雇い主が従業員を解雇する権利を認めたうえで，その権利を濫用してはいけないといっているのである．これは民法にある，「何人といえどもその権利を濫用してはならない」という条項を援用したものである．しかも裁判所はこの雇い主の解雇権をかなり厳しく制限している．

　とくに企業業績悪化などによる整理解雇については次の4つの条件を満たさない場合，余剰人員の解雇は解雇権の濫用とされる．[注2]すなわち，①その余剰人員を解雇しないと企業経営がきわめて厳しい状況に立ち至ってしまう，②解雇を回避するための他の手立て，たとえば労働時間短縮，採用抑制などの手段を尽くしている，③解雇者の選定が合理的なものである，④従業員に対して，たとえば労働組合のある場合は組合に対して，解雇の必要性をよく説明し，理解を得ている，ということである．そしてこの判例法は，2008年に施行された労働契約法の中で正式に条文化された．

長期雇用契約（long-term employment contract）　解雇の難しい長期雇用契約は雇用調整コストの主要因になる．不況で余剰人員が出ても簡単に人員整理はできないし，逆に好況で人を増やすべきときにも後で余剰になったとき整理が難しいため，本格的に景気が良くなるまで雇用は増やさない．

（注1）　解雇権濫用法理に関しては，労働法の代表的テキストである菅野和夫（2019）『労働法（第12版）』弘文堂，あるいはより一般向けのテキストである山川隆一（2003）『雇用関係法（第3版）』新世社などを参照のこと．
（注2）　より詳細には，たとえば山川隆一の前掲書，251〜253頁を参照のこと．

　このような法制度の下では，不況で余剰人員が出ても，企業は簡単には人員整理はできない．逆に好況で人を増やさねばならないような状況になっても，後で余剰になったとき簡単には整理できないから，本格的に景気が良くなるまで雇用は増やさず，現有人員の残業を増やすなどで対応しようとする．結果として，雇用調整は理論値の一部のみ実現されることになるのである．

　2つ目の雇用調整コストは，第11章で説明した**人的資本投資**（human capital investment）の存在である．企業は雇った従業員に対して教育・訓練を行う．企業はこうした教育・訓練の費用を負担し，教育・訓練の結果高まった能力を企業が活用するという形で収益として回収するのである．第11章でみたように，企業による教育・訓練は，教育・訓練費用という資金を投下して，後で高い能力の活用という収益を得る投資活動であった．[注3] そして日本の企業は新規学卒者を採用して，企業内で教育訓練してきたのである．

　人的資本投資をした企業は，その投資費用を回収しないうちに従業員を解雇しては損である．人的資本投資費用を回収できなくなることの損失よりも，余剰労働力を抱えることの費用が小さければ，企業にとって不況時の余剰人員の解雇は合理的ではない．理論的にみて最適な雇用調整であっても，企業が全部実行することはない．

　逆に，好況で労働力を増加させるべき場合でも，企業にとって必要なのはあくまでも企業の必要とする能力を持った労働力である．もし企業外にそうした能力のある労働者がいなければ，やみくもに理論値どおりの雇用を増やすことは合理的ではない．むしろ企業内で教育・訓練できるだけの人数しか雇用しないことのほうが合理的な場合もありうる．この場合にも，企業は理論値どおりの雇用調整をすべて実行することはない．

　いずれにしても，こうした人的資本投資の存在は，先に述べたような理論的に必要な雇用調整を全部実現しないことの合理的理由となる．その企業で必要とされる仕事能力が企業内の教育・訓練でしか獲得できないような場合，この

人的資本投資（human capital investment）　企業による能力開発を含む人的資本投資も雇用調整コストの要素である．とくにその企業で必要とされる仕事能力が企業内の教育・訓練でしか獲得できないような場合，それは大きな雇用調整コストになる．

（注3）　詳しくは第11章を参照されたい．

傾向はとくに強くなる．長期雇用契約と同様，人的資本投資も大きな雇用調整コストとなるのである．

3つ目の雇用調整コストは，雇用調整にかかわる直接コストである．従業員を削減する場合，解雇はなかなか難しいとすると，自発的な希望退職を募ることになる．その場合，通常は割増退職金といった追加的コストが必要となる．

逆に従業員を増やすという場合でも，採用のための求人コストは必ず必要になる．とくに好況で人手不足のようなケースになれば，各企業で人手は奪い合いになるから，理論的に必要な人員を集めるための採用コストも増加する．

また従業員を削減したり増やしたりすると，企業内の組織の再編成も必要になる．生産ラインを休止したり新たに設備投資したり，あるいは部課を統合したり，新設したりといったことである．この再編にもコストがかかる．

4つ目は頻繁な雇用調整のもたらす企業の評判や従業員の士気に与える影響からくる調整コストである．生産の変動に合わせて頻繁に人を雇ったり解雇したりする企業は，地域の労働市場では不安定な雇用主という評判をとりかねない．こうした評判は，とくに人手不足になったときに人材調達を困難にし，結果として採用コストの上昇を招いてしまうおそれがある．

また，頻繁な雇用調整，とくに生産減に伴う雇用削減は，従業員の士気や企業忠誠心を低下させかねない．過剰生産設備の廃棄は，残った生産設備の生産性に影響を与えることはないが，過剰雇用の削減は，残った雇用者のやる気にマイナスの影響を与えるかもしれないのである．こうした士気の低下による生産性低下は企業にとってコストになる．

このような雇用調整コストの存在は，生産変動に合わせて雇用をただちに変動させないことが企業の合理性にかなっていることを説明する．そしてこの雇用調整コストの大きさは，これまでの説明からもわかるように，当該企業の技術特性や国別の雇用法制などによって異なるのである．

5 産業別雇用調整係数

上述のような雇用調整コストはたしかに存在するが，その額を直接観測することはきわめて難しい．先述の4つのコストでいえば，雇用調整に伴う直接コ

ストはなんとか測定できるかもしれないが，それ以外のものを量的に測定するのは困難である．

　むしろそれらは，雇用調整係数を使うことによって間接的に観測される．なぜなら，雇用調整コストは雇用調整を遅らせる要素であるから，そのコストの大きさと雇用調整係数は反比例すると考えられるからだ．雇用調整コストのより大きいケースでは，1期間に調整される雇用量はより小さくなるから，雇用調整係数もより小さなものとなる．逆に雇用調整コストが小さいケースでは，1期間に調整される雇用量はより大きなものとなるから，雇用調整係数もより大きくなるのである．

　雇用調整コストが禁止的にまで大きいような場合には，雇用調整はまったく行われず雇用調整係数はゼロになる．また，雇用調整コストがゼロであれば，雇用調整は完全に実現するので，雇用調整係数は1となるはずである．両者の関係を考えれば，縦軸に雇用調整コスト，横軸に雇用調整係数をとった図14-4のような概念図式として示される．

　実際に雇用調整係数を測ってみると，個々のケースによってかなり異なることがわかる．とくにその産業別による違いは明らかである．これは，産業によって生産活動の技術特性が異なり，それによって雇用契約や，人的資本投資のあり方も異なってくるためだと考えられる．

　図14-5は，石油危機前後の日本の製造業産業について計測した**産業別雇用調整係数**（employment adjustment coefficient by industry）である．ここでは製造業中分類の代表的産業を取りあげており，縦軸は石油危機後の雇用削減期，横軸は高度成長期の雇用増加期のものである．

　図14-5をみると，化学，非鉄金属，パルプ・紙，窯業・土石といった装置産業の雇用調整係数が小さいことがわかる．他方，繊維や木材・木製品といった軽工業の雇用調整係数は大きい．電気機械，金属製品，輸送用機械など，加工，組立産業はその中間にある．

　大きな資本設備を要する装置産業では，雇用と機械の結び付きが固定的であ

産業別雇用調整係数（employment adjustment coefficient by industry）　雇用調整コストの大きさは雇用調整係数と反比例する．産業別にみると，雇用調整係数の大きさは，小さい順に装置産業，加工・組立産業，軽工業となり，雇用調整コストはこの順に大きいということになる．

図14-4　雇用調整コストと雇用調整係数の関係図

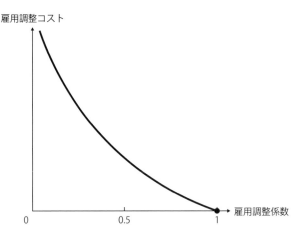

り，簡単に雇用を増やしたり減らしたりできないから，長期雇用慣行はより強固になる．またそうした産業では，装置を動かすための企業特殊的な人的資本投資が重要である．組織の再編コストも大きい．結果として雇用調整コストも大きくなり，それが小さな雇用調整係数になっていると考えてよい．

　他方，軽工業部門では，生産設備は装置産業ほど固定的ではない．また企業特殊的な人的資本投資もそれほどたくさん行われるわけでもない．結果として雇用調整コストは小さく，したがって雇用調整係数は大きく測定されたと考えられる．

　ただし，雇用を増やす局面の雇用調整係数と，雇用を減らす局面の雇用調整係数ではかなり異なる．図14-5からもわかるように，同じ産業でみても，雇用を減らす局面における雇用調整係数のほうが明らかに小さく計測されているのである．

　このことは，雇用を削減するときの雇用調整コストのほうが，雇用を増やすときの雇用調整コストよりも大きいことを意味する．これは直観的にも理解できる．長期雇用契約による縛りにしても，人的資本投資の収益回収放棄の損失にしても，また従業員の士気低下の問題にしても，雇用を削減する場合により深刻となるであろうことは容易に想像されるからである．

図14-5　日本の製造業諸産業における産業別雇用調整係数

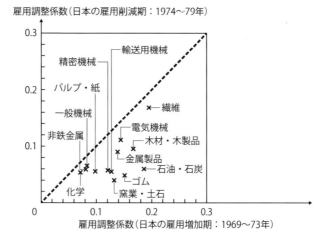

（出所）清家篤（1982）「製造業企業による雇用調整の性格にかんする比較分析」『三田商学研究』第25巻5号．

6 国別雇用調整係数

　このように，雇用調整コストは，産業による技術特性の違い，雇用を増やすか減らすかという雇用調整の方向性の違いによって異なるものである．さらに，たとえ同じような産業や雇用調整局面においても，国によって雇用法制や雇用慣行が異なるため国が違えば雇用調整コストも異なる．

　たとえば雇用を削減する方向での雇用調整局面において，解雇が法的に制限されている国とそうでない国とでは，同じ産業でも雇用調整コストは異なるはずだ．また，不況期のレイオフが労使合意によって慣行化されている国とそうでない国でも，同じ産業で雇用調整コストは異なる．

　図14-6はこれをみるために雇用調整係数を日米で比較したものである．縦軸は日本の製造業中分類産業における雇用調整係数，横軸はアメリカの製造業中分類産業における雇用調整係数であり，調整の局面は石油危機後の1970年代中盤から後半にかけての雇用削減期である．

　図14-6の**国別雇用調整係数**（employment adjustment coefficient by country）

をみるとわかるように，繊維業を除く製造業中分類産業では，座標が45度線の下側にある．すなわち，同じ石油危機後の雇用削減期に同じ産業でみても，日本の雇用調整係数はアメリカの係数よりも小さいということである．

　先述のように，雇用調整係数は雇用調整コストと逆相関するものであり，係数が小さいほど費用は大きい．したがって図14-6は，産業や調査局面をそろえて観測したとき，日本の企業にとっての雇用調整コストはアメリカの企業にとっての雇用調整コストよりも大きいということを意味する．

　これはまず第1に，日本の場合は前述の解雇権濫用法理によって不況に伴う整理解雇が難しいのに対して，アメリカではそれがないということを反映していると考えられる．またアメリカの場合，不況期には勤続の短い順にレイオフするというレイオフのルール（先任権ルール）が労使間で確立しているのに対して，日本の場合はそういったルールがないということを反映したものでもあると考えられる．このため同じ技術特性を持った産業でも雇用調整コストは日米で異なるのである．

　また，日本企業の場合，アメリカと比べると生産現場の労働者に対してもかなり多くの企業内訓練を行っている．後発国として出発した日本では，労働者を企業内で訓練する必要性が高かったからである．[注4] そのため日本の企業は人的資本投資コストを長期雇用によって回収する必要性がアメリカの企業に比べて高い．このことも日本における雇用調整コストをアメリカにおけるそれに比べて高くしている．

　さらにアメリカの場合はレイオフもある一方，好況になればすぐに雇用機会は増加する．実際，不況期のレイオフは景気回復期のリコール（呼び戻し）とペアになって運用されるのが一般的である．こうした社会では，不況のときの整理解雇は労働者の間でも比較的納得されやすいのではないかとも考えられる．

国別雇用調整係数（employment adjustment coefficient by country）　雇用調整係数を日米で同一産業についてみると，ほどんどの産業でもアメリカのそれが大きく計算される．これは雇用慣行，法制の違いによってアメリカのほうが日本よりも雇用調整コストが小さいことを示すものである．

（注4）　後進産業国家であったがゆえに企業内訓練が重要になることに関する歴史的経緯に関しては，尾高煌之助（1984）『労働市場分析──二重構造の日本的展開』岩波書店を参照のこと．

図14-6　雇用調整係数の日米比較

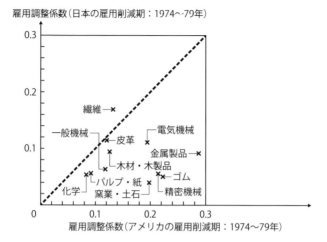

（出所）清家篤（1982）「製造業企業による雇用調整の性格にかんする比較分析」『三田商学研究』第25巻5号.

　これに対して，日本では一度解雇されると，仮に景気回復となっても，同じような条件で再雇用されることは難しい．その分だけ雇用調整に伴う士気低下のコストなどもアメリカの場合より大きくなると考えられる．

Column
1980年代のアメリカでホワイトカラーも雇用調整の対象に

　本書で説明したようにアメリカでは景気変動に応じて，レイオフとリコールを繰り返すということが行われている．ただしこれは従来から，製造現場で働く工員など，給与が時給で支払われ，残業手当もある，いわゆるブルーカラーと呼ばれる（アメリカでは後述のホワイトカラーエグゼンプションに対して，ノンエグゼンプトワーカーと呼ばれる）労働者に適用される慣行であった．一方で給与が俸給として支払われ，残業手当もない，いわゆるホワイトカラーエグゼンプションの人たちについては，そうした慣行はなく，かつては，とくに大企業ではほぼ終身雇用であった．

　筆者の1人（清家）は1980年代前半に，指導教授であった島田晴雄教授の助手としてアメリカの雇用調整事情の現地調査にお供した．当時は日

本の輸出攻勢によってアメリカの製造業は疲弊し，多くの企業で雇用調整を余儀なくされていた．日本からの自動車輸出によって職を奪われた自動車産業労働組合（UAW）の幹部が，日本車をハンマーで叩き壊すパフォーマンスを演じるなど，「日米貿易戦争」と言われたほどだ．今の米中貿易摩擦を髣髴とさせるような状況で，今昔の感を禁じえない．

　そのときにとても印象的だったのは，ある大手化学メーカーの人事労務担当者にインタビューしたときのことである．彼は大学卒業後ただちにホワイトカラーエグゼンプションとして入社し，一貫して人事労務部門を歩んできた．その間もちろん景気の浮き沈みもあり，何度かブルーカラーのレイオフも計画し，実施してきた．しかしこれまで，一度たりとも自分たちホワイトカラーの雇用が脅かされるといったことは考えたこともなかったと言う．しかしその1980年代前半に至って，どうやら自分たちホワイトカラーの雇用も安泰ではなくなったと感じるようになったと，とても寂しそうに語ってくれたのである．

　実際このころから，アメリカでもそれまで終身雇用を旨としてきた大企業ホワイトカラーも，企業の業績悪化によって解雇されるようになった．その結果，そうしたホワイトカラーをまだ業績の良い他社や他産業で採用するといったことも起きるようになった．そしてこのことが，人材を自社の中で育成する（make）だけでなく，他社から引き抜く（buy）という選択肢を大企業に与え，結果的にホワイトカラーの流動性を高めることになったのである．

　実はこのことが，第11章の脚注6で紹介したmake or buyという人事戦略上の選択問題の始まりともいえるのである．そのどちらを選択すべきか，またそれぞれのメリット，デメリットについてさまざまに議論されているけれども，少なくとも1980年代以前には，アメリカでも大企業ホワイトカラーについてはbuyの選択肢はあまりなかったようだ．

　翻って日本のホワイトカラー事情はどうだろうか．たしかに大きな技術革新や国際競争状況の変化などによって，リストラの実施を余儀なくされる企業は増えるかもしれない．しかし同時に，日本ではブルーカラー，ホワイトカラーを問わず，本章で説明したように解雇権濫用法理により，経

営上の理由による解雇は制限されており，アメリカのような状況が一気に
出現するとは考えにくい．

練習問題

① 生産の変動と雇用変動の間にはどのような経験的関係があるか述べなさ
い．

② 雇用調整係数の値（絶対値）はなぜゼロと１の間の値をとるのか説明しな
さい．

③ 雇用調整コストを軽減するにはどうしたらよいか述べなさい．

④ 国や産業によって雇用調整係数が異なるのはなぜか述べなさい．

第 **15** 章

労使関係

学習の手引き

　この章では，労使関係について考えます．労働経済学の登場人物は労働者と企業でした．しかし実際の労働市場では，個人としての労働者だけでなく，その集団である労働組合も重要な役割を果たします．

　まず労働組合の経済学的な存在意義について説明しますのでこれを理解してください．そのうえでこれまでの日本の歴史上，労働組合がどのような役割を果たしてきたかを概観します．さらにその中で日本の労使関係のハイライトともいえる春闘について整理します．そしてその春闘のあり方が変わろうとしている背景についても整理します．

　さらにこうした動きから，日本の集団的労使関係のこれからの変化の方向性についても考えてみることにしましょう．労使間の交渉力・情報力の格差は将来も大きく変わらないでしょう．その中で納得のいく労働条件が決まるような新たなルール作りが重要になります．

🔑 KEY WORD

- ■労働三権（three labor rights）
- ■労働供給制限（labor supply restriction）
- ■交渉上の地歩（bargaining position）
- ■戦後労働改革（post-war labor reforms）
- ■労働組合組織率（unionized ratio）
- ■ビジネス・ユニオニズム（business unionism）
- ■春闘（spring labor offensive）
- ■石油危機後の賃金決定（wage determination under the post-oil crisis period）
- ■賃金の個別決定化（individualization of the wage determinations）

1 労働組合の存在

　本書の冒頭でも述べたように，労働経済学の取り扱う「経済学」はミクロ経済学である．これは個人ないし家計の効用極大，企業の利潤極大という主体均衡と，需給の一致という市場均衡の，2つの均衡概念からなる理論枠組みである．この場合の市場均衡とは，他の財・サービスの市場と同じように，売り手と買い手の間で取引が行われ，均衡価格（労働市場では賃金）が決まるというものだ．

　これまで繰り返し述べてきたように，労働市場における買い手は企業であり，売り手は個人（家計）である．このとき買い手である企業は個人自営業主のこともあるが，一般的には会社組織である．これに対して売り手である労働者は1人ひとりの個人である．つまり労働者と企業の取引というのは，そのままでは個人と組織の間の取引になる．

　しかし実際には，この1人ひとりの労働者である個人を組織した労働組合といわれるものがある．労働組合はその組織の構成員を代表して賃金などの労働条件を企業と交渉する．つまり労働組合によって，個人と組織の取引は組織と組織の取引に置き換えられるのである．

　労働者個人から付託を受けた労働組合を，労働の買い手である企業は無視できない．こうした労働組合組織は，法律によって守られている．[注1] いわゆる**労働三権**（three labor rights）というものである．

　そのうちの1つは団結権であり，これは労働者が労働組合を組織する権利を保障するものだ．誰も労働組合を組織したりこれに参加することで罰を受けたり不利益な扱いを受けないということである．これが労働組合組織を形成・維持するための最も基本的な権利である．

　2つ目は団体交渉権といわれるものである．労働者個人と企業といった1対1

労働三権（three labor rights）　労働組合運動に付与されている基本的な権利で，団結権，団体交渉権，団体行動権（争議権）の3つをいう．こうした権利は憲法に認められ，さらに具体的には労働組合法，労働関係調整法などの法律によって担保されている．

（注1）　詳しくは菅野和夫（2004）『新・雇用社会の法』有斐閣などを参照のこと．

の交渉ではなく，労働組合組織として，労働組合対企業経営者といった，集団的な交渉を行う権利である．

　3つ目は団体行動権（争議権）で，一般にはストライキ権（スト権）ともいわれる．ストライキといわれる労働争議は，企業側との交渉で労働条件などで折り合わなかったときに，労働組合員が集団的に職場を放棄する権利である．通常，職場放棄は企業秩序を乱す行為で，契約上も約束した仕事をしないということは不法行為になるが，労働組合が争議として集団的に行う場合には合法的な行為と認められる．逆に企業の側にも，労働者を職場から排除して仕事をさせないようにする，いわゆるロックアウトの権利が認められている．

　また従業員に対して，労働組合活動を理由に企業が人事・処遇上で不利益な取り扱いをすることも法律で禁じられている．労働組合活動を妨害したり労働組合の権利を侵害したりすることは，「不当労働行為」として禁止されている．こうした不当労働行為を裁く公的機関として，全国と各都道府県に労働委員会が設置されている．

2 労働組合の経済学的存在意義

　労働組合の存在を考えると，労働市場の取引は，労働の売り手である個人と買い手である企業の間の1対1の取引ではなくなる．売り手側は労働組合という労働者の組織であり，買い手側は企業という組織である．そしてこの場合，労働組合は労働組合員以外の労働者を雇うことを企業に認めさせない協約を結んだり，あるいはストライキで就業をストップさせるなどして労働供給を集団的に制限することができる．

　こうした売り手による供給制限は，通常の財・サービスであれば市場の公正な取引を妨げる行為となる．生産者が結託して生産量を調整し，市場に出回る財・サービスの量を制限して価格をつり上げるといった行動と同じだ．労働についても，労働組合員だけを雇う協約を結んだりストライキを行って労働供給をストップさせるといった方法で供給量を制限することは，財・サービスの場合と同じように価格（ここでは賃金）をつり上げる効果を持つ．こうした行動は通常の財・サービスであれば独占禁止法によって違法とされる．

　では，通常の財・サービスでは結託して供給を制限することは許されない行為であるのに，労働組合による**労働供給制限**（labor supply restriction）であれば許されるのはなぜだろうか．労働組合はなぜ法律で手厚く保護されているのだろうか．法律的な理由や社会学的な理由はさまざまありうるが，労働組合の存在理由を経済学的に明快に説明したのが辻村江太郎・慶應義塾大学名誉教授である．[注2] それは労働者と企業の間の交渉上の地歩の違いに着目した理論だ.

　ミクロ経済学の想定する市場均衡が成り立つためには，2つの前提条件が必要となる．1つは買い手と売り手の**交渉上の地歩**（bargaining position）に格差がなく対等な力関係で取引できるということであり，もう1つはお互い取引に必要な情報を十分に持っているということである.

　このうち交渉上の地歩という点で，市場において売り手も買い手もいやならば取引を断る自由を持っているということの重要性を辻村教授は強調した．つまり相手の言い値が安すぎると考えたら売らない自由，逆に言い値が高すぎると考えたら買わない自由である.

　しかし労働市場における個人と企業の関係ではこの条件が確保されにくい．たとえば労働者と企業が賃金等の条件で折り合わずに取引が成立しない場合を考えてみよう．企業はその1人の労働者が働いてくれなくてもすぐにつぶれてしまうわけではない.

　しかし労働者はそうではない．企業との交渉が決裂して，その条件なら働きにこなくてもよいということになると，明日からの生活に困ることになる．つまり労働サービスの売り手である労働者は，相手の言い値が安いと思っても簡単にそれを断って労働サービスを売らないという自由を持ってはいないのである．これに対して企業にとっては労働者の売り値が高すぎると考えたらそれを断って買わない自由度は大きい.

労働供給制限（labor supply restriction）　労働組合は労働組合員だけを雇う協約やストライキで労働供給をストップさせるなどの方法で供給量を制限することで労働者の交渉力を高め，労働条件を向上しようとする．通常の財・サービスでは認められない供給制限も労働組合には認められている.

交渉上の地歩（bargaining position）　個々の労働サービスの売買契約が成立しなくてもすぐに困るわけではない企業と，それが成立しないと明日から生活に困る労働者ではもともと交渉上の地歩（ポジション）に格差があり，経済学の想定する市場均衡は成り立ちにくい.

（注2）　辻村江太郎（1977）『経済政策論（経済学全集，第2版）』筑摩書房.

　このような状況下では，契約を断れない労働者は，いわゆる足許をみられてしまい，企業と対等な交渉をすることができない．辻村教授はこうした状況を労働者にとって交渉上の地歩が弱い，と表現したのである．どんな条件でも雇ってもらわないと困る，というような状況の下では，賃金は個人の生存できる最低水準まで低下してしまうおそれもある．

　そこで経済学の想定するような対等交渉を実現させるためには，労働側にとって弱い交渉上の地歩を何らかの形で強化し，企業と対等にしなければならない．労働組合はその機能を果たしていると考えられるのである．労働者1人が働いてくれなくても企業は困らない．しかし労働者がいっせいに働いてくれなければ生産活動に支障をきたすことになる．こうなれば，取引が不成立となったときには，企業も労働者と同じように困る状況となり，労働者と企業の交渉上の地歩も均等化されるわけだ．

　市場均衡を成り立たせるために必要なもう1つの前提，情報についても同様である．一般に労働者個々人は，企業や産業，あるいは経済全体についての情報を企業ほどには持っていない．たとえば「今年のわが社の支払能力はものすごく悪くなっていて賃上げは不可能だ」といわれても，個人でそれが本当かどうかを確認することは難しい．また「あなたの生産性は同僚に比べて低いので賃金も低い水準で我慢してくれ」といわれても，それを個人で確認することは困難である．こうした情報の非対称性のために，労働者は企業と対等な交渉ができないのである．

　こうした情報の格差についても，労働組合がその組織の力で経営・産業の情報を収集し組合員に伝えることで，そのギャップを埋めることができる．また個人の生産性等にかかわる評価について，きちんと情報開示するように企業側に求めることもできる．同じだけの情報を持って，共通の土俵で，労働者側と企業側が取引を行うという条件も，労働組合によって整備することが可能となるのである．そのような意味でも労働組合は市場均衡をもたらすために重要な役割を果たしうるのである．

3 労働組合運動の歴史

日本でも戦前から労働組合運動はあった．また大規模なストライキなどもなかったわけではない．歴史的に有名ないくつかの労働争議などもある．[注3]

しかし戦前期には，労働三権といった法的保護もなく，治安維持の観点から労働運動にはかなり制約が課せられていた．また戦争中は，労働組合運動は産業報國会といった国家主義的な枠組みの中に組み込まれ，本来の機能を果たすことはできなかった．

日本で労働組合が本格的に活動を開始したのは戦後のことである．戦後の占領政策の中で，農地解放や財閥解体などとともに，労働者の権利拡大や労働組合の保護を目的とした**いわゆる戦後労働改革**（post-war labor reforms）が，経済制度改革の重要な柱として推し進められた．[注4] 労働三権といった労働組合の存立基盤となる法体系も，こうした戦後の改革の中で実現されたものである．

こうした労働側を後押しする制度変革の結果，終戦直後から1950年代まで，労働組合運動はかなり活発であった．[注5] ちなみに労働者に占める労働組合員の比率を示す**労働組合組織率**（unionized ratio）が一番高かったのは1949年であり，このときの組織率は約56％と，労働組合は日本の労働者の半分以上を組織するに至っていたのである．大手の電機メーカーや自動車メーカーなどでも，長期にわたるストライキが繰り広げられたのもこのころだ．

戦後労働改革（post-war labor reforms）　戦後の占領政策の中で，農地解放や財閥解体などとともに，労働者の権利拡大や労働組合の保護を目的としたいわゆる戦後労働改革が，経済制度改革の重要な柱として推し進められた．労働三権といった労働組合の存立基盤となる法体系も，こうした戦後の改革の中で実現されたものである．

労働組合組織率（unionized ratio）　労働者に占める労働組合員の比率である．日本で労働組合組織率が一番高かったのは1949年で，このとき約56％と，日本全体の労働者の半分以上を組織していたが，現在は22％程度になっている．

（注3）　戦前期の日本の労使関係についての綿密なケーススタディとして，Fruin, W. M. (1983) *Kikkoman: Company, Clan, and Community*, Harvard University Press などがある．
（注4）　戦後労働改革について詳しくは竹前栄治（1982）『戦後労働改革── GHQ労働政策史』東京大学出版会などを参照されたい．
（注5）　この間の事情について詳しくは千葉利雄（1998）『戦後賃金運動──軌跡と展望』日本労働研究機構などを参照されたい．

　日本はまだ貧しく労働者の生活も困窮していた時代であったから，賃金など
の要求も切実で，また要求の仕方もかなり先鋭化していた．とくに社会主義的
なイデオロギーをかざす組合指導者も多く，労働組合運動は政治的な色彩も帯
びていたのである．

　しかしこうした先鋭的な労働組合運動も，1950年代末ころから1960年代に
かけて大きく転換した．とくに民間企業においては，労働組合の指導者もイデ
オロギー至上主義的な人たちから，より現実主義的な人たちに代わり，政治的
な色彩の少ない，経済合理的な考え方で組合が運営されるようになった．こう
した労働組合運動の変化の背景には，日本経済をとりまく環境変化もあったと
考えられる．

　まず戦後から10年以上たって，ようやく生活水準が回復してきた．戦争後の
経済混乱を脱して平常の経済に戻り，『経済白書』が「もはや戦後ではない」
といったのは1956年である．国際経済社会においても責任のあるプレイヤーと
して振る舞うことが求められるようになり，関税などによって手厚く国内産業
を守ってきた産業保護政策もしだいに先進国なみの水準にそろえることを求め
られるようになった．1960年代になると，いわゆる資本の自由化によって海外
企業による日本企業買収の可能性も高まってきた．

　こうした中で，企業はますます国際競争力をつけることが必要になってき
た．労働者としても会社をつぶしてしまっては元も子もないので，まずは企業
と協力して国際競争力を向上させることを考えるようになったのである．つま
り，組合員は企業と協調的な労働組合指導者を選択する合理性を持つようにな
ったのである．

　具体的には，労使協力して生産性を向上させ，そのうえで向上した生産性の
成果をできるだけ労働者側に手厚く配分させる．労働組合の行動原理は，イデ
オロギー中心のものからこのような経済的利得を求めるものになってきた．こ
うした性格の労働組合を**ビジネス・ユニオニズム**（business unionism）と表現
することもある．

ビジネス・ユニオニズム（business unionism）　企業と協調して生産性を向上させ，そのうえで向上
した生産性の成果配分を，できるだけ労働側に手厚くさせるという形の労働組合運動．日本の民間企
業の労働組合は1950年代終わりから1960年代にかけてこうした形の労働運動に転換した．

　民間では経済合理性にもとづいたこうした労働組合のあり方が高度成長最盛期の1970年ごろまでには一般的になってきた．ただし，市場の環境変化を感じにくい公務員や当時の国鉄（日本国有鉄道）など国営・公営部門では，1970年代になってもしばらくイデオロギー的な労働運動が残っていた．しかしこれも，第1次石油危機後の「スト権スト」といわれる当時の国鉄などにおける大規模なストライキを最後に，衰退していった．

4 春闘の役割

　個人と組織の交渉ではなく労働組合と企業が組織と組織で交渉を行う集団的労使関係のハイライトは，日本では**春闘**（spring labor offensive）という形で現れる．これは，毎年春に主要な労働組合と企業との間で，次年度の賃金やボーナスの水準などを決める交渉を行う年中行事である．

　当初，春闘は時期をそろえていっせいに交渉を行うことで企業側に対してより強い圧力をかけようと始められたものである．本格的に現在のような形で行うようになったのは1956年くらいからといわれており，すでに60年を超えるほどの歴史を持っている．[注6] こうした春闘は，集団的労使関係による市場均衡の達成という意味でも有効なものであった．春闘を労働市場における労働条件決定の制度としてみたときの機能は次の4つである．

　1つ目は効率的な交渉ができるということである．それぞれの企業でほぼ同時いっせいに交渉を行うから，どの労使も同じマクロ経済環境の下にあり，また同じ産業の中の労使は同じ産業の置かれた同一の状況の中にあるため，互いに同じ情報を共有しつつ交渉することができる．

　春闘をめぐる環境やそのときどきの交渉状況などがマスコミ等でも刻々と伝えられる中で交渉を行うため，労働組合側もあまり先鋭的な賃金上昇の要求を出すことはできないし，逆に企業側もあまり理不尽な回答をすることはできな

春闘（spring labor offensive）　毎年春に主要な産業・企業とその労働組合との間で，次年度の賃金やボーナスの水準を決める交渉を行うこと．労働側の目的はいっせいに交渉を行うことによって経営側に強い圧力をかけることで，本格的に現在のような形になったのは1956年ごろからである．

(注6)　これについては前掲の千葉利雄氏の著作に詳しい．

い．つまり衆人環視の中で交渉することで，そのときの状況に最も適した妥当な水準に決着しやすくなるのである．

　2つ目は，こうして決まった春闘の市場相場が，集団的労使関係の必ずしも行き渡っていない中小企業部門や，労働基本権の制約のある公的部門の賃金決定に波及していくということである．つまり大企業部門で決まった賃上げを参考に，中小企業や公的部門は賃上げを決定できる．

　3つ目はマクロの経済状況と整合的な賃金決定をしやすいということである．マクロ経済の状況を全日本的に議論しつつ行う交渉だからである．その最もよい例が**石油危機後の賃金決定**（wage determination under the post-oil crisis period）にみられた．

　石油危機以前の高度成長期には，春闘の賃上げ率は毎年2ケタで推移していた．そして石油危機直後の狂乱物価に対しては，32.6％という空前の賃上げ率になったのである．しかしその後賃上げ率は急速に収束し，第2次石油危機の1978～79年ころには6％程度にまで収まった．これはそのときの生産性向上分，すなわち賃上げ可能分の半分強の水準だったのである．

　二度にわたる石油危機によって石油価格上昇という海外からのコスト増要因が強まっていた当時，賃上げという国内のコスト増要因を抑えたことは，日本経済を回復軌道に乗せるために非常に重要であった．労使がそうした考え方に立って，賢明な賃金決定を行ったのである．結果として，当時ほかの先進国が2ケタに近いところまで失業率を上昇させたのに対して，日本の失業率は2％台に抑えられ，1980年代の日本経済黄金期を迎えることになったのである．

　4つ目は，春闘は賃金以外の労働条件についての合意形成のためにも役立つということである．たとえば春闘では60歳定年以降への雇用延長といったことも交渉項目にあげられるようになっている．サラリーマンの年金である厚生年金の支給開始年齢が引き上げられるのにしたがって，雇用を延長する必要があるからだ．こうしたことは一企業の問題というよりも，むしろ社会全体として

石油危機後の賃金決定（wage determination under the post-oil crisis period）　石油危機以前の高度成長期には毎年2ケタで推移してきた春闘賃上げ率は，第1次石油危機後急速に低下し，第2次石油危機のときには6％程度になった．こうした柔軟な賃金調整が日本経済をいち早く立ち直らせ先進国随一の低い失業率を可能にした．

退職年齢をどのように考えていくかという問題である.

　定年後の勤務延長・再雇用でいくべきなのか，定年年齢そのものを引き上げるべきなのか.こうした問題を主要企業の多くが労使交渉を行う春闘の場で，労働側全体と企業側全体で議論していくことで，合意形成をはかる.こうしたことも春闘の効用としては重要な部分であると考えられる.

　このように，春闘というのは市場均衡を集団的労使関係によって実現する場として日本では長年にわたって活用されてきた.集団的労使関係をできるだけ有効に機能させるために，日本の労働組合と企業が長年にわたって精巧に作り上げてきた社会的な仕組みといえるのである.

5　春闘見直しの機運

　これらのような機能を持つ春闘ではあるが，このところ春闘のたびに春闘見直しの議論が出てきている.これは毎年そうした春闘を行うことへの懐疑論である.これはそもそも春闘を始めた労働組合の側からも出されており，一部の労働組合の中には，少なくとも賃金決定を行う春闘は毎年ではなく，隔年で行うようになるところも出てきている.

　春闘見直し論が出てくるにはもっともな理由もあると思われる.それは大きく分けると2つある.

　1つは賃金水準そのものがかなり高くなってきたということである.たとえば1975年の大手企業の賃上げ前基準内賃金は名目11万6800円であったのに対して，2015年のそれは30万9400円になっており，40年間でほぼ2.6倍に増えている.このように分母の賃金水準が高くなった現在，昔のような高い賃上げはなかなか難しくなっている.40年前の賃上げ率13.1％を実現しようとすると，2015年は4万5300円以上の賃上げをしなくてはならないからだ.

　しかも賃金水準が高くなって豊かになればなるほど，賃上げのありがたみも少なくなる.賃金の上昇はもちろん嬉しいが，賃金水準の低かった昔に比べて賃上げの切実度は小さくなっても不思議ではない.

　こうなると，数％の賃上げのために労使とも膨大なエネルギーを費やして毎年春闘を行う意味はあるのかという懐疑論が出てくるのもうなずける.つまり

現在の賃金の高さ自体が春闘見直し論を提起させる理由の1つなのである.

皮肉なことに,賃金水準をこのように高くしたのは,春闘そのものにほかならない.春闘があまりにも成功してきた結果,賃上げの率も,その切実度も低下して,春闘自体の見直し論を生んでいる.その意味でこれはいわゆる「成功の逆説」の1つといってよい.

春闘見直し論の出てくる2つ目の背景は,**賃金の個別決定化**(individualization of the wage determinations)である.これはさらに,企業間での個別決定化と,同じ企業の中の個人間での個別決定化という2つの側面に分けられる.

規制緩和等による市場競争の激化は,企業間の格差を大きくする.事実,企業間の業績格差は,あらゆる産業において拡大しつつある.同じ産業であっても,高い賃上げのできる企業とできない企業の間の賃上げ格差は拡大せざるをえない.

他方,同一企業内においても,とくにホワイトカラーを中心に賃金決定は個別化の傾向を強めつつある.いわゆる能力主義,業績主義賃金の比重が増加することによって,同期入社の間でもかなりの程度賃金に差がつくようになっているのは第5章でも述べたとおりだ.

年功賃金体系の下では,その平均値の上昇は,程度の差はあっても賃金カーブ上の各個人に同じような影響をもたらした.しかし賃金の個別決定化は,平均賃金上昇率に算術的な平均以上の意味をもたらさなくなってくる.個々人の能力・業績に応じて,賃金の大きく上昇する人もいればあまり上昇しない人もいるということになるからだ.

このように,「成功の逆説」によって春闘賃上げに大きなエネルギーを費やすことに懐疑論が出てきたこと,そして賃金の個別決定化が産業平均,企業平均の賃上げ率の意味を小さくしていることが,いま春闘を見直そうという議論の背景にあると考えられる.では,春闘はもう要らないのだろうか.

たしかに平均賃金上昇率を決めるためだけの春闘の持つ意味は小さくなって

賃金の個別決定化(individualization of the wage determinations)　市場経済化の進展に伴って,企業間でも個人間でも賃金水準はそれぞれの業績に応じて決まるようになってくる.こうなると平均賃金をめぐる春闘賃上げは従来のような一般的意義を持ちにくくなり,これが春闘見直し論の背景ともなっている.

くるだろう．しかし先に述べたような日本全体の市場均衡を達成するために春闘が果たしてきた4つの機能の重要性は相変わらず残っている．また個々の労働者にとっては，新たな機能を春闘が果たすことが期待されるようになるだろう．1つは賃金の個別決定化に伴う個別賃金決定のルール作りである．

というのは，労働条件決定の場において，労働者と企業の交渉上の地歩の違いは常に存在するからだ．先に述べたように仕事をもらえなければ明日の糧にも困る労働者と，1人の労働者に仕事を断られてもすぐにつぶれるわけではない企業とでは，対等に労働条件を交渉することはもともと無理だからである．こうした労働者側の立場の脆弱性は，労働条件が個別に決まるようになればなるほど，顕著になってくるともいえる．

そこで，最終的な賃金は1人ひとり個別に決まるとしても，そのプロセスにおける個人の交渉上の地歩を下支えするために，きちんとルールを作らなくてはならない．能力や業績の査定は何を基準に，誰によって，どのような方法で行うのか，そしてその評価はどのように被評価者に開示され，それに不満のあるときにはどのような手続きによって苦情申し立てを行えるのか，といったことを事前にきちんと決めておく．また査定の対象となる能力・業績は，どのような仕事やキャリアを企業から与えられるかで大きく異なりうる．その意味で，仕事やキャリアの配分についての恣意性を制限し，個人の仕事やキャリアの選択肢を確保することも重要なルールである．

こうしたルールは交渉力の拮抗した力を持つ労働組合と企業の間の集団的労使関係でなくては作れない．そしてこのルールが守られたかどうかをチェックし，また環境変化に応じてルール自体を見直していく場として，春闘は重要な役割を果たしうるのである．

もう1つは労使の間の情報共有である．とくに個人と企業間では情報の収集・分析能力に格差があるので，経済や産業の状況，個別企業の支払能力などについて，企業の言い分を個人で検証することは困難だ．

そこで毎年の春闘において，経済，産業，個別企業の実態を労使で議論し，組合はそこで得られた情報を組合員に提供する．つまり個人と企業の情報量を平準化させ，個別労働条件決定の共通土俵としての情報共有を確保するということである．

　もちろんここであげた2つのポイントも，また先述したような日本全体の市場均衡のための機能も，必ずしも春闘でなくてはできないものではないかもしれない．しかしせっかく長年にわたって労使で作り上げてきた，春闘という集団的労使交渉の枠組みをうまく活用しない手はないだろう．

　さらに春闘で賃上げをいわば「肴」にして，経済，産業，企業のことを労使ともに勉強するということの効果も無視できない．従業員が業界や企業のことを深く考えるよい機会となる．企業が経済環境変化に応じて組織改変や労働力の再配置を行おうとするとき，経済，産業，企業のおかれた状況をよく理解した労働者ほどそれに対してすみやかな理解を示すだろう．その意味でも，春闘による情報共有機会の効用はまだまだ大きいといえる．

Column

インサイダー，アウトサイダーの問題

　日本の労働組合はこの章で説明したようにそれぞれの企業に勤める従業員によって組織された企業別の労働組合である．同じ企業の従業員同士ということで利害も一致しやすく，団結も固くなる．メリットも多く，日本の労働組合の形態として確立されたものである．

　ただしこうした形の従業員を中心とした労働組合の1つの問題点は，いわゆるインサイダーの論理に陥りやすいということだ．インサイダーというのは，すでにその企業に雇用されている企業内の人間という意味である．これに対してアウトサイダーというのは，企業の外にいる人たちだ．その典型は仕事を探している失業者などである．

　たとえば企業別の労働組合は組合員の雇用を守るため企業に雇用保障を強く求める．不況期にも解雇などせず，その代わり好況だからといって一気に雇用を増やしたりもしない，安定的な雇用こそ従業員には望ましい．これは組合員の雇用を守るためには当然であるが，他方で企業はそれだけ新たな雇用は増やしにくくなるから，企業の外にいて仕事を求めている失業者にとっては就職機会が減ることになる．

　あるいは，外部からの派遣労働者などもアウトサイダーになる．従業員から構成されている労働組合としては，それに取って代わる可能性のある

外部の派遣労働者はできるだけ制限したいと考えるのは，当然だ．実際これまでも，労働組合は派遣労働者の規制強化を主張してきた．

派遣労働者の中には不本意に派遣で働いている人もいるが，自由度の高い働き方としてあえて派遣を選択している人もいる．後者のような人にとっては，派遣労働の規制強化は就業機会を減らす迷惑なものになる．

もちろん労働組合自身もこうした問題には気づいている．たとえば従来は日本の企業別の労働組合はほとんどその企業の正社員だけを組合員にしていたが，従業員にもパートタイム労働者などの非正規社員が増えてきたことを背景に，そうした人たちの組合員化を進めている．いわば企業内の従業員間にもあったインサイダーとアウトサイダーの垣根の解消に努めているということである．

しかしそれでもなお，上述のような企業の外にいる失業者や，外から派遣される労働者との，インサイダー，アウトサイダー問題は残る．この問題を解決する1つの方法は，産業別の労働組合が失業者や派遣労働者などを組合員として，その人たちを含めた雇用保障を求める活動をするといったことである．しかし企業別労働組合を基盤とする日本ではそうした形をとることは難しいだろう．アウトサイダーにどう手を差し伸べるかは，日本の企業別労働組合にとって，永遠の課題といえるかもしれない．

練習問題

① 市場均衡成立という観点からみた労働組合の機能について述べなさい．

② 民間の労働組合の運動方針が変化した背景について述べなさい．

③ 石油危機後に春闘の果たした役割について説明しなさい．

④ これからも春闘は必要であるとするとその理由は何か，説明しなさい．

人名索引

事項索引

著者紹介

清家　篤（せいけ　あつし）

慶應義塾大学名誉教授，博士（商学）．日本赤十字社社長，慶應義塾学事顧問．専攻は労働経済学．

1978年慶應義塾大学経済学部卒業，1980年慶應義塾大学商学部助手，1985年同助教授を経て，1992年より同教授．2007年より商学部長，2009年5月から2017年5月まで慶應義塾長，2018年4月から2020年6月まで日本私立学校振興・共済事業団理事長．この間，社会保障制度改革国民会議会長，日本労務学会会長，ILO仕事の未来世界委員会委員，全国社会福祉協議会会長などを歴任．2016年フランス政府よりレジオン・ドヌール勲章シュヴァリエを受章．主な著作に，『金融ジェロントロジー』（編著）東洋経済新報社，2017年，『雇用再生』NHKブックス，2013年，『エイジフリー社会を生きる』NTT出版，2006年，『高齢者就業の経済学』（山田篤裕氏と共著）日本経済新聞社，2004年（2005年の第48回日経・経済図書文化賞受賞），『労働経済』東洋経済新報社，2002年，『生涯現役社会の条件』中公新書，1998年，『高齢化社会の労働市場』東洋経済新報社，1993年（1994年の第17回労働関係図書優秀賞受賞）など．

風神　佐知子（かぜかみ　さちこ）

慶應義塾大学商学部教授，博士（商学）．専攻は労働経済学．

2003年慶應義塾大学商学部卒業，2005年慶應義塾大学大学院商学研究科前期博士課程修了，同後期博士課程で学び，2008年中京大学経済学部専任講師，2018年慶應義塾大学商学部准教授を経て，2022年より現職．2014年カリフォルニア大学バークレー校客員研究員．日本労務学会常任理事，人材と競争政策に関する検討会委員（公正取引委員会），地域活性化雇用創造プロジェクト評価・選定委員会委員（厚生労働省），国土の長期展望専門委員会委員（国土交通省），テレワーク等の柔軟な働き方に対応した勤務時間制度等の在り方に関する研究会（人事院），労働政策審議会人材開発分科会（厚生労働省）などを歴任．

主な論文に，"Linkage, Sectoral Productivity and Employment Spread," *the 1ˢᵗ Keio International Conference on Empirical Applied Microeconomics*, February 2023, "Aging Workforce, Productivity, and Wages in Japan," (Mingyu Jiang, Hiroki Yasuda, Kazufumi Yugamiと共著), *Work, Aging and Retirement*, July 2023, "Regional Differences in the Epidemic Shock on the Local Labor Market and its Spread," *LABOUR*, Vol. 36, No.1, December 2021, "Mechanisms to improve labor productivity by performing telework," *Telecommunications Policy*, Vol.44, No. 2, March 2020, "Local Multipliers, Mobility and Agglomeration Economies," *Industrial Relations*, Vol.56, No. 3, July 2017, "Evaluating place-based job creation programs in Japan," *IZA journal of Labor Policy*, January 2017など．

労働経済

2020 年 10 月 1 日　第 1 刷発行
2023 年 11 月 13 日　第 2 刷発行

著　者——清家　篤／風神佐知子
発行者——田北浩章
発行所——東洋経済新報社
　　　　　〒103-8345　東京都中央区日本橋本石町 1-2-1
　　　　　電話＝東洋経済コールセンター　03(6386)1040
　　　　　https://toyokeizai.net/

装　丁…………吉住郷司
ＤＴＰ…………アイランドコレクション
印　刷…………港北メディアサービス
製　本…………積信堂
編集担当………茅根恭子
©2020 Seike Atsushi/Kazekami Sachiko　　Printed in Japan　　ISBN 978-4-492-39654-4